ANGST ABBAUEN – HOFFNUNG SÄEN

# Angst abbauen – Hoffnung säen

## Die Bewältigung der vier Grundängste unserer Zeit

Herausgegeben von
Helmut Agustoni-Hasler
und Marianne Schnyder-Erne

Meyster

Schutzumschlag: Klaus Wagner, Grünwald
Satz: SatzStudio Pfeifer, Germering
Druck und Einband: Clausen & Bosse, Leck
ISBN 3-8131-8140-5
Printed in Germany

# Inhalt

## Zukunft – nicht nur negativ 205



## Anhang 257

# Vorwort

Unsere Gesellschaft hat in den letzten 200 Jahren eine stürmische Entwicklung durchgemacht. Gerade in den letzten Jahrzehnten haben sich insbesondere die Staaten Mitteleuropas zu den reichsten Nationen der Welt entwickelt. Sind wir aber auch die glücklichsten Menschen geworden?

Das Gegenteil scheint zuzutreffen. Angst macht sich in unserer Gesellschaft breit und – wie es scheint – zunehmend breiter.

Als Christen sind wir in dieser Situation herausgefordert: Seit 2000 Jahren vertreten wir eine Frohbotschaft und müssen hinnehmen, daß nicht Freude, sondern Angst sich ausbreitet.

In der luzernischen Gemeinde Ebikon (Schweiz) hat eine Gruppe besonders engagierter Christen beschlossen, diese Herausforderung anzunehmen und unter Hinzuziehung namhafter Fachleute etwas Lebensnahes gegen diese Angst zu tun. Die Pfarreiarbeit eines ganzen Jahres wurde darauf konzentriert. Das Resultat ist sehr ermutigend: Wir können Wirksames gegen die Angst tun! Das Wie wird in dieser kleinen Schrift für alle jene festgehalten, die bei der Aktion »Angst abbauen – Hoffnung säen« in Ebikon nicht dabei sein konnten, aber auch für alle Mitbeteiligten zur Erinnerung und als Wegbereiter zur Vertiefung des Anliegens.

Hinweise zum Angstabbau werden über fünf Themenkreise vermittelt. Diese sind nicht zufällig oder als Ergebnis eines Auswahlverfahrens entstanden, sondern aus dem Bemühen heraus, möglichst vollständig zu sein. Auf welchen Grundideen diese Vollständigkeit beruht, beschreibt die Einleitung.

Innerhalb der einzelnen Themenkreise kommen ausgewiesene Fachleute unterschiedlichster Herkunft zu Wort. Aus der Überlegung heraus, daß wir neue Wege nur finden, wenn wir auch den Mut aufbringen, ungewöhnliche oder gar umstrittene Themen anzuschneiden, fiel unsere Wahl neben Vertretern allgemein anerkannter Wissenschaften bewußt auch auf »Außenseiter-Kreise«. Ihre Denkanstöße verdienen Gehör, auch wenn sie nicht jedermann sofort zu seinen eigenen Gedanken machen will oder kann.

Bewußt wurden teilweise auch gegensätzlich wirkende Beiträge gewählt, um eine abgerundetere Meinungsbildung zu ermöglichen.

Die einzelnen Kapitel wurden in Form öffentlicher Vorträge eingebracht und in der Regel in Schweizerdeutsch gehalten. Einige Referenten stellten für die vorliegende Publikation eine schriftliche Zusammenfassung zur Verfügung. In den meisten Fällen wurde sie durch die Herausgeber nach einer Tonbandaufnahme im Nachhinein erstellt. Beim Niederschreiben ab Bandaufnahme standen wir oft in einem Dilemma: Wörtliche Übersetzung ergibt unschönes Schriftdeutsch. Entfernen wir uns aber zu sehr vom Satzbau, der Wortwahl des Referenten, so leidet die Unmittelbarkeit, die Natürlichkeit der Aussage. Die Niederschrift hat uns darum laufend Kompromisse abgefordert. Während die Texte inhaltlich mit den Referenten abgestimmt sind, zeichnen die Herausgeber für alle sprachlichen Unebenheiten verantwortlich. Sie ersuchen um Nachsicht.

Abgesehen von einer einzigen Ausnahme – dem Referat von Frau Dr. med. Elisabeth Kübler-Ross – mußten wir uns auf ausführliches Zusammenfassen der verschiedenen Referate beschränken. Diese Schrift wäre sonst zu umfangreich geworden. Die Ausnahme ist neben der Wichtigkeit des behandelten Stoffes auch deshalb gerechtfertigt, weil damit der Umfang des Themenkreises »Sterben« dem der übrigen Themenkreise angeglichen werden konnte.

Das Büchlein schließt mit einer kurzen Betrachtung über das Unternehmen »Jahresthematik«. Es ist jenen Lesern gewidmet, die an Pfarreiarbeit interessiert sind und gibt Auskunft über die gemachten Erfahrungen.

Die Ausführungen der Referenten der Aktion »Angst abbauen – Hoffnung säen« sind hier sehr konzentriert wiedergegeben und müssen daher mitdenkend gelesen werden. Mögen sie Zuversicht erzeugende Aufnahme finden, denn sie zeigen, daß Ängste sich bewältigen lassen. Sie weisen aber auch darauf hin, daß Angstabbau aktives Bemühen voraussetzt und daß selbst dann noch Restängste übrigbleiben können. Diese werden am besten durch gegenseitiges Beistehen, durch Getragenwerden in der Gemeinschaft aufgefangen.

Unsere Lage ist keineswegs hoffnungslos, wie uns dies Pessimisten einzureden versuchen. Sie ist voller Chancen. Nutzen wir sie, dann breitet sich Freude aus, nicht mehr länger Angst!

Ebikon, den 1. Oktober 1984
Die Herausgeber:
Helmut Agustoni-Hasler, Präsident
Marianne Schnyder-Erne, Aktuarin
Pfarreirat Sta. Maria, Ebikon

# Einleitung

## Was ist wahr?

Ein Hobbyfotograf kam begeistert aus der Karibik zurück. »Einfach toll!« rief er aus, »ich habe eine Menge schöner Dias zurückgebracht. Sie zeigen eine so vielfältige und bunte Welt, daß ich damit zeigen kann, was ich will. Willst Du bittere Armut sehen, kann ich Dir eine Dias-Serie bereitstellen, die dies eindrücklich sichtbar macht. Willst Du Wohlstand, Wohlergehen sehen, zeige ich Dir eine andere Bilderreihe, ganz wie Du wünschst. Dabei stammen diese Bilder alle vom gleichen Ort, von den gleichen Leuten, aus ein und derselben Umgebung, nicht aus verschiedenen sozialen Schichten.«

Andere Fotografen mögen die Welt anders sehen. Der eine konzentriert sich aufs Schöne, der andere auf schreiende Not, ein dritter auf Naturwunder, ein vierter auf trostlose Hinterhöfe. Jeder hat seine Sicht. Welche ist wahr?

Geht es uns nicht auch im täglichen Leben ähnlich? Sehen wir unsere eigene Welt richtig? Was ist »richtig«?

## Wir haben enorme Fortschritte gemacht

Wir Menschen des christlichen Abendlandes haben in den letzten zweihundert Jahren enorme Fortschritte gemacht:

– Nie zuvor in der Geschichte hatten wir so reichlich und so gut zu essen wie heute;

– nie waren wir so gut geschult, wußten und verstanden so viel wie heute;

– nie zuvor verfügten wir über eine so reiche Auswahl an Konsumgütern, konnten sie mit so wenig Aufwand herstellen und dabei so viel Freizeit beanspruchen;

– nie zuvor waren wir so mobil wie heute, konnten die ganze Welt bereisen, so weit weg Ferien machen, nicht nur als Reicher, nein schon als Jugendlicher oder als einfacher Arbeiter;

– nie zuvor war das Pro-Kopf-Einkommen so hoch wie heute bei uns;

– nie zuvor waren Kranken- und Altersvorsorge, ja das ganze Versicherungswesen überhaupt, so perfekt organisiert wie heute;

– nie zuvor konnten wir eine Traumwelt so wirklichkeitsnah gestalten wie heute mit Film und Fernsehen;

– nie zuvor war die materielle Armut so dünn gesät wie heute bei uns.

Dieser Fortschritt ist ungebrochen. Eine Untersuchung über die Kaufkraft in der Schweiz (für Österreich und die Bundesrepublik gelten nahezu gleiche Werte) zeigt dies deutlich auf [1]:

Die Tabelle zeigt die Arbeitszeiten auf, die ein gelernter Arbeiter vor 15 Jahren und 1982 aufwenden mußte, um die angegebenen Waren oder Dienstleistungen zu bezahlen.

| | Vor 15 Jahren | 1982 |
|---|---|---|
| Citroën 2 CV | 15½ Wochen | 9½ Wochen |
| Waschmaschine | 7½ Wochen | 4½ Wochen |
| Flug Zürich-New York, retour, Economy | 7½ Wochen | 3 Wochen |
| HiFi-Kassettengerät | 5 Wochen | 1 Woche |
| Kühlschrank, 240 Liter | 2 Wochen | 1 Woche |
| Staubsauger | 1 Woche | 12½ Stunden |
| Blue Jeans, Fabrikantenmarke | 9 Stunden | 4½ Stunden |
| Telefongespräch Bern-Paris, 20 Minuten | 5 Stunden | 1½ Stunden |
| Tageskarte, Bergbahnen und Lifte | 3½ Stunden | 2 Stunden |
| Langspielplatte, klassisch | 3½ Stunden | 1½ Stunden |
| Superbenzin, 20 Liter | 2 Stunden | 1½ Stunden |
| Tafelbutter, Kilo | 1 Std. 49 Min. | 54 Minuten |
| Schweinskoteletten, Kilo | 1 Std. 48 Min. | 58 Minuten |
| Bohnenkaffee, Kilo | 1 Std. 39 Min. | 52 Minuten |
| Milchschokolade, Kilo | 1 Std. 34 Min. | 47 Minuten |
| Lagerbier, Kasten à 15 Flaschen | 1 Std. 31 Min. | 55 Minuten |
| Gehacktes Rindfleisch, Kilo | 1 Std. 18 Min. | 46 Minuten |
| Emmentaler, Kilo | 1 Std. 17 Min. | 53 Minuten |
| Poulet, gefroren, Kilo | 44 Minuten | 20 Minuten |
| Trinkeier, Dutzend | 34 Minuten | 17 Minuten |
| Sonnenblumenöl, Liter | 31 Minuten | 17 Minuten |
| Kartoffeln, 5 Kilo | 24 Minuten | 16 Minuten |
| Halbweißbrot, Kilo | 11 Minuten | 10 Minuten |
| Weißmehl, Kilo | 8 Minuten | 6 Minuten |
| Pasteurisierte Vollmilch, Liter | 8 Minuten | 5 Minuten |

[1] A. Bachmann in *Das Beste aus Readers Digest* 9/83, S. 49

Wir verfügen heute über einen Lebensstandard, von dem unsere Ahnen nicht einmal zu träumen gewagt hätten.

Sind wir aber auch die glücklichsten Menschen geworden? Das Gegenteil scheint zuzutreffen. Angst macht sich breit und immer breiter, Angst vor der Zukunft, vor dem Unbekannten, vor Versagen, Arbeitslosigkeit, Krieg, Leiden usw.

## Die andere Seite – die Angst

Angst – irgendwie durchfährt es uns schon, wenn wir das Wort nur aussprechen – Angst! Angst erfüllt uns mit großem

Unbehagen, raubt uns die Lebensfreude, blockiert uns oder macht uns aggressiv. Wir erfahren sie in tausend Spielarten. Sie begegnet uns auf Schritt und Tritt:

| | |
|---|---|
| *»Paß auf, wenn Du über die Straße gehst!«* | Angst vor Unfällen |
| *»Wenn nur dieses Examen schon vorbei wäre, hoffentlich komme ich durch!«* | Prüfungsangst |
| *»Wenn es gewitterte, ließ ich als Kind die Rolläden herunter und hielt mir die Ohren zu!«* | Angst vor Naturkatastrophen |
| *»Heute kannst Du nichts mehr riskieren, sonst verlierst Du Deinen Arbeitsplatz!«* | Angst vor Arbeitslosigkeit |
| *»Du mußt genießen, so lange Du jung bist«!* | Angst vor dem Älterwerden |
| *»Atomstrom – Nein Danke!«* | Angst vor dem Atomtod |
| *»Kluger Rat – Notvorrat!«* | Angst vor Hunger |

Die Liste könnte beliebig verlängert werden. Es scheint auch, daß sie von Tag zu Tag umfangreicher wird. Vielleicht auch, weil sie zum Geschäft geworden ist: Zeitungen, Radio und Fernsehen sind täglich voll von Meldungen über Unglücksfälle und Verbrechen. Negativ-Berichterstattungen, Sensationen, Skandale interessieren mehr als tugendhafte Erfolge, Kultur und Harmonie. Liegt hier nicht ein Stück Schizophrenie, ein Stück Irrsinn? Einerseits empfinden wir Angst als zunehmende Belastung, andererseits fördern wir sie über den Konsum unserer Massenmedien.

Trotzdem lechzen Menschen danach, ihre Ängste loszuwerden, oder sie wenigstens etwas abzubauen. Aber wie?

## Grundängste abbauen!

Wollten wir alle Ängste systematisch erfassen und auflisten, kämen wir an kein Ende und schon gar nicht, wenn wir zu jeder erkannten Angst ein Rezept zu deren Bewältigung suchen wollten. Zum Abbau unserer Ängste brauchen wir einen anderen Weg.

Gehen wir die Liste unserer Ängste nach Gemeinsamkeiten suchend durch, so stellen wir etwas im wahrsten Sinn des Wortes »Merk-Würdiges« fest:

Wir haben eine fast unendliche Vielzahl von Ängsten, aber diese Ängste haben nur vier Wurzeln. Nennen wir sie Grundängste:

1. Wir haben Angst vor dem *Tod*
2. Wir haben Angst vor *Schmerz und Leiden*
3. Wir haben Angst davor, etwas zu *verlieren*
4. Wir haben Angst davor, nicht unseren *Bedürfnissen* gemäß leben zu können. (Das moderne Schlagwort dazu wäre die »Selbstverwirklichung«). Wir haben Angst davor, eingeschränkt zu werden.

Alle unsere Ängste finden ihre Begründung letztlich in einer oder mehreren dieser Grundängste. Machen wir die Probe aufs Exempel:

*Angst vor Arbeitslosigkeit* ist doch Angst davor, eingeschränkt zu werden, nicht mehr seinen *Bedürfnissen* gemäß leben zu können, da einerseits die materiellen Mittel dazu fehlen würden und andererseits die berufliche Verwirklichung, sofern sie uns ein Anliegen ist, blockiert wird. Dies führt dann zu *Verlusten*, zu *Schmerz und Leid.*

*Angst vor dem Älterwerden* dürfte bei den meisten Menschen primär eine Angst davor sein, nicht mehr seinen gewohnten *Bedürfnissen* entsprechend leben zu können. *Schmerz, Verlust, Tod* mögen als Elemente mitschwingen. Wir sehen, daß ältere Menschen nicht mehr die gleichen Lebensmöglichkeiten haben, wie der junge Mensch.

Oder die *Angst vor Krankheit*: Auch sie birgt die Gefahr von *Schmerz und Leid*. Je nach Schwere kann sie zu *Verlusten* verschiedenster Art führen. In der Regel ist aber besonders die gewohnte Lebensweise verändert. Die damit verbundene Lebensfreude wird *eingeschränkt* usw.

Bei der *Angst vor Krieg* spielen *alle Grundängste* mit. Wir sehen unser Leben bedroht, aber auch unseren Besitz, unseren ganzen Lebensrhythmus. Zudem prägen Leiden und Schmerz sein Gesicht.

Wenn sich aber alle Ängste, die wir erfahren können, aus einer oder mehreren dieser Grundängste zusammensetzen, was liegt dann näher, als über den *Abbau unserer Grundängste* der Angst beizukommen? Dies ist der Grundgedanke für alle folgenden Ausführungen.

## Geborgenheit vermitteln

Die praktische Erfahrung zeigt, daß es uns nie gelingen kann, alle Ängste zu beseitigen. Dies wäre auch nicht in allen Fällen sinnvoll, da Ängste auch Schutzfunktionen ausüben. Wie schon das kleine Kind instinktiv bei seiner Mutter oder dem Vater Schutz, Geborgenheit sucht, wenn es sich ängstigt, so erfährt auch der erwachsene Mensch in der Gemeinschaft Geborgenheit, Sicherheit. In dieser Geborgenheit verliert er seine Ängste oder erfährt sie zumindest erträglicher. Damit verfügen wir über hoffnungweckende Mittel gegen die Angst: Angst abbauen durch: Bewältigung der vier Grundängste und Vermitteln von Geborgenheit.

## Auf der Suche nach Vollständigkeit

In den folgenden Kapiteln kommen über zwanzig Referenten zu Wort, um aufzuzeigen, wie wir Angstabbau verwirklichen können. Auf der Suche nach diesen Beiträgen leitete uns die Frage, wie Vollständigkeit erreicht werden könnte. Die dazu angestellten Überlegungen seien anhand von Abb. 1 erklärt:

Der hellgraue Balken zum Was zeigt fünf Spalten. Sie deuten an, was wir tun sollen: unsere vier Grundängste abbauen und Geborgenheit vermitteln.

Zum Wie: Als vernunftbegabte Wesen brauchen wir dazu einige Denk- und Handlungsgrundlagen, also eine angemessene Dosis an Theorie. Sie wird durch den mittelgrauen Balken angedeutet. Entscheidend ist aber letztlich die Praxis, das Tun (dunkelgrau). Bei alledem dürfen wir nicht beim Heute stehenbleiben. Wir sollten uns auch mit der Zukunft befassen und sie mitgestalten wollen.

Damit sind wir vom thematischen Rahmen her eigentlich vollständig. Es geht nun darum, ihn zu füllen und diese Aspekte in Themenkreise aufzugliedern (weiße Kästchen).

## Themenkreise

Das Grundanliegen, in Theorie und Praxis unsere Grundängste abzubauen und Geborgenheit zu vermitteln, behandeln wir in sechs Themenkreisen:

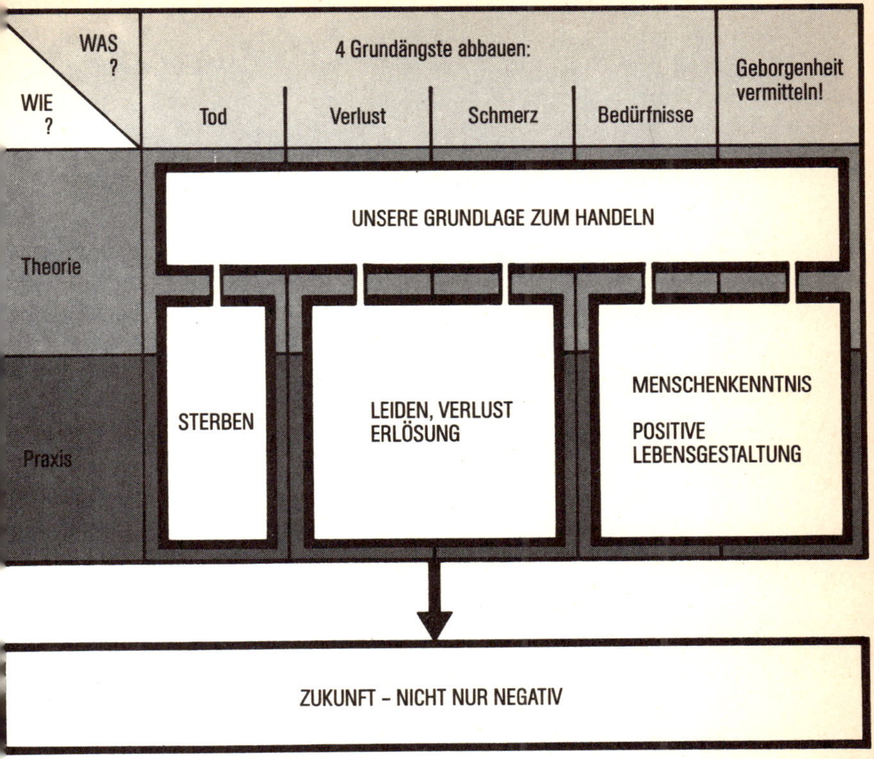


Abb. 1: Übersicht über die Themenkreise zur Angstbewältigung

Der *Themenkreis »Sterben« unter dem Titel »Der Tod ist nicht das Ende«* dient der Bewältigung der Grundangst »Tod«.

Die beiden Grundängste »Verlust«, »Schmerz« sind sich in ihrer Wirkung relativ verwandt. Beide haben Leiden zur Folge, die eine eher im Gefühlsbereich, die andere eher körperlich. Zudem können sie ineinander übergehen. Diese Verwandtschaft gestattet gemeinsame Behandlung im *Themenkreis »Leiden, Verlust, Erlösung«*. Dabei steht »Erlösung« einerseits weltlich-konkret für »Befreiung von Leiden, Schmerz usw.«, andererseits aber auch als Hinweis auf die christliche Frohbotschaft.

Die vierte Grundangst, die Angst davor, nicht seinen Bedürfnissen gemäß leben zu können und das Anliegen »Geborgenheit vermitteln« sind wiederum miteinander verwandt. Beide haben zutiefst mit dem Menschlichen, dem Menschen, zu tun. Die Auseinandersetzung damit erfolgt im *Themenkreis »Positive Lebensgestaltung«*. Für viele Menschen liegt in diesem Bereich der Schlüssel zu ihrer Angstbewältigung.

Doch positive Lebensgestaltung bewegt sich im »luftleeren Raum«, wenn sie am Menschen vorbei gesucht wird. Sie setzt also *Menschenkenntnis* voraus. Diese Voraussetzung ist so entscheidend, daß sich für sie ein eigener Themenkreis rechtfertigt.

Das kritische Auseinandersetzen mit all diesen Problemkreisen führt immer und immer wieder auf Grundfragen zurück. (Eine solche wäre z. B. die Frage nach dem Sinn unseres Lebens.) Wie diese beantwortet werden, ist entscheidend für unser tägliches Handeln, wie wir noch sehen werden. Der *Themenkreis »Unsere Grundlage zum Handeln«* soll Denkanstöße dazu geben. Religion, Glaube, Philosophie sind hierin angesprochen.

Der letzte *Themenkreis »Zukunft – nicht nur negativ!«* hat seine Begründung bereits erhalten. Die besondere Titelwahl will unser Anliegen unterstreichen: Hören wir im Alltag von der Zukunft, so überwiegen in der Regel die negativen Prognosen. Im Gegensatz dazu suchen wir hier in erster Linie eine Auseinandersetzung mit den positiven Seiten der Zukunft, ohne dabei die negativen zu leugnen. Doch etwas Gefreutes können wir nur auf Positivem aufbauen!

Die Reihenfolge der einzelnen Themenkreise ist im Prinzip so gewählt, daß der Leser gedanklich eines auf dem anderen aufbauen kann.

## Trotz Vollständigkeit nicht vollständig!

Unsere Suche nach Vollständigkeit hat dazu geführt, daß wir den thematischen Rahmen gemäß *Abb. 1* lückenlos füllen konnten. Dies heißt nun aber nicht, daß wir die einzelnen Themenkreise gleichzeitig auch erschöpfend behandeln werden. Angstabbau geschieht nicht einfach so. Angstabbau muß erarbeitet werden. Darum kann diese Schrift nur Denkanstöße geben. Diese könnten aber dazu führen, daß Sie, lieber Leser, den einen oder andern Aspekt selbst weiter vertiefen möchten, sei es durch Literaturstudium oder durch Kursbesuche usw.

# Unsere Grundlage zum Handeln

Ein Monteur einer europäischen Firma lebte einige Jahre lang in Singapur. Singapur ist ein Stadt-Staat im fernen Osten. Die Einwohner stammen aus aller Herren Länder. Man findet dort ein selten buntes Rassengemisch und damit verbunden eine Vielzahl von Weltanschauungen, Religionen, usw. Der Monteur erzählte uns folgende Begebenheit:

»Ein Einheimischer und ich fuhren über die Autobahn zur Arbeit. Den Wagen vor uns lenkte ein Asiate. Wir kamen an eine Unfallstelle. Der Fahrzeuglenker vor uns stoppte seinen Wagen, wir auch. Dann geschah etwas Merkwürdiges. Der Mann stieg aus und wagte sich bis zur Unfallstelle vor: Sachschaden, zum Glück keine Schwerverletzten. Der Asiate eilte zu seinem Auto zurück. Er holte nicht etwa seinen Verbandskasten, nein, seinen Fotoapparat, schoß einige Bilder und brauste mit seinem Fahrzeug davon. Was soll denn das? fragte ich meinen einheimischen Begleiter. Er wird dieses Foto entwickeln lassen und dann daheim auf seinen Hausaltar stellen. Wozu denn das? Er will sich so bei seiner Gottheit dafür bedanken, daß es nicht ihn erwischt hat!«

»Andere Völker, andere Sitten« heißt es. Diese anderen Sitten lassen spüren, daß unser Handeln, unser Tun zutiefst von unseren Grundauffassungen geleitet sind. Diese Grundauffassungen werden uns vorwiegend durch Erziehung im Elternhaus, Schule und Umwelt vermittelt. Sie haben ihren Ursprung in als Grundwahrheiten anerkannten Lehren der Religion, der Philosophie, der Naturwissenschaften usw. und prägen uns.

Und ausgerechnet im Bereich der »Grundwahrheiten« sind wir heute verunsichert. Wir entbehren des einheitlichen Weltbildes. Hauptgrund dafür ist das unglückselige Nebeneinander von Wissenschaft und Religion, von Wissen und Glauben.

Wir neigen dazu, den handfesteren Wissenschaften mehr Vertrauen entgegenzubringen als der Theologie. Könnte der Gottesdienstbesuch als Maßstab gelten, würden sich in der Schweiz noch ca. 15 % der Menschen religiös orientieren.

Dies war nicht immer so. In früheren Hochkulturen gab es, soweit wir dies überblicken können, keine Trennung von Wissenschaft und Religion. Alles lebte aus einer weitgehend einheitlichen Weltanschauung heraus. So war es bei den alten Ägyptern, den Azteken, den Maya, Griechen, Römern. So war es auch im Christentum bis ins 15. Jahrhundert. Dann hat sich bei uns die Naturwissenschaft verselbständigt.

Es begann mit Kopernikus und Galilei. Sie entdeckten Bewegungen der Planeten, die mit dem damaligen Bibelverständnis nicht vereinbar waren. Unter Androhung von Folter wurde Galilei gezwungen, seine Erkenntnisse zu verleugnen. Man sperrte ihn ein, damit er seine Forschungen nicht weiter betreiben konnte.

Es gab aber immer mehr Leute, die ähnliche naturwissenschaftliche Entdeckungen machten. Mehr und mehr geriet die Religion wegen der auftretenden Widersprüche unter Beschuß. Seither haben sich – bis in unsere Zeit – Naturwissenschaft und Religion weit auseinandergelebt, als wären sie völlig verschiedene Bereiche: der eine handfest materiell, der andere weltfremd. Wenn früher die Institution Kirche noch als ethisch-moralische Kraft anerkannt wurde, hat sie diesen Stellenwert nach und nach merklich eingebüßt. Trotzdem erfolgt die konsequente Loslösung von der Religion nur sehr selten. Die christlichen Grundauffassungen sind in unserer Gesellschaft zusehr verankert, als daß sie sich ihrer so einfach entledigen könnte.

Auf dieser Grundlage hat sich eine Doppelmoral entwikkelt: eine weltliche und eine religiöse.

Die weltliche geht vom Prinzip des Stärkeren aus. Der englische Naturwissenschaftler Charles Darwin hat es mit seiner Evolutionstheorie vereinfacht wie folgt beschrieben:

Die Entwicklung der Arten beruht auf zufälligen Veränderungen der Erbsubstanz. Durch diese Veränderungen entstehen neue Lebewesen, die sich in Form usw. mehr oder weniger stark von den Eltern unterscheiden. Diese Lebewesen sind einem rücksichtslosen Lebenskampf ausgesetzt. Das stärkere (d. h. das seiner Umwelt besser angepaßte) überlebt auf Kosten des schwächeren. Das Starke wird gestärkt, das Schwache ausgemerzt. Obwohl Darwin selbst eine Schöpfung anerkannte, ist in der Evolutionstheorie dafür kein Platz. Der Mensch stammt von einem gemeinsamen Vorfahren sowohl des Affen als auch des Menschen ab.

Unsere Kinder lernen diese Theorie in der Schule als Naturgesetz. Wissenschaftliche Beobachtungen zeigen, daß eine solche Gesetzmäßigkeit in der Natur tatsächlich vorhanden zu sein scheint. Dies führt dazu, daß sie kaum mehr angezweifelt wird.

Diese wissenschaftliche Aussage hat für das tägliche Leben unmittelbare Konsequenzen. Wir haben gelernt, daß es zu unserem Schaden gereicht, wenn wir Naturgesetze mißachten, uns gegen die Natur stellen. Im Einklang mit dieser Erkenntnis könnte man folgern (und dies wird auch getan, wie wir wissen):

Um unsere Zukunft zu sichern, muß das Starke gestärkt, das Kranke eliminiert werden. Es ist sinnvoll, die Mächtigen dieser Erde zu unterstützen, erfolgreiche Firmen weiter zu fördern, unrentable rücksichtslos aufzuheben, die erarbeiteten Mittel im eigenen Land zu behalten, es sei denn, sie bringen andernorts noch mehr Erträge ein, auf uneigennützige Entwicklungshilfe zu verzichten, die ohnehin leistungsschwachen Entwicklungsländer ihre Probleme selbst lösen zu lassen, drohende Mißgeburten durch Abtreibung zu elimieren, schwache Menschen an der Fortpflanzung zu hindern, Genies in der Retorte zu züchten usw.

Die Konsequenz ist ein rein materialistisches, d. h. ein im wesentlichen auf Materie ausgerichtetes Weltbild. Religiöses, ethisches Denken usw. sind ihm fremd.

Zu dieser einseitig an der darwinistischen Entwicklungstheorie orientierten Weltauffassung steht das Christentum mit seiner Forderung nach Liebe, nach Nächstenliebe, nach Unterstützung der Armen, usw. oft in krassem Widerspruch. Wir sind in unseren täglichen Entscheidungen vielfach, zumeist unbewußt, vor die Gewissensfrage gestellt, an welchem Weltbild wir unser Handeln orientieren wollen. Gewöhnlich ist es dann so, daß uns das materialistische vertrauter und zudem einleuchtender ist, als das religiöse – und wir handeln entsprechend.

Nehmen wir ein Beispiel, das für unsere Ängste von grundlegender Bedeutung ist, die Frage: »Tod und dann?« Für den im materialistischen Weltbild verhafteten Menschen gibt es kein Leben nach dem Tode. Mit dem Tode ist alles aus.

Ein im religiösen Weltbild beheimateter Mensch ist der festen Überzeugung, daß das Sterben nur der Durchgang zu einem neuen Leben auf einer anderen Daseinsebene darstellt.

Wie schon die landläufige Bezeichnung »er hat Todesängste ausgestanden« andeutet, ist die Angst vor dem Sterben die wohl größte Angst, die wir erfahren können.

Wie kann es möglich sein, solche Ängste, aber auch andere, zu bewältigen, ohne über die Grundlagen dessen, was wir als wahr anerkennen, intensiv nachzudenken? Aber eben, was ist wahr?

Neueste wissenschaftliche Forschungen deuten darauf hin,

daß sich Religion und Naturwissenschaft wieder annähern. Manche Naturwissenschaftler blieben sogar oder wurden tief religiös: Albert Einstein, Max Planck, Niels Bohr, Werner Heisenberg, um nur einige zu nennen.

Besonders Physiker und in der Sterbeforschung engagierte Mediziner wissen längst, daß die Natur nicht dort aufhört, wo sie aufhört greif- und meßbar zu sein. Die Ärztin Frau Dr. Elisabeth Kübler-Ross sagt sogar: »Ich glaube nicht nur, daß es ein Leben nach dem Tode gibt, ich weiß es.« Wenn es tatsächlich zutrifft, wie dies heute scheint, daß sich Naturwissenschaft und Religion wieder anzunähern beginnen, müßte dies neue Konsequenzen für unser tägliches Leben haben.

Als mündige Christen kommen wir nicht darum herum, immer und immer wieder die Richtigkeit und den tieferen Sinn unseres Handelns zu überprüfen. Dies kann nicht nur unter Berücksichtigung naturwissenschaftlicher Gesetze geschehen; sie sind nur ein Teil der ganzen Wirklichkeit. Wir müssen ebenso nach religiösen Wahrheiten suchen. Sie beziehen sich auf den Teil der Natur, der uns durch Beobachtung und Messung nicht, vielleicht noch nicht, zugänglich ist, der deshalb nur durch den Glauben erfahrbar bleibt.

Angstabbau ohne Berücksichtigung dieser religiösen Dimension bleibt – unseres Erachtens – in den entscheidenden Fragen ohne hilfreiche Antwort und darum aussichtslos.

Die Auseinandersetzung mit dem Glauben, mit der Religion, ist *die* Basis zur Angstbewältigung. Den Weg dazu, werden Sie, lieber Leser, selbst finden. Er kann vom Herzen ausgehen oder vom Verstand oder von beiden. Die fünf nachstehenden Beiträge wollen Sie zur Suche anregen.

Albert Ziegler bringt uns den Begriff der Hoffnung näher. Niklaus Brantschen weist uns den Weg zur Verinnerlichung, bzw. zur Öffnung für andere Dimensionen, die im Bereich des Religiösen so wichtig sind. Die Gedanken von Walter Bühlmann und Walter Kirchschläger machen uns Kernpunkte unserer christlichen Frohbotschaft neu bewußt.

Diese Frohbotschaft führt zur Überwindung von Leiden durch Erlösung. Darum verschmelzen im folgenden die beiden Themenkreise »Unsere Grundlage zum Handeln« und »Leiden, Verlust, Erlösung« zu einer untrennbaren Einheit.

# Über die Hoffnung

Dr. Albert Ziegler, SJ

Wir leben in angstvoll beängstigender Zeit. Wir leben in der Angst vor der Zukunft, dem Krieg, der Atomkraft. Wir haben Angst vor dem Älterwerden und Sterben. Uns ängstigt zuviel, zuwenig oder gar keine Arbeit. Nicht wenig Angst geht auch in der Kirche um. In dieser angstvoll beängstigenden Zeit habt Ihr als Pfarrei den Mut, Euch im kommenden Jahr in besonderer Weise zu bemühen, Ängste abzubauen und Hoffnung zu säen. In diesem Bemühen steht Ihr keineswegs allein. Gerade heute findet in Wien der österreichische Katholikentag mit dem Papstbesuch statt. Ein Jahr lang haben sich Österreichs katholische Christen darauf vorbereitet, und zwar unter dem Gedanken: »Hoffnung leben – Hoffnung geben«. Doch was ist Hoffnung? Darüber wollen wir in diesem Sonntagsgottesdienst miteinander nachdenken. Eben haben wir in der Lesung aus dem ersten Petrusbrief gehört: »Seid stets bereit, jedem Rede und Antwort zu stehen, der nach der Hoffnung fragt, die euch erfüllt (1 Petr 3,15).« Welche Hoffnung also erfüllt uns?

## Wir hoffen menschlich

Was ist Hoffnung? In der Hoffnung geht es um die Zukunft. Damit die Zukunft aber eine erhoffte Zukunft ist, muß sie drei Eigenschaften aufweisen. Es muß zum ersten eine gute und darum erwünschte Zukunft sein. Eine ungute Zukunft erhoffen wir nicht; wir befürchten sie. Die Zukunft darf zweitens nicht eine notwendige Zukunft sein, so daß sie todsicher eintreten würde. Was in der Zukunft todsicher ist, brauchen wir nicht zu erhoffen. Zum dritten darf umgekehrt die Zukunft nicht unmöglich sein. Sonst können wir nicht hoffen. So erhoffen wir immer eine wünschenswerte, zwar nicht notwendige, aber mögliche Zukunft. Weil wünschenswert, hoffen wir; weil nicht notwendig, *müssen* wir; weil nicht unmöglich, *können* wir hoffen.

Diese Hoffnung liegt gewissermaßen in der Natur des Menschen. Gleichnishaft liegt das Hoffen schon in der Natur. Können wir nicht sagen, der Winter hoffe auf den Frühling? Jedenfalls hofft der Mensch. Die Lateiner haben gesagt: »Dum spiro, spero.« Solange noch ein Fünklein Atem in mir ist, solange haben wir auch noch Grund zu hoffen. Jeder Arzt wird bestätigen, wenn ein Kranker die Lebenshoffnung aufgegeben hat, wird er wohl bald tot sein. Umgekehrt ist der Wille und die Hoffnung, zu leben und gesund zu werden, ein wesentlicher Beitrag, um das Leben zu erhalten und die Gesundheit zu erreichen.

Allein wir wollen als Christen nicht einfach menschlich hoffen. Haben wir nicht vielleicht einst im Katechismus gelernt, mit Glaube und Liebe gehöre die Hoffnung zu den drei göttlichen Tugenden, die uns bei der Taufe geschenkt worden seien. Was also macht – über die menschliche Hoffnung hinaus – die Eigenart der christlichen Tugend aus?

## Wir hoffen gläubig

Als Christen hoffen wir nicht nur, weil zu hoffen im Menschen liegt. Wir hoffen vielmehr aus der Kraft des Glaubens. Es geht uns nicht bloß um eine menschliche, sondern auch um eine christliche Hoffnung. An diese christliche Hoffnung stellen wir drei Fragen. Sie lauten: Für wen, auf wen und wie hoffen wir, wenn wir als Christen gläubig hoffen?

*Für wen hoffen wir*? Das heißt: Was ist der *Gegenstand unserer Hoffnung*? Früher hätte man wohl geantwortet: Wir leben im Jammertal. Es geht uns schlecht. Um so mehr hoffen wir auf den Himmel. Je schlechter das Diesseits, desto schöner das Jenseits. Laßt uns darum mit ganzer Kraft auf die ewige Seligkeit hoffen. Damit haben die Menschen einander nicht nur zu trösten versucht. Sie haben sich auch auf den Himmel vertröstet. Doch seltsam! Für viele war dies zuwenig Trost. Darum bekam das Wort »vertrösten« langsam die Bedeutung: »Etwas auf die lange Bank schieben.« Derart wurde die ganze Hoffnung auf das bessere Jenseits gesetzt. Darum blieb für das Diesseits wenig Trost übrig.

Begreiflich, daß nun die Marxisten kamen und sagten: »Wir müssen den Trost vom fernen Himmel auf die nahe Erde herunterholen. Der Gegenstand der Hoffnung ist gar nicht der Himmel, sondern die Erde.« So wurde die Hoffnung vom

Himmel auf die Erde verpflanzt. Mit einem ungeheuren Fortschrittsglauben machte man sich ans Werk. Anfangs war man optimistisch. Die bessere Zukunft und Gesellschaft muß sich doch machen lassen. Wir haben so viele Wissenschaften. Wir haben den guten Willen. Strengen wir uns an. Die bessere Zukunft kommt.

Allein sind wir auf dieser Erde um so viele Hoffnungen reicher geworden? Hat die Emanzipation und Selbstverwirklichung wirklich den freien Menschen hervorgebracht? Sind unsere Kinder glücklicher; gehen wir leichteren Herzens ins Alter; sterben wir in größerem Frieden; haben wir weniger Kriege und Konflikte? Ach, ich befürchte: Den neuen Menschen erlebe ich nicht mehr; und genauso wenig die bessere Zukunft. Der einst so wohlgemute Fortschrittsglauben ist längst der Resignation gewichen, wenn nicht gar der Verzweiflung. Darum hat es doch etwas auf sich, wenn wir bei aller Hoffnung für unsere Erde noch immer auf das alte und ewige Jenseits hoffen.

Das heißt: Der Gegenstand unserer Hoffnung ist durchaus unsere Erde. Aber gerade für diese Erde erhoffen wir Gottes Vollendung und damit einen neuen Himmel und eine neue Erde.

*Auf wen setzen wir dabei unsere Hoffnung*? Eben gerade nicht auf uns selbst, nicht auf unsere Wissenschaft, nicht auf unsere Tugenden und unser bißchen guten Willen. Wir setzen unsere Hoffnung auf Gott allein, und zwar auf den Gott, der uns in Jesus Christus begegnet ist. Jesus ist der *Grund unserer Hoffnung*.

*Wie hoffen wir*? Im Römerbrief spricht Paulus von der »Hoffnung gegen alle Hoffnung« (Röm 4,18). Was damit gemeint ist, läßt sich sehr gut auf französisch sagen. Die französische Sprache unterscheidet nämlich zwischen »espoir« und »espérance«. »Espoir«, das ist die Hoffnung in der Mehrzahl. Es sind die vielen kleinen Hoffnungen des täglichen Lebens. »Espérance« ist die Hoffnung in der Einzahl. Das ist die große und eine Hoffnung. Und nun erfahren wir doch immer wieder im Leben: All unsere kleinen Hoffnungen zerbrechen. Auf was haben wir nicht schon alles gehofft. Daß wir groß und stark werden. Der eine hoffte, Lokomotivführer zu werden oder Bundesrat. Der andere wollte Schauspieler werden oder was weiß ich. Was sind wir geworden. Älter und grauer und bescheidener. Träume waren Schäume. Hoffnungen sind zerronnen. Aber gerade so ist etwas Seltsames geschehen: Hinter allen enttäuschten Hoffnungen ist die eine große Hoffnung gewachsen. Schon Ärzte haben dies bei schwerkranken und sterbenden Menschen beobachtet. Aber vielleicht noch deutlicher sehen wir es in der Bibel.

Da ist *Abraham*. Er hat keine Hoffnung mehr auf Kinder und damit auch keine Hoffnung mehr auf die Zukunft. Aber gegen alle Hoffnungen schenkt Gott ihm Isaak. Jetzt hat er Grund zu hoffen. Er hat die Hoffnung gewissermaßen in der Hand. Nun aber geschieht das völlig Unerwartete. Gott ruft Abraham auf, seinen Sohn Isaak wegzugeben. Es gibt vor Gott keine Faustpfänder der Hoffnung. So ist Abraham der Mensch, der nichts hat, aber auch gar nichts, außer Gottes Verheißung. Auf diese Verheißung setzt er ganz und allein seine Hoffnung. Eben darum wird Abraham zum Vater des Glaubens (Röm 4,17; Hebr 11,8 ff.).

Da ist *Hiob*. Hiob ist der Mensch, dem alle Hoffnungen erstorben sind. Frau und Kinder sind tot. Die Freunde stellen sich gegen ihn. Sein Besitz ist verwüstet. Seine Gesundheit ist dahin. Sein Gottvertrauen ist geschwunden. Er hat nur noch den Misthaufen, auf dem er sitzt, und das nackte Leben, das gerade kein Sterben ist. Doch jetzt in dieser äußersten Hoffnungslosigkeit sagt Hiob einen der gewaltigsten Sätze der Menschheitsgeschichte: »Bisher habe ich dich, Gott, vom Hörensagen gekannt; jetzt hat mein Auge dich geschaut (Hiob 42,5).« Jetzt aus der tiefsten Not und Hoffnungslosigkeit hat er Gott selbst gefunden.

Man kann nämlich Gott auf zweierlei Weisen finden. Einmal in seiner Schöpfung. Man begegnet ihm im Spiegel dessen, was Gott geschaffen. Auf diese Weise findet man Gott vermittelt, eben vermittelt durch seine Werke. Zum andern aber kann man Gott auch unvermittelt finden. Dann aber muß der Spiegel der Schöpfung zerbrochen werden. Man muß die Erde hinter sich lassen. Man darf keine Hoffnungen mehr auf die Erde haben. Gerade, wenn man nichts mehr hat als seine eigene Hoffnungslosigkeit, kann man die leeren Hände ausstrecken. Dann ist Gott selber da. Das ist die große und letzte Hoffnung des Christen.

Was das im letzten bedeutet, sagt uns *Jesus am Kreuz*. Wiederum ist alles hoffnungslos. Irdisch gesehen, endet Jesu Leben in der Katastrophe. Mehr noch: In der Gottverlassenheit. Und in diese Gottverlassenheit hinein kann Jesus mit einer letzten Hoffnung sagen: »Vater, in deine Hände empfehle ich meinen Geist (Lk 23,46).«

Das Kreuz ist also einerseits – vom Menschen her gesehen – der Ort, wo alle Hoffnungen durchkreuzt worden sind und nur noch Hoffnungslosigkeit und Gottverlassenheit ist. Andererseits ist – von Gott her gesehen – gerade Gott in dieser Hoffnungslosigkeit da, indem er Jesus von den Toten erweckt. Er schenkt aus dem Grab des Todes das neue und ewige Leben. So bedeutet das Kreuz Jesu Christi Hoffnung in der Hoffnungslosigkeit. Darum beten wir mit Recht in der Karwoche: »Sei gegrüßt, heiliges Kreuz, du unsere einzige Hoffnung.«

Wenn wir also von christlicher Hoffnung sprechen, dann meinen wir diese letzte Hoffnung auf Gott allein, die alle durchkreuzten Hoffnungen der Welt überragt. Das ist die Hoffnung aus der Kraft des lebendigen uns von Gott geschenkten Glaubens.

## Wir hoffen liebend

In Jesus Christus ist unsere Hoffnung an ihrem letzten Ziele angekommen. Im Hebräerbrief heißt es darum sinngemäß: Wir haben unsere Zuflucht dazu genommen, die dargebotene Hoffnung zu ergreifen. In dieser Hoffnung haben wir nämlich einen sicheren und festen Anker der Seele. Dieser Anker ist festgemacht an Jesus, der als unser Vorläufer bereits im Himmel ist (Hebr 6,18–20). Derart ist die Hoffnung immer die Hoffnung, das erwünschte Ziel zu erreichen, im letzten zu Jesus in den Himmel zu kommen.

Allein vor dem Ziel ist der *Weg*. Vor dem Himmel liegt die Welt. Man kann nicht immer nur auf das Ziel schauen, solange man auf dem Weg ist. Sonst stolpert man und kommt vom Weg ab. Wenn wir nun auf den Lebensweg schauen, dann sehen wir, daß der Weg anstrengend ist. Darum braucht es eine neue Tugend. Sie ist die Schwester der Hoffnung. Wir nennen sie *Geduld*. Geduld ist die Fähigkeit, die Steine, die auf dem Weg liegen, entweder aus dem Weg zu räumen oder zu umgehen.

Allein der Weg ist nicht nur anstrengend, sondern auch lang. Die Gefahr ist, daß er auch noch langweilig wird und wir in dieser Langeweile die Lebenszeit nicht ausnützen, sondern vertreiben, wenn nicht gar totschlagen. Darum braucht es noch einmal eine Tugend. Man könnte sie *Phantasie* nennen.

Damit haben wir ein Dreigestirn von Tugenden. Die Hoffnung ist die Tugend, auf den großen Weg zu gehen. Die Geduld ist die Tugend, auf dem anstrengenden Weg zu bleiben. Die Phantasie ist die Tugend, den langen Weg erfinderisch kurzweilig bleiben zu lassen.

Auch von dieser Geduld und Phantasie ist in Ihrem Jahresprogramm die Rede. Es heißt da: »Hoffnung säen«. Was bedeutet das? Wir haben Herbst. Der Bauer sät die Wintersaat. Nun liegt sie tief im Ackerboden. Der Winter kommt. Die Erde ist gefroren. Den Boden deckt Schnee. Man sieht von der Saat nichts mehr. Man meint sogar, da unten müsse alles Leben erstorben sein.

Man kann gar nichts machen als warten. Dabei sind wir immer in der Versuchung umzustechen, damit wir nachschauen können, ob nicht endlich, endlich die Pflänzchen hervorsprießen. Aber gerade so machen wir die Saat kaputt. Wir müssen warten. Im Frühling wird die Sonne kommen. Es wird warm werden. Dann wird die Saat hervorsprießen – ganz ohne unser Zutun (vgl. Mk 4,26–29).

Liebe Eltern, ist nicht gerade Euch heute dieses Gleichnis Jesu gesagt. Was heißt Erziehung anders, als Hoffnung zu säen. Dann sind die Saatkörner tief unten. Es kommt der Winter. Wir haben den Eindruck, alles ist erfroren. Wir müssen warten, warten auf den Frühling. Vielleicht erleben Sie gerade jetzt diese elterliche Winterszeit. Haben Sie dann das Vertrauen, daß Sie Hoffnung gesät haben, aber jetzt in Geduld warten müssen. Woher wissen wir, daß Gott vielleicht nicht auch der Kirche jetzt eine Winterszeit zugemutet hat? Der Konzilsfrühling ist vorbei. Die synodalen Früchte sind gereift und geerntet. Jetzt ist Winter. Die Hoffnung ist gesät. Wir müssen warten in Geduld.

Eigentlich sind wir damit bei unserem Evangelium und den *Emmausjüngern*. Wir müssen uns die Geschichte so vorstellen: Wir sind etwa im Jahr 90 nach Christi Geburt. Die Christen haben lange gehofft, Jesus mit seiner Wiederkunft werde gleich kommen. Sie waren bereit. Sie waren wachsam. Das Öl in den Lampen hat gebrannt. Aber es tat sich so gar nichts. Im Römerreich ging es zu wie eh und je. Von Christus und seiner Wiederkunft keine Spur. Was jetzt? Die Hoffnung, er werde wiederkommen, schwindet. Die Geduld geht den Christen aus. Am besten, man kehrt zur Tagesordnung über und lebt wie die andern. Man ist schließlich auch nicht besser.

In dieser Situation erzählt Lukas die Emmausgeschichte.

»Schaut«, sagt er diesen resignierten Christen ums Jahr 90 nach Christus, »da waren schon einmal zwei auf dem Weg. Die hatten ganze drei Tage gewartet. Dann ist ihnen alles verleidet. Er kommt doch nicht. Er ist verschwunden. Am besten, wir gehen ins tägliche Leben nach Emmaus zurück. Zwar war der Herr mitten unter ihnen. Aber die Hoffnung ist vorbei. Die Saat hat nicht gekeimt. Sie erkennen ihn nicht. Jesus hält ihnen sogar eine Predigt und erklärt ihnen die heilige Schrift. Sie verstehen immer noch nichts. Doch dann laden sie ihn ein zum Vesperbrot. Jetzt im brüderlichen Mahl erkennen sie ihn. Doch dann ist Jesus gleich wieder weg und verschwunden. Was aber nicht weg und verschwunden ist, ist ihre Hoffnung. In dieser hoffnungsvollen Geduld gehen sie noch in der gleichen Nacht – Angst hin oder her – nach Jerusalem zurück. Sie müssen es einfach den andern sagen: Jesus lebt.«

Was ist das Eigentümliche an dieser Geschichte? Daß man Jesus in der brüderlichen Gemeinschaft beim Mahl erkennt. Dort erkennt man ihn. Dort schöpft man neue Hoffnung.

Liebe Schwestern und Brüder, es genügt also nicht, sich einfach auf den Weg zum Himmel zu machen. Man muß zu den Schwestern und Brüdern gehen. Es genügt nicht, auf den Himmel zu hoffen. Gewiß, die große Hoffnung kann Gott allein uns schenken. Aber wir müssen schon hier auf dem Wege Hoffnungszeichen setzen und Hoffnung säen. Die Erde ist nicht nur der Gegenstand der Hoffnung sondern auch der Ort, wo Hoffnung gesät werden muß und Hoffnungszeichen gesetzt werden wollen.

# Meditation – Eine kurze Einführung

P. Niklaus Brantschen, SJ

## Was ist Meditation?

Wenn wir aufzählen wollten, was uns beim Wort Meditation in den Sinn kommt, so würde wahrscheinlich mehr oder weniger folgende Liste von Stichworten entstehen: Gottverbunden – Besinnung – Versenkung – still werden – Kontakt mit der Tiefe – in sich gehen – sich öffnen – Kraft schöpfen – Kanal werden – Weg nach Innen – Ruhe – Friede.

Schlagen wir im großen Brockhaus nach, so finden wir in der folgenden Definition die eben genannten Stichworte enthalten: »Meditation, eine durch entsprechende Übungen bewirkte geistlich-geistige Sammlung. Sie soll von körperlicher Haltung und Entspannung unterstützt den Menschen zu seinem innersten Grund führen.« Meditation ist also ein Vorgang der Sammlung und Vertiefung, der aus der Zerstreutheit zur Mitte führt, von der Oberfläche in die Tiefe.

Um aber nicht falsch verstanden zu werden, sage ich gleich: Meditation ist nicht ein Hobby resignierter Individualisten, die sich vor dem Anspruch der Zeit in eine Selbstgenügsamkeit flüchten, Meditation ist die Begegnung mit der Tiefe, aus der heraus echte Verantwortung erwächst.

## Warum ist Meditation heute gefragt?

Kein Zweifel, die Meditationsbewegung hat modische Züge. »Man« meditiert. Man wird der Meditationsbewegung jedoch nicht gerecht, will man sie als bloße Mode abtun und sich damit die Frage nach den Hintergründen ersparen. Welches sind diese Hintergründe, oder, was charakterisiert unsere Zeit und den Menschen in dieser Zeit.

Der heutige Mensch, vor allem der westliche ist weitgehend stolz auf seine Einstellung, auf seine Kopflastigkeit. Was zählt ist der klare, scharfe Verstand, das differenzierende Denken, der wissenschaftlich objektivierende Geist. Sind wir mit Recht stolz darauf? C. G. Jung sieht es anders. In seinem Alterswerk »Erinnerungen, Träume, Gedanken« (ein sehr lesenswertes Buch) schreibt er:

»Sieh mal, sagte der Indianer, wie grausam die Weißen aussehen. Ihre Lippen sind dünn, ihre Nasen spitz, ihre Gesichter sind von Falten gefurcht und verzerrt. Ihre Augen haben einen starren Blick. Sie suchen immer etwas. Was suchen sie? Die Weißen wollen immer etwas. Sie sind immer unruhig und rastlos. Sie wissen nicht, was sie wollen. Wir verstehen sie nicht. Wir glauben, daß sie verrückt sind. Sie sagen, daß sie mit dem Kopf denken. Wir denken hier, sagte der Indianer und deutete auf sein Herz.«

Da beginnt Jung nachzudenken und meint, zum ersten Mal in seinem Leben hätte ihm jemand ein Bild des wirklichen weißen Mannes gezeigt. Er meint, was man als Zivilisation bezeichnet habe, hätte auch ein anderes Gesicht: ein Raubvogelgesicht. Nicht zufällig würden Adler und andere Raubtiere unsere Wappenschilder zieren. Das Bild, das Jung von der europäischen Welt entwirft, ist sehr düster. Unsere Geschichte ist eine Geschichte des Zugreifens, Eroberns und Unterwerfens, aber nicht nur. Seit der Entwicklung der Naturwissenschaft und der Technik sind es weniger fremde Völker und Welten, die erobert und beherrscht werden. Es ist die Welt um uns und der Mensch in dieser Welt. Wir fragen: Wie kann ich dies konstruieren, wie funktioniert jenes, kann ich es zählen, läßt es sich berechnen, messen. Als Konsequenz haben wir eine menschenfeindliche Umwelt, die unser Leben – wir merken das jetzt endlich – mehr und mehr bedroht.

Wir leben in einer *Leistungsgesellschaft*. Das Leistungsdenken bestimmt nach wie vor nicht nur den Beruf, sondern sogar unser Verhalten in der Freizeit. Wer etwas leistet, der zählt. Was zählen Kranke, Alte, Menschen, die nicht arbeiten können? Wir leben in einer *Konsumgesellschaft*. Lebensstandard und Werbung drängen uns viel Überflüssiges auf. Wir leben in einer *Informationsgesellschaft*. Eine Flut von Büchern, Zeitschriften und Massenmedien überrollt uns, und wir müssen lernen auszuwählen. Wir leben in einer *Rollenträgergesellschaft*. Wir spielen im Beruf als Chef oder als Untergebener eine andere Rolle als zu Hause in der Familie. David Riesmann spricht vom außengesteuerten Menschen, der von tausend äußeren Einflüssen und nicht vom eigenen Selbst geleitet wird. Ebenso prägnant ist das bekannte Wort Marcuses vom eindimensionalen Menschen, der einseitig vom Rollen-

und Zweckmäßigkeitsdenken her bestimmt wird. Wen wundert's, wenn ein Mensch in dieser Situation Angst bekommt, gleichsam auf der Flucht ist vor sich selber und damit den Nährboden, wo er Kraft holen könnte, verliert?

Die Reaktion auf die Einseitigkeit des technisch Rationalen, des Zweckmäßigkeitsdenkens bleibt nicht aus. Es scheint heute das einzutreten, was der Dichter Novalis bereits im 18. Jahrhundert in seinem Gedicht »Wenn nicht mehr Zahlen und Figuren« so ausgedrückt hat:

Wenn nicht mehr Zahlen und Figuren
Sind Schlüssel aller Kreaturen,
Wenn die so singen oder küssen,
Mehr als die Tiefgelehrten wissen,
Und man in Märchen und Gedichten
Erkennt die wahren Weltgeschichten,
Dann fliegt von einem geheimen Wort
Das ganze verkehrte Wesen fort.

Wir beginnen heute einzusehen, daß nicht mehr die Zahl und das Kalkül die einzigen Schlüssel sind zur Wirklichkeit. Ein Märchen, ein Gedicht, eine schöne Geschichte können wahrer sein als eine mathematische Formel. Ganze Bereiche der Wirklichkeit und des Menschen im besonderen entziehen sich der Berechnung und Messung und doch sind diese Bereiche da und melden sich, wie Hunger und Durst. Auch hier soll ein Gedicht dies ausdrücken. Wir verdanken es Max Bolliger:

Aber das Herz
ist eine ausgeschickte Taube
gezeichnet mit dem Ring
an den Füßen,
und muß heim,
muß den Weg finden
auch mit zerfetzten Flügeln
und blinden Augen,
muß heim, heim
wieder heim zu sich selbst.

Der Mensch ist im Innersten wie die Taube mit dem Ring an den Füßen gezeichnet mit dem Zeichen des Ursprungs. Was dem Menschen weitgehend mangelt, ist Ruhe, Sammlung, Besinnung auf sich selbst und auf den immer anwesenden Ursprung. Meditation, richtig verstanden, kann diesem Mangel begegnen.

## Wie Meditieren?

Das, was wir Meditation nennen, ist menschlich, menschenmöglich und kinderleicht. Es ist jedem Menschen möglich, soweit er Mensch ist und es ist kinderleicht, weil das Meditieren den Kindern leicht fällt. Die Kinder können immer wieder dieselbe Geschichte, dasselbe Märchen noch einmal hören. Sie lassen im Sandkasten den Sand durch die Finger rinnen, noch und noch, um zu erfahren, zu spüren, wie das ist. Sie wiederholen denselben Vers eines Liedes immer wieder. Das ist meditatives Tun. Wir Erwachsene müssen die Meditation, gerade weil sie so einfach ist, und weil wir meinen, sie müsse kompliziert sein, wieder lernen. Es braucht dazu einige Voraussetzungen. Ich entnehme sie für einmal dem Büchlein von Erich Fromm »Die Kunst des Lebens«. Es sind Voraussetzungen, die für das Erlernen jeder Kunst gelten, also auch für die Kunst des Meditierens.

*1. Voraussetzung: Disziplin*

Disziplin ist die erste und eine wichtige Voraussetzung. Man könnte meinen, der heutige Mensch habe ein Gespür für Disziplin, wird er doch in der Schule und besonders bei der Arbeit dazu angehalten. Das ist zwar richtig, aber es entsteht dadurch auch ein gewisser Überdruß. In der Freizeit wenigstens, im privaten Raum möchte der Mensch sich gehen lassen, sich zerstreuen. Aber ohne Disziplin ist das Leben nicht möglich. Ein disziplinloses Leben hat keine Linie. Es verflattert. Fromm sagt: »Ohne Disziplin wird das Leben zersplittert und chaotisch und es fehlt an Konzentration.« Es geht beim Meditieren nicht ohne eine gewisse Ordnung, gewisse Regeln. Ordnung ist nicht alles, Regeln sind nicht alles, aber ohne Regeln, ohne äußere Ordnung, ohne einen bestimmten Rahmen geht es nicht.

*2. Voraussetzung: Konzentration*

Nach Fromm ist Konzentration noch seltener anzutreffen als Disziplin. Wir sind in der Tat geneigt, ständig etwas zu tun. Fromm sagt, wir sind die Konsumenten mit dem stets geöffneten Mund, gierig und bereit, alles zu verschlingen. Konzentration, wörtlich: zur Mitte finden, ist nicht nur Voraussetzung für das Bemühen der Meditation, es ist schon der Prozeß der Meditation.

*3. Voraussetzung: Geduld*

Geduld ist eine weitere, unerläßliche Voraussetzung. Wer auf raschen Erfolg aus ist, wird immer enttäuscht werden. Wir können nicht erwarten, in ein paar Stunden, oder gar an einem Abend wie heute das zu lernen, was wir vielleicht jahrelang vernachlässigt haben, nämlich still zu sitzen, Zeit zu haben, ruhig zu werden, sich zu konzentrieren, sich zu sammeln, zu sich zu kommen.

*4. Voraussetzung: Überzeugung*

Schließlich muß das, was ich tun will, für mich wichtig sein. Es ist eine alte Tatsache, daß ich Zeit und Raum nur für etwas finde, was mir am Herzen liegt, was mir wichtig ist. Wenn ich nicht zutiefst überzeugt bin, daß Meditation für mein Leben wichtig sein kann, erlerne ich sie nie, weil hundert andere Dinge sich vordrängen und mich von meinem Vorhaben, mir eine halbe Stunde Zeit zu nehmen, abbringen. Wenn Meditation Ihnen nicht wichtig ist, lernen Sie sie nicht.

Dies in aller Kürze die Voraussetzungen zur Meditation. Nun ein paar Hilfen.

*1. Hilfe: Den Leib einbeziehen*

Wir sind nicht reine Geister. Wir leben als Menschen mit Fleisch und Blut und wollen den Leib mit auf den Weg nehmen. Sehr treffend formuliert es Roger Schutz, der Gründer von Taizé, in seinem Tagebuch: »Wieder einmal fragte mich ein junger Mensch, was das Gebet für ihn bedeuten könne. Ich erklärte ihm zunächst: Suchen Sie keine Antwort, die Ihr Menschsein überspringt. Ich meinerseits wüßte nicht, wie ich beten sollte ohne Einbezug des Lebens. Ich bin kein Engel und beklage mich darüber auch nicht. Es gibt Perioden, in denen ich den Eindruck habe, als betete ich mehr mit dem Leib als mit dem Geist. Ein Gebet auf dem bloßen Boden: niederknien, sich niederwerfen, den Ort betrachten, wo die Eucharistie gefeiert wird, die beruhigende Stille ausnutzen, selbst die Geräusche, die aus dem Dorf heraufdringen. Der Leib ist da, ganz gegenwärtig, um zu lauschen, zu begreifen, zu lieben. Wie lächerlich, nicht mit ihm rechnen zu wollen.«

Ich glaube, heute haben wir ein Gespür dafür, daß der

Mensch ein Ganzes ist und daß die äußere Haltung sich auswirkt auf die innere und umgekehrt. Das erste wäre also, im Leibe leben, den Leib mit hereinnehmen in die Übung.

*2. Hilfe: Die Haltung*

Sehr wichtig ist auch die aufrechte, gelöste und doch gut gespannte Haltung. Man muß nicht unbedingt immer auf dem Boden sitzen und die Beine verschränken. Es genügt auch, im Stuhl zu sitzen, aufrecht, gelöst, ohne sich zu verspannen. Diese gelöste, ruhige, aufrechte Haltung wirkt sich nach innen aus. Wenn ich gerade und entschieden und entschlossen dasitze, dann bin ich auch innerlich eher entschieden, klar und deutlich.

*3. Hilfe: Der Atem*

Ein weiteres Element ist der Atem, das ruhige, natürliche Atmen. Goethe drückte es einmal so aus:

> Im Atemholen liegen zweierlei Gnaden,
> die Luft einziehen, sich ihrer entladen.
> Das erste bedrängt, das zweite erfrischt,
> so wunderbar ist das Leben gemischt.
> Du, danke Gott wenn er dich preßt
> und danke ihm, wenn er dich wieder entläßt.

Der Atem ist ein Vorgang des Aufnehmens und des Hergebens, des Empfangens und Loslassens. Zugleich ist er die entscheidende Hilfe der Sammlung, der Konzentration. Ich muß nur liebevoll auf den Atem achten. Durch das richtige Im-Leibe-Sein, die aufrecht gelöste Haltung und das natürliche, ruhige Atmen gelange ich zu einer inneren Gelassenheit. Indem ich mich äußerlich loslasse, werde ich innerlich gelassener.

*4. Hilfe: Das Schweigen*

Sie werden mir bestätigen, daß es gar nicht so einfach ist, nichts zu tun, einfach nur da zu sein, zu spüren, daß wir sind, jetzt, hier, in der einzigen Zeit, die uns gehört. Die Vergangenheit gehört uns nicht mehr, die Zukunft noch nicht. Was das Schweigen in sich bergen kann, drückte eine Studentin einmal so aus: Schweigen, nicht nur still sein, nicht nur den

Lärm abschalten, der mich umgibt, nicht nur entspannen und die Nerven ruhig werden lassen. Das ist nur Ruhe. Ruhe täuscht manchmal Schweigen vor. Schweigen, mich loslassen, nur einen winzigen Augenblick verzichten auf mich selbst, auf meine Wünsche, auf meine Pläne, auf meine Sympathien und Abneigungen, auf meine Schmerzen und Freuden, auf alles, was ich von mir denke und was ich von andern halte, auf alle Verdienste und alle Taten, verzichten auch auf das, was ich nicht getan habe, auf meine Schuld und auch auf alle Schuld der andern an mir. Auf alles, was in mir unheil ist, verzichten auf mich selbst. Nur einen Augenblick Du sagen und Gott dasein lassen. Nur einen Augenblick sich lieben lassen ohne Vorbehalt, ohne Zögern, bedingungslos und ohne auszuschließen, daß ich nachher brenne. Das ist Schweigen vor Gott. Dann ist im Schweigen Stille und Reden und Handeln und Leiden und Hoffen und Lieben zugleich. Dann ist Schweigen Empfangen. Auf dieses Schweigen weiß ich keine Antwort als neues Schweigen, weil Gott größer ist, weil jede versuchte Antwort zu klein gerät. Und doch habe ich keine Angst zu reden und zu handeln, weil das Schweigen eines Augenblicks vor Gott und mit Gott und in Gott die lauten Stunden erlöst.

Wer so schweigen gelernt hat, wer täglich ein paar Minuten sich Zeit nimmt, still wird, sich vom Vielerlei und Einerlei des Tages zurückzieht, zu sich und seiner stets vorhandenen aber verborgenen Tiefe, er wird die Welt mit neuen Augen sehen, mit wachen Sinnen wahrnehmen. Die Welt wie sie ist, und nicht, wie er sie sich denkt. Wer bei sich ist, ist auch besser bei der Sache. Er ist aber auch näher bei den andern Menschen und er ist offener für die ganze Wirklichkeit, auch für die Wirklichkeit, die uns trägt und uns umfängt, die uns Geborgenheit schenkt und unsere Ängste, Verzweiflungen und Traurigkeit hinwegzunehmen vermag. Jene Wirklichkeit, die größer ist als unser Herz und die wir Gott nennen.

## Eine kurze Übung

Wir rutschen auf dem Stuhl etwas nach vorne und richten uns gut auf. Das Becken ist jetzt leicht nach vorne gekippt, wir sind ganz gestreckt, in einer guten Spannung, aber zugleich gelöst. Die linke offene Hand legen wir auf die rechte, die Daumenspitzen berühren sich. Die Handkanten liegen (auf der Seite der kleinen Finger) am Unterleib. Den Kopf lassen wir locker auf der gestreckten Wirbelsäule ruhen. Die Augen richten wir vor uns auf den Boden. Sie bleiben also offen. Der Mund ist geschlossen, aber nicht verbissen. Nun achten wir mit einer feinen, lieben Aufmerksamkeit auf den Atem, spüren, wie er ein- und ausströmt, ganz natürlich und ruhig, wie von selbst. Wenn wir mit den Gedanken abschweifen, können wir jederzeit zurückkehren. Der Atem ist da, er verläßt uns nicht. Wir lassen uns Zeit.

Nach fünf Minuten beenden wir die Übung, machen dazu einen tiefen Atemzug, schließen und öffnen die Augen ein paarmal und machen mit den Händen eine Waschbewegung. Wir spüren noch etwas nach.

Solche kurze oder auch längere Übungen können allenfalls ohne weitere Anleitung gemacht werden. Wer intensiv den Weg der »Schweige-Meditation« gehen will, dem ist der Besuch eines Kurses zu empfehlen.

# Grundlagen der Frohbotschaft

Dr. Walter Bühlmann

## Einleitung

Mit welcher Autorität spricht die Bibel?

Bestimmt haben Sie sich auch schon gefragt: Wie zuverlässig ist das, was in der Bibel steht? Ist das wirklich Gottes Wort? Wie kann man das beweisen? Ich weiß, diese Fragen sind schwierig zu beantworten. Man kann nicht alles beweisen, vor allem das nicht, was unseren Glauben berührt. Es ist etwas, was wir annehmen müssen. In der Theologie spricht man in diesem Zusammenhang von Inspiration. Im Mittelalter stellte man sich vor, daß Gott dem Evangelisten Wort für Wort diktierte und ihm eingab, was er zu schreiben hatte. Der biblische Schriftsteller war nichts anderes als ein Instrument. Diese theologische Meinung aus dem Mittelalter ist jedoch nicht haltbar. Wenn wir die Bibel betrachten, so stellen wir fest, daß die Bibel Menschenwort ist. Es waren Menschen, die die Bibel geschrieben haben, Menschen mit Fehlern, Schwächen, aber auch mit großen Begabungen. Die Bibel ist ein großes literarisches Werk. Man könnte auch sagen, die Bibel ist zuerst ein Menschenwort, aber im Kleide dieses menschlichen Wortes spricht Gott. Somit ist das biblische Wort auch Gotteswort.

Wie aber kann ich feststellen, daß Gott wirklich dahinter steht? Ich kann es nicht nachweisen, ich muß es spüren, und dies ist sehr schwer. Wir können feststellen, daß das AT wie das NT bis heute ungeheuere Impulse hervorgebracht hat. Menschen haben sich immer wieder an diesem Wort festgehalten. Menschen sind aufgebrochen und ließen sich von diesem Wort inspirieren. Wenn wir die Kirchengeschichte oder das Werden des jüdischen Volkes näher betrachten, so sehen wir, daß das Judentum und das Christentum immer wieder Impulse von diesem Gotteswort erhielten.

Die Befreiungsgeschichte aus dem AT, die Befreiung Israels aus Ägypten war nicht etwas Einmaliges. Die Befreiungsgeschichte ging weiter. Bei jedem Ereignis schöpfte Israel wieder Kraft und durfte erfahren, daß Gott es rettet und hinter ihm steht. Diese Befreiungsgeschichte berührt nicht nur die Juden, sondern auch uns Christen.

Wir kennen die Negro Spirituals. Es sind Lieder von Mose. Diese Lieder waren von großer Bedeutung für die Neger in der Sklaverei. Für diese unterdrückten Menschen wurde die Geschichte von Moses zu ihrer Befreiungsgeschichte. Sie wußten, Gott steht auf ihrer Seite. Gott ist der, der sie befreien wird. So können sie alte Lieder neu singen. Gehen wir noch einen Schritt weiter. In Südamerika gibt es eine sogenannte Befreiungstheologie. Es ist dies eine ganz neue Theologie, die in den Basisgemeinden begonnen hat und sich an der Befreiungsgeschichte aus Ägypten orientiert. Die Menschen in Südamerika glauben fest daran, daß Gott auf ihrer Seite steht, daß er für ihr Recht sorgt, daß sie nicht allein sind.

Anhand dieser Beispiele sehen Sie, daß man aus einem biblischen Text heraus nicht einfach nachweisen kann, daß dies Gotteswort ist, aber man kann nachweisen, daß dieses Wort den Menschen immer wieder neue Kraft gab und gibt. Dieses Wort in der Bibel muß irgend etwas in sich haben, das nicht von Menschen, sondern von Gott kommt. Die Bibel ist ein so großes Buch, daß sie stets Texte bereit hat, die irgendwelchen Menschen dienen, Menschen wieder neuen Antrieb geben, den Fragen nach dem Sinn des Lebens Antwort wissen. Das eine Mal ist es das Buch Mose, ein andermal das Buch vom Hohen Lied oder das Buch Kohelet. Es kann auch das Buch Job sein. Immer wieder sind solche Texte entscheidend für bestimmte Menschengruppen.

Ich kann zwar nicht beweisen, daß der Heilige Geist hinter der Bibel steht, wenn ich diese Texte lese, aber ich sehe die Erfahrung, die Menschen mit diesen Texten gemacht haben, und erkenne so, daß es nicht nur ein menschliches Buch ist.

## Der biblische Mensch ringt mit seinem Gott

Kommen wir nun zu unserem Thema: Der Mensch ringt mit Gott. Ich stieß auf diesen Titel, weil mir eine Geschichte aus dem AT immer wieder ungeheuren Eindruck macht. Es ist die Geschichte von Jakob, der den Fluß überqueren will und dann mit einem unheimlichen Wesen kämpfen muß. Man könnte auch sagen: der biblische Ringkampf (Gen. 32, 23–33).

Es geht hier um einen Kampf. Gleich zu Beginn verletzt sich Jakob, der zuerst gar nicht weiß, mit wem er eigentlich kämpft. Es ist immer wieder die Rede von einem Wesen. Jakob möchte schließlich wissen, mit wem er kämpft. Das Wesen sagte zu ihm: »Laß mich los, denn die Morgenröte ist aufgestiegen.« Jakob aber entgegnete: »Ich lasse dich nicht los, wenn du mich nicht segnest.« Jener fragte: »Wie heißt du?« – »Jakob«, antwortete er. Da sprach der Mann: »Nicht mehr Jakob wird man dich nennen, sondern Israel, denn mit Gott und Menschen hast du gestritten und hast gewonnen.« Israel heißt »mit Gott kämpfen, mit Gott ringen«. Im Bild des kämpfenden Jakob ist ein Urbild ganz Israels dargestellt, das nichts anderes zeigt, als das, was Israel immer wieder getan hat, es hat während der ganzen Geschichte mit seinem Gott gekämpft.

Was aber heißt, mit Gott kämpfen? Das will nichts anderes heißen als glauben. Glauben wird als ein Ringen mit Gott umschrieben. Der Mensch, der glaubt, ringt und kämpft mit Gott, will ihn aber nicht loslassen. Er will wissen, wer dieser Gott ist. Er kämpft und das Resultat dieses Kampfes ist sehr deprimierend, denn zum Schluß weiß er immer noch nicht, wer dieser Gott ist und mit wem er gekämpft hat.

Glauben heißt also kämpfen und vielleicht haben Sie es auch schon erfahren: es ist nicht immer leicht, mit Gott umzugehen im Leben. Dieser Gott kann uns oft das Leben wirklich schwer machen. Es kommen Glaubenszweifel. Ich werde erschüttert und kann oft nicht mehr glauben. Ich komme in eine Sackgasse. Wenn Menschen ringen, an Gott zweifeln, dann ist das nichts anderes als eben dieser Kampf mit Gott. Zum Glauben gehört der Zweifel, weil Gott jemand ist, den der Mensch nicht in Griff bekommt, weil Gott ein Wesen ist, das wir Menschen nicht verstehen können. Darum kann der Mensch nichts anderes tun, als nach diesem Gott zu suchen. Oft kommt es vor, daß er gewisse Dinge nicht mehr versteht und zu zweifeln beginnt. Das ist Glaube: das ganze Leben mit Gott ringen und zum Schluß noch Wunden davontragen.

Jakob möchte wissen, wie dieses Wesen heißt: »Nenne mir doch deinen Namen.« Jener entgegnete: »Was fragst du mich nach meinem Namen?« Mit anderen Worten, in diesem Kampf mit Gott wird er nie sagen können, wer Gott ist, wie er heißt, was dieser Gott ist, was er für ihn bedeutet. Auch wir werden Gott letztlich nie verstehen. Dieser Kampf ist beinahe aussichtslos, aber zum Schluß steht etwas sehr Schönes geschrieben. Nachdem Jakob nicht vernahm, mit wem er gekämpft hat, heißt es: »dann segnete er ihn.« Das ist vielleicht etwas vom Tiefsten. Wenn ich glaube, wenn ich ringe mit

Gott, dann bekomme ich seinen Segen. Er beschenkt mich, er segnet mich. Es lohnt sich zu glauben, es lohnt sich, mit Gott zu ringen, weil wir letztlich von Gott beschenkt, von Gott begnadet werden.

Die Glaubensgeschichte Israels zeigt uns, daß sich dieses Ringen mit Gott gelohnt hat. Wenn das Gottesvolk auch nach über tausend Jahren das Wesen Gottes nicht erkennen konnte, so durfte es doch im Laufe der Jahrhunderte diesem geheimnisvollen Gott immer wieder neu begegnen. Die folgenden Darlegungen zeigen uns, wie der alttestamentliche Mensch in seinen verschiedenen Lebenssituationen seinen Gott erfahren hat.

### *1. Der geheimnisvoll nahe Gott*

Es gibt im 1. Königsbuch (Kap. 19) eine sehr tiefe Geschichte. Elia focht auf dem Berg Karmel einen großen Kampf aus mit den Baalspriestern. Auf diesem Berg brachten ursprünglich Baalspriester ihre Opfer dar. Elia hatte es erreicht, daß Gott allein wieder verehrt wird auf diesem Berg. Er hat den Kampf mit Erfolg gekämpft. Nachdem nun Gott wieder auf dem Berg Karmel verehrt wurde, trat eine Frau, die Königin, gegen Elia auf und jagte ihn davon.

Elia ging in die Wüste. Seine Sendung als Prophet schien zu Ende zu sein. Elia war sehr deprimiert. Und da erschien Gott dem Elia. Es heißt: »Der Herr antwortete: komm herauf, stell dich auf den Berg vor den Herrn. Da zog der Herr vorüber. Starker heftiger Sturm, der die Berge zerriß und die Felsen zerbrach, ging dem Herrn voraus. Doch der Herr war nicht im Sturm. Nach dem Sturm kam ein Erdbeben, doch der Herr war nicht im Erdbeben. Nach dem Beben kam ein Feuer, doch der Herr war nicht im Feuer. Nach dem Feuer kam ein sanftes, leises Säuseln. Als Elia das hörte, hüllte er sein Gesicht in den Mantel, trat hinaus und stellte sich an den Eingang der Höhle.«

Elia war überrascht, denn er hatte von Gott etwas ganz anderes erwartet. Er hoffte, daß Gott mit Feuer und Flamme eingreifen und die Königin vernichten würde. Was aber will nun dieser Gott dem Elia sagen, dieser Gott, der nicht mit Macht, sondern mit sanftem, leisem Säuseln auftritt? »Selbst wenn die Königin nicht gleich bestraft wird, denk doch daran, ich bin auf deiner Seite. Ich stehe zu dir, selbst, wenn du mich nicht spürst. Du spürst mich nicht, weil du mich auf der falschen Seite erwartest.«

In diesem Text ist eine neue Gotteserfahrung spürbar geworden. Gott begegnet dem Menschen oft ganz anders, als dieser es erwartet. Diese Gotteserfahrung war außerordentlich wichtig. Der Mensch hatte gelernt, auch wenn es ringsum blitzt und donnert, daß Gott ihn nicht im Stich läßt, daß Gott zu ihm steht selbst in heiklen, schwierigen Situationen. Ich möchte Sie fragen, stehen wir heute nicht in einer ähnlichen Situation? Wünschten wir nicht oft, daß endlich ein Gericht Gottes komme, um die Welt zu ändern? Nur geschieht dies nicht. Trotzdem glaube ich, daß wenn wir ein wenig stiller werden, ein wenig überlegen, wir spüren, daß Gott am Werk ist. Es ist erstaunlich, wieviele junge Leute und auch Erwachsene heute wieder die Meditation entdeckt haben. Wenn der Mensch still wird, kann er Gott plötzlich wieder wahrnehmen. Gott macht sich nicht so sehr mit Feuer und Erdbeben erkennbar, Gott trifft die Menschen im Innersten, im Tiefsten, im Herz.

### *2. Der Gott der kleinen Leute*

Wenn man das AT gut kennt, so kann man etwas Eigenartiges feststellen: Der Gott Israels ist ein Gott, der immer auf Seite der Schwachen steht. Dies geht wie ein roter Faden durchs ganze AT. Sie können viele Texte (Gesetzestexte) nachschlagen. Sie werden sein Anliegen immer wieder daraus ersehen. Er liebt die Fremden und gibt ihnen Nahrung und Kleidung. »Auch ihr sollt die Fremden lieben, denn ihr seid Fremde in Ägypten gewesen.«

Man muß also nicht immer zum NT greifen, um Nächstenliebe und ein Engagement den Armen gegenüber zu begründen. Wir hätten viele Texte dazu im AT. Es ist daher nicht erstaunlich, daß im AT Israel immer wieder aufgerufen wird, sich für die Armen, Witwen, Waisen, Sklaven und Fremden einzusetzen. Ganz zu Beginn hatte der Sabbat eine soziale Begründung. Wir lesen im 2. Buch Mose: »an ihm darfst du keine Arbeit tun, du und dein Sohn und deine Tochter, dein Sklave und deine Sklavin, dein Rind und dein Esel und dein ganzes Vieh und der Fremde, der in deinem Stadtbereich Wohnrecht hat. Dein Sklave und deine Sklavin sollen sich ausruhen wie du.« Die Begründung, den Sabbat zu halten, ist, daß alle, Mensch und Vieh, ausruhen können. Im Ringkampf mit Gott hat Israel etwas Neues entdeckt. Gott ist einer, der auf der Seite der Rechtlosen steht.

Gott – der Töpfer

Haben Sie schon einmal einem Töpfer zugeschaut, wie er ein wenig Ton nimmt, seine Scheibe dreht und mit welcher Geschwindigkeit er ein Gefäß formt? Wenn es heißt, Gott habe den Menschen aus Erde geformt, so steht dasselbe Bild des Töpfers dahinter. Gott hat den Menschen mit aller Freiheit, mit aller Souveränität geschaffen. Wenn Sie einen neuen Menschen betrachten, so können Sie nur staunen über die großartige Kunst dieses Töpfers. Der Mensch wurde mit großer Phantasie geschaffen. Gott ist einer, der den Menschen bis ins Letzte geplant hat und dem Menschen eine Freiheit geschenkt hat, die er benutzen darf. Das Gottesbild des Töpfers ist ein sehr erhabenes Gottesbild.

Der Fels – die Burg

Es gibt im AT noch andere Gottesbilder, die der Mensch in seinem Ringen mit Gott finden durfte. Es ist das Bild des Felsens oder der Burg. Sie finden dieses Gottesbild in den Psalmen: »Der Herr ist meine Burg, mein Retter und meine Feste, mein Schild und sicheres Heil, meine Zuflucht.« Dies ist ein unwahrscheinlich schönes Gottesbild. Es kann uns nichts besseres geschehen, als bei Gott geborgen zu sein.

Gott als Vater

Israel hat noch andere Gottesbilder gefunden: Gott als Vater. Dieses Gottesbild ist uns sehr vertraut. Wir lesen in den Texten: »Wie ein Vater sich seiner Kinder erbarmt, so erbarmt sich der Herr über alle, die ihn fürchten.« Das Bild des Vaters, der Erbarmen hat mit seinem Sohn, dieses Vaterbild ist für uns eigentlich nichts Besonderes mehr. Heute hat der Vater die gleiche Zuneigung zum Kind wie die Mutter und zeigt sie auch.

Im alten Orient war dies ganz anders. Dort wäre es nie vorgekommen, daß ein Vater mit seinem Kind auf die Straße gegangen wäre. Im alten Orient verhält sich der Vater mit kühler Distanz. Es käme nie vor, daß ein Vater sein Kind öffentlich auf seine Knie nähme. Im ganzen Orient gibt es nur eine Darstellung, die diesem Schema nicht entspricht. Es ist der Pharao Echnaton in Ägypten, der mit väterlicher Güte sich seinen Kindern zuneigt. Er wagt es, das Kind auf die Knie zu nehmen und zu küssen. Dieses Vaterbild ist im alten Orient etwas Fremdes. Nur die Bibel spricht von einem solchen Vater. Darum ist dieses Vaterbild so etwas Wundervolles im Alten wie im Neuen Testament. Wenn im Gleichnis vom verlorenen Sohn der Vater seinem Sohn entgegenläuft, ihn umarmt und küßt, so würde dies ein Vater im alten Orient nie tun. Darum erzählt Jesus diese Geschichte. Er will damit sagen, daß der Vater im Himmel anders ist als die gewöhnlichen Väter. Er ist einer, der sich nicht scheut, das Kind auf die Knie zu nehmen, zu küssen und zu umarmen. Im Laufe der 1000 Jahre hat Israel versucht, diesen Gott immer wieder zu umschreiben, diesem Gott näher zu kommen. Es sind dabei recht schöne, tiefe Gottesbilder entstanden.

### *4. Der unbegreifliche Gott*

Wenn wir nun glauben zu wissen, wie dieser Gott ist, so irren wir. Das, was ich Ihnen erzählt habe, ist nicht das Einzige, was die Israeliten über Gott herausgefunden haben. Es ist zwar eine sehr schöne Seite. Gott ist wie ein Vater, wie ein Töpfer, aber dieser Gott, obwohl er mütterliche und väterliche Züge hat, ist einer, der die Menschen auch gelegentlich enttäuscht.

Im AT ist dies immer wieder spürbar. Es gibt ein ganzes Buch, das von einem solchen sonderbaren Gott spricht: das Buch Job. Das ganze Buch ist eigentlich dem Ringen eines einzelnen Menschen gewidmet, der mit seinem Gott den Einklang nicht mehr findet, der seinen Gott nicht mehr versteht. Job muß eine fürchterliche Krise durchstehen und weiß nichts anderes zu tun, als seinen Gott und seine Geburt zu verfluchen: »Danach tat Job seinen Mund auf und verfluchte seinen Tag. Job ergriff das Wort und sprach: ausgelöscht sei der Tag, an dem ich geboren bin, die Nacht, die sprach, ein Mann ist empfangen. Warum starb ich nicht vom Mutterschoß weg, kam ich aus dem Mutterleib und verschied nicht gleich.«

Job kann nicht begreifen, daß Gott auf der einen Seite eine schöne Gestalt, einen schönen Menschen schafft und auf der anderen Seite diesen Menschen wieder vernichtet, so wie er Job kaputtmacht. Einerseits kann Gott etwas sehr Schönes machen und andererseits läßt er das Geschaffene im Stich. Das war der Glaubenskampf des Job. Er wirft seinem Gott Willkür vor und sagt, er habe ihn verraten. Zum Schluß des Job-Buches kommt es zu einer ganz eigenartigen Wende, es kommt zu einer Gottesrede. 37 Kapitel lang spricht Job zu

Gott. Erst im 38. Kapitel antwortet Gott. Dieser Gott setzt Job nicht etwa ins Unrecht. Er könnte es tun, könnte ihm vorwerfen, was er alles gesagt hat. Gott spricht anders. Er gibt zu, daß vieles auf dieser Welt nicht stimmt, daß es wirklich leidende Menschen gibt, daß es das Böse gibt in der Welt. Gott geht auf Job ein. Zum ersten Mal begegnet Job jemandem, der mit ihm ins Gespräch kommt, ihn versteht. In diesem Gespräch solidarisiert sich Gott mit Job und zeigt ihm, daß er kein Tyrann ist sondern nur einer, der mit ihm auf dem Weg ist und der versucht, ihn zu verstehen.

Wenn wir noch einen Schritt weitergehen, so können wir das, was im Job-Buch steht auch im NT entdecken. Auch das Christentum kann das Leiden, das Böse in der Welt nicht erklären. Der Christ weiß, daß Jesus das Leiden auch auf sich genommen hat, daß Gott in Jesus zu einem Mitleidenden geworden ist. Er weiß, daß Gott das Leid nicht in die Welt bringt, daß Gott das Leid nicht wegnimmt, aber er weiß, daß Gott einer ist, dem man Vertrauen schenken kann, weil er immer wieder mit dem Menschen auf dem Weg ist.

## Der Segen Jakobs

Abschließend kann festgehalten werden: Wir können vom AT lernen, daß wir Menschen in unserer Lebenssituation, in unserer Krise, in unseren menschlichen Erfahrungen immer wieder auf ähnliche Probleme stoßen. Wir möchten das, was Gott ist, gerne kennen.

Wir werden aber dieses Geheimnis letztlich nie ganz erfahren. Wir werden zwar Wege finden, Wege, wie sie das AT aufgezeigt hat, aber letztlich wird der Ringkampf immer bleiben. Zum Schluß meines Ringens weiß ich aber, Gott läßt mich nicht im Stich und der Segen Jakobs, der Segen Gottes bleibt auch auf meiner Seite.

# Gott bejaht den Menschen

Dr. Walter Bühlmann

## Einleitung

Aus Erfahrung wissen wir, daß ein Mensch, der in der Gemeinschaft, in der Familie Geborgenheit findet, meist ausgeglichen ist, selbst dann, wenn er Probleme hat und nicht mehr weiter weiß. Der Mensch in der Krise kann sich wieder finden, wenn jemand da ist, der ihn bejaht, zu ihm in allen Bereichen steht. Die große Krise für viele Menschen ist jedoch die, daß sie nicht bejaht sind, daß sie nicht akzeptiert sind, und das führt zu Störungen. Ich möchte dieses Problem ein wenig vom AT her aufzeigen.

## Gott bejaht den Menschen

Wir haben das letztemal ganz verschiedene Gottesbilder betrachtet. Eines dieser Gottesbilder war das Bild des Vaters, wie es im alten Orient gänzlich unbekannt war. Der Mensch findet bei Gott immer die Seite, die er bei andern nicht finden kann. Wir sehen im AT immer wieder, warum der Mensch in seinem Leben Halt finden kann. Der Mensch weiß nämlich, daß er akzeptiert und von Gott bejaht wird. Gott bejaht den Menschen nicht nur dann, wenn er die Gesetze beachtet, Gott sagt zum Menschen auch ja, wenn sich dieser einmal nicht so verhält, wie er sollte.

### 1. Gott sagt ja zu den Freuden, die der Mensch erleben darf.

Der irdische Besitz, der Kinderreichtum, das lange Leben, die Freundschaft, die Liebe, die Schönheit des Menschen, der Frieden, all dies sind Gaben von Gott, die dem Menschen gehören. Der Mensch darf diese Gaben genießen. Es ist im AT sehr viel die Rede von dieser Freude, von diesem Genießen. Wir Menschen von heute haben oft ein schlechtes Gewissen, wenn wir uns über diese Gaben freuen. Lange Zeit wurde den

Menschen der Gedanke an den Verzicht oder die Angst vor Verlust dieser guten Dinge eingetrichtert.

Das aber ist nicht im Sinn des AT. Das AT fordert den Menschen auf, die Freuden, die Gott ihm geschenkt hat, zu genießen. Gott steht zu dieser Seite des menschlichen Lebens. So können Sie an gewissen Stellen im AT lesen: »Iß mit Freuden dein Brot und trink vergnügt deinen Wein.« Selbst im Buch des Predigers, auch Kohelet genannt, wird immer wieder zur Freude aufgerufen. Obwohl dieses Buch von einem gewissen Skeptizismus durchzogen ist, bleibt es nicht dabei stehen, sondern ermuntert den Menschen: »Solange es dir gut geht, versuche zu genießen, was Gott dir gegeben hat, denn es kommt auch wieder der Augenblick, wo du die schlechteren Zeiten erleben mußt. Genieße solange du kannst. Ich erkannte, daß es für den Menschen nichts Besseres gibt, als fröhlich zu sein und es sich gut gehen zu lassen im Leben, denn daß ein Mensch essen und trinken und Gutes erfahren kann in all seiner Mühsal, auch das ist eine Gabe Gottes.«

Selbst die Jugend wird zur Freude aufgerufen: »Freu dich Jüngling in deiner Jugend, sei guter Dinge in deiner Jugendzeit. Genieße, was dein Herz gelüstet und was deine Augen erschauen.«

Man kann sich natürlich die Frage stellen, warum wird im AT soviel zur Lebensfreude aufgerufen? Ich glaube, die Lösung finden wir im Buch des Predigers: Erst der Mensch kann die guten Seiten des Lebens genießen, der auch die schlechten kennengelernt hat. Bewußt das Leben bejahen kann nur der, der auch erlebt hat, wie brüchig das Leben sein kann.

In diesem Zusammenhang möchte ich Ihnen noch einen anderen Aspekt aufzeigen. Der alttestamentliche Mensch erfährt Lebensfreude auch im Gottesdienst. Im 5. Buch Moses finden wir eine Definition von Liturgie. Liturgie heißt: »Du sollst fröhlich sein vor dem Herrn.« Wenn wir im AT von Gottesdienst sprechen, so stellen wir uns meist einen Schlachtbetrieb vor. Es wurde geschlachtet, geopfert, das wissen wir. Aber das Schlachten von Opfern war nur die eine Seite. Zu den Gottesdiensten gehörten auch die Festmähler. Die Psalmen zeigen uns, daß die Gläubigen, die im Tempel zusammen saßen, miteinander aßen und tranken, Gott erfahren haben. Vielleicht müssen wir wieder von dieser liturgischen Freude lernen.

Der berühmte Theologe Romano Guardini hat schon vor

ungefähr 70 Jahren geschrieben, was Gottesdienst eigentlich heißen könnte. Er ließ sich sehr stark vom AT inspirieren. Er sagte: »Liturgie üben heißt, einmal verzichten-können auf das Erwachsensein, sich entschließen zu spielen.« Aufgabe der Erziehung zur Liturgie sei es, daß die Seele lerne, die Rastlosigkeit der zweckgebundenen Tätigkeit wenigstens im Gebet aufzugeben und für Gott Zeit zu verschwenden; Worte, Gedanken und Gebärden für das heilige Spiel zu haben und nicht immer gleich zu fragen wozu und warum; in Freiheit, Schönheit und Heiterkeit das gottgeordnete Spiel der Liturgie zu treiben.«

## 2. Gott steht zum leidenden Menschen

Die Freude ist nicht die einzige menschliche Erfahrung. Es gibt Zeiten der Not, des Leides. Wir haben das letztemal von Job gesprochen. Gott akzeptiert auch den lästernden Job. Gott sagt auch zu ihm ja. Das war das Verblüffende für ihn. Job wollte gegen diesen Gott rebellieren. Jetzt spürt er aber, daß Gott auf seiner Seite steht. Dies ist auch eine alttestamentliche Erfahrung. Ein Drittel der Psalmen, ungefähr 50, sind Klagelieder, gedichtet aus einer großen Not heraus. Da gibt es nichts, was nicht vor Gott hingetragen wird. Das Erstaunliche daran ist, daß das Klagen, Schreien und Fluchen nicht zurückgewiesen wird. Der Mensch wird von Gott nicht verurteilt, sondern Gott hört diesem klagenden, schreienden, fluchenden Menschen zu und akzeptiert ihn und steht zu ihm. Der Mensch schreit nicht gegen eine Wand, sondern zu einem Du. Ein Kind, das schreit und flucht, zur Mutter gehen und sich richtig ausweinen kann, ist nachher geheilt. Das ist vielleicht das Großartige in den alttestamentlichen Psalmen, daß der Mensch dies darf.

Nehmen wir als Beispiel den Psalm 22. Denken wir immer daran: dieser Psalm 22 wurde auch von Jesus gebetet und zwar zur letzten Stunde am Kreuz. So wie Markus diesen Psalm zitiert, ist er sehr harmlos: »Mein Gott, mein Gott, warum hast du mich verlassen.« Wenn Sie diesen Psalm weiterlesen, heißt es: »Warum hast du mich verlassen, bist fern meinem Schreien, den Worten meiner Klage. Mein Gott, ich rufe bei Tag und bei Nacht und du gibst mir keine Antwort.« Der leidende Mensch darf wissen, daß er von Gott akzeptiert wird.

## 3. Gott akzeptiert den Menschen in seiner ungezügelten Leidenschaft

Gott steht nicht nur zur Not, nicht nur zur Freude, sondern Gott steht auch zum Menschen in seiner ungezügelten Leidenschaft. Ich weiß, viele Menschen ertragen das AT nicht, weil dort merkwürdige Geschichten stehen, die ihnen die Schamröte ins Gesicht treiben. Denken wir z. B. an die Geschichte von Amnon im Kapitel 13 im 2. Buch Samuel. Der leidenschaftliche Amnon, ein Sohn Davids, geht zu seiner Stiefschwester Tamar, stellt sich krank, damit er von ihr bedient wird und vergewaltigt sie dann. Man kann sich fragen, warum hat der biblische Schriftsteller nicht darauf verzichtet, diese Tragödie aus dem Hause Davids zu schildern? Warum will Jesus gerade dem Stamme Davids angehören, obwohl David nicht nur einen Ehebruch, sondern auch noch einen Mord auf seinem Gewissen hat. Auch diese Geschichte steht ausführlich im AT geschrieben. Was will mit diesen Geschichten ausgesagt werden? Bestimmt nicht, daß dies alles erlaubt und gut sei. Das AT will damit sagen, daß auch Gott zur Schuld des Menschen steht, daß er den Menschen mit seinen schwachen Seiten akzeptiert. Es ist sehr wichtig, daß wir Menschen dies wissen, denn jeder von uns ist ein fehlerhafter, sündiger Mensch, und ein jeder erfährt sich mit seinen Schattenseiten. Wichtig ist, daß er weiß: Gott steht auch zu mir.

## 4. Gott steht zur Liebe zwischen Mann und Frau

Wie kommt es, daß der Christ in seiner Kirche so wenig von Schönheit und menschlicher Liebe hört? Dabei ist doch gerade die Freude, die zwei Menschen aneinander finden können, lebensnotwendig. Die Bibel und besonders das AT denkt darüber anders. An vielen Stellen vermittelt es uns ein ganzheitliches Bild vom Menschen, das die Liebe so wenig ausschließt wie die Trauer, den Schmerz, die Verzweiflung oder die Freude. Im AT gibt es ein ganzes Buch, das von dieser Liebe spricht: das Buch vom Hohen Lied der Liebe.

Erlauben Sie mir ein Beispiel aus dem 4. Kapitel zu zitieren: »Verzaubert hast du mich, meine Schwester Braut, ja, verzaubert mit einem Blick deiner Augen, mit einer Perle deiner Halskette. Wie schön ist deine Liebe, meine Schwester

Braut, wieviel süßer ist deine Liebe als Wein, der Duft deiner Salben viel köstlicher als alle Balsamdüfte. Von deinen Lippen, Braut, tropft Honig. Milch und Honig ist unter deiner Zunge. Der Duft deiner Kleider ist wie des Libanon Duft.«

So spricht das Hohe Lied der Liebe über die Liebe zwischen Mann und Frau. Lange Zeit hat man dieses Buch allegorisch gedeutet, das heißt, man hat die Liebe zwischen Mann und Frau verglichen mit der Liebe zwischen Gott und den Menschen. Man kann dies tun, aber das Buch preist auch die Liebe zwischen Mann und Frau. Eheleute dürfen wissen, daß ihre Liebe etwas Köstliches ist, und einen tiefen Wert hat und wesentlich zum menschlichen Leben beiträgt. Am Schluß stehen wunderbare Worte: »Ich lege mich wie ein Siegel auf dein Herz, wie ein Siegel an deinen Arm. Stark wie der Tod ist die Liebe. Mächtige Wasser können die Liebe nicht löschen. Auch Ströme schwemmen sie nicht weg. Böte einer für die Liebe den ganzen Reichtum seines Hauses, nur verachten würde man ihn.«

Der Christ darf wissen, daß die Liebe eine Kraft bedeutet, die stärker ist als der Tod. Diese Kraft übersteigt uns Menschen und das ist etwas, was mit Gott zu tun hat. Liebe ist eine unheimlich starke Kraft, die mit dem Geheimnis Gottes in Berührung kommt. Es würde sich lohnen, gerade bei diesem Punkt, wieder einmal nachzudenken, daß wir als Mann und Frau von Gott in unserer Liebe akzeptiert werden. Es ist schade, daß man dies zu wenig tat, es ist schade, daß etwas vom Wesentlichsten vom Leben so verloren ging.

## 5. Beten – das zur Sprache-Kommen des Lebens

Die bisherigen Ausführungen zeigen uns, daß Gott den ganzen Menschen bejaht, in Freud und Leid, in Trauer und Schmerz, in seiner Sündhaftigkeit und Größe. Wenn dies stimmt, muß der Mensch nichts vor Gott verbergen. Im Gegenteil, im Gebet darf er sein ganz konkretes Leben zur Sprache bringen. Die Psalmen zeigen uns eindrücklich, daß der alttestamentliche Mensch nichts im Gebet ausgeklammert hat. Er spricht von der Sorge um das tägliche Brot, von der Freude an Familie und Kindern, vom Ärger mit Nachbarn und Feinden, und nicht zuletzt auch von der Bedrängnis durch Zweifel, Krankheit und Tod. Wer sich auf die Psalmen einläßt, bekommt es mit dem Leben zu tun, mit einem vollen, vitalen Leben, das sich nicht scheut, auszusprechen, was im Leben los ist.

Das Wort »Beten« ist deshalb im Hebräischen viel umfassender zu verstehen, als wir uns gewohnt sind. Beten heißt klagen, schreien, danken, loben, fluchen. Das sind alles Lebenstätigkeiten, bei denen der Mensch ganz bei der Sache und zugleich ganz bei sich selbst ist. Es ist ein Zeichen seiner Lebendigkeit, wenn einer klagt, schreit, lobt oder auch flucht.

Wir sind hier eher gehemmt. Wir verdrängen unsere Leiden, Sorgen und sogar sehr viel von unseren Freuden und schaffen so den Ärzten und Psychologen Arbeit. Der alttestamentliche Mensch entlastete sich, er schrie und fluchte, er lobte und dankte. Aber er tat das nicht ins Leere hinein, er war sich bewußt, daß er vor Gott schrie und fluchte, lobte und dankte.

# Erlösung – wovon, von wem, wozu?

Prof. Dr. Walter Kirchschläger

## O. Vorbemerkung

Mit dieser Thematik ist der Kern christlichen Glaubens angesprochen. Darin wird die Zuversicht ausgedrückt, daß der Mensch tatsächlich erlöst ist und sein will. Dabei geht es zunächst um den Grundgedanken »Erlösung«, der von den biblischen Verfassern als Grundaussage des Glaubens entfaltet wird. Im Wort »Erlösung« steckt das Verb »lösen«, ein wenig verdeckt durch die seine Bedeutung noch vertiefende Vorsilbe »er-«, die die Grundsätzlichkeit der Aussage zu betonen hat. Wie dem deutschen Begriff liegt auch dem biblischen, also dem griechischen Wort, dieser Stamm zugrunde. In der Erzählung von der Heilung einer gekrümmten Frau (Lk 13,10–17) kommt zum Ausdruck, was mit »Erlösung« im ursprünglichen Sinn gemeint ist: Es geht um die Lösung einer Gebundenheit, einer Unterjochung, einer Unterdrückung. Es wird damit in grundsätzlicher Weise ein alter, zweifellos unbefriedigender Zustand grundlegend verändert: Aus dem Bereich des Zwanges wird der Mensch herausgeführt in eine neue Weise, ungezwungen sein Leben zu gestalten. Erlösung und positiver Gebrauch von Freiheit sind verwandte Begriffe. Paulus spricht gerne von der Freiheit der Gotteskindschaft und umschreibt damit jenes neue Sein, das aus dem Gelöstwerden von menschlicher Gebundenheit entsteht (vgl. Röm 8,14–15; Gal 4,6). Wie sehr solch aufgerichtete, erlöste Existenz auf Gott hin zu denken ist, zeigt Lukas: Das Erheben des Hauptes, d. h., die aufgerichtete Hinwendung zu Gott, ist Merkmal der Erlösungshoffnung und des Glaubens (vgl. Lk 21,28).

Erlösung wovon – von wem –, wozu markiert schlagwortartig die Skizze des heilsgeschichtlichen Weges, den Gott mit dem Menschen geht und der in der Person, ja im gesamten Ereignis Jesus Christus einen unüberbietbaren (weil personifizierten und daher nicht rücknehmbaren) Höhepunkt erfahren hat. Dieser Weg soll bruchstückhaft nachvollzogen werden.

## 1. Erlösung - wovon?

Der Mensch weiß sich als von einem guten Gott geschaffen, ja, mehr noch: er weiß sich an sich als gut geschaffen, erfährt aber in seiner Existenz das Gegenteil. Wie ist das abschließende Wort des ersten Schöpfungsberichtes »Gott sah alles an, was er gemacht hatte: Es war sehr gut« (Gen 1,31) in Einklang zu bringen mit dem, was der Mensch um sich, vor allem aber auch an sich erlebt?

Die biblischen Verfasser des Alten Testaments versuchten, diese Schwierigkeit mit der Erzählung über den Sündenfall zu erklären: Der an sich gut geschaffene Mensch gerät in Versuchung, wird durch seinesgleichen noch weiter dazu verführt und fällt so, entgegen seiner ursprünglichen ihm von Gott gegebenen Bestimmung, in Sünde. Er fällt in Schuld, aus der er sich nicht allein befreien kann. In den ersten Kapiteln der Bibel wird diese Schuld des Menschen als der Versuch gedeutet, seine eigenen Grenzen der Geschöpflichkeit zu sprengen: »Ihr werdet sein wie Gott« sagt die Schlange zu Eva (Gen 3,5); damit wird die ursprüngliche Bestimmung des Menschen, nämlich Gottes Abbild zu sein (vgl. Gen 1,27), ins Negative pervertiert. – Auch heute strebt der Mensch danach, seine Verwiesenheit, sein Angewiesen-Sein auf andere und anderes abzulegen: Nur nicht abhängig sein, auf andere angewiesen sein, nicht auf Menschen, möglichst auch nicht auf Gott. Indem der Mensch all sein Wissen und Können einsetzt, erfährt er aber immer neu und deutlicher (weil klarer) seine Grenzen: im Großen des Weltalls und der Gesamtschöpfung, im Kleinen des eigenen Lebens und seines persönlichen Lebensumfeldes; dort, wo beabsichtigtes Gelingen nicht gelingt, oder wo er plötzlich mit persönlicher und anderer Schuld konfrontiert wird. Er erkennt sich als einer, der nicht Herr seiner selbst und schon gar nicht Herr der Schöpfung ist. Er erfährt sich als ein angewiesenes Geschöpf.

Jesus von Nazaret machte in seinem heilenden Wirken vor keinem Menschen halt. Keine Sünde oder Schuld war zu groß. Und die Zeitgenossen Jesu, die sich zumeist als sehr gute oder zumindest bessere Menschen hielten, machten ihm diese dem Sünder gegenüber so offene Haltung auch sehr ernst zum Vorwurf. Eine wesentliche Voraussetzung war jedoch immer mit dem heilenden Wirken Jesu verbunden – nicht als eine Bedingung von Jesus her, vielmehr als eine sachliche Notwendigkeit, die sich aus der Eigenart menschlicher Existenz ergibt: Der Mensch, der von Gott Heil erwartet oder – biblisch gesprochen – von Jesus Heilung erhofft, muß sich selbst in seinen richtigen Relationen sehen. Er muß sich als ein Geschöpf vor Gott begreifen, dem allein von seinem Schöpfer her Hilfe kommt. Eine selbstgerechte Haltung ist der Ansatzpunkt für Kritik Jesu, dies ist auch jenes Moment, das ihn mit den Pharisäern so schwer ins Gericht gehen ließ (vgl. z. B. Lk 18,9–14). Es geht dabei um die Beschränkung eigenen Selbstbewußtseins auf das Eigentliche, Wirkliche, ohne Beschönigung. Schuld ist zu sehen, eben das vielfältige Versagen im Großen, weit öfter im Kleinen. Denn Sünde beginnt nicht erst bei Mord, Ehebruch oder großem Betrug. Daß der Mensch lernen muß, hier sensibler zu denken, lehrt mit allem Nachdruck die Bergpredigt (Mt 5–7). Dort heißt es auch, daß menschliche Gerechtigkeit (also die persönliche Ausrichtung auf den Willen Gottes) – wörtlich – »überfließen« muß gegenüber dem, was die Pharisäer getan haben, sonst wird die Teilhabe an der Gottesherrschaft abgesprochen (Mt 5,20). Da die Pharisäer keine schlechten, sondern religiös sehr beharrliche und eifrige Menschen waren, liegt also die Latte sehr hoch: Selbst ist alles Menschenmögliche zu tun, allerdings verbunden mit dem Bewußtsein, daß nicht der Mensch Gottes Heil herbeizwingen kann, sondern Gott dies schenkt.

Was dafür gefordert wird, ist Besinnung, Bewußtsein eigener Unvollkommenheit und Verwiesenheit, Erkennen von eigener Sünde und Schuld. Der Mensch hat verlernt (oder nicht mehr recht gelernt), sensibel und selbstkritisch die eigene Existenz zu betrachten. Jesus hat aber an die Spitze seiner Botschaft die Aufforderung gestellt umzukehren (vgl. Mk 1,14–15). Damit ist zunächst Erkenntnis des Bösen und Abkehr davon gemeint, darüber hinaus aber auch Zuwendung und Öffnung auf Gott hin als Ausdruck der Zuversicht, daß von ihm das Heil kommen kann, daß Gott aus der Schuld des Menschen, die heute – unter Mitberücksichtigung der vielfältigen Humanwissenschaften – vielfach als Isolation, als Zwang, als Gebundenheit erfahren wird, letztgültig und allein Befreiung und Lösung schenkt.

Aus eigener, selbstkritischer Erkenntnis von Sünde und Schuld sich Gott und seinem Wirken öffnen, ist eine heute sehr große Notwendigkeit. Lösen kann sich nur der lassen, der sieht und begreift, daß er gebunden ist, der erkennt, daß er sich selbst nicht lösen kann. Erlösung von Sünde und

Schuld kann dort beginnen, wo Schuld und Sünde in menschlicher Existenz gesehen und angenommen werden und aus diesem Eingeständnis heraus Umkehr auf Gott hin geschieht.

## 2. Erlösung – durch wen?

Die Propheten des Alten Testaments verkündigen Gott als einen, der das Heil des Menschen will. Ihre Aufgabe ist es, Jahwe als einen Gott für das Volk, als einen dem Menschen in Liebe Zugewendeten zu bezeugen. Diese Grundbotschaft, daß Gott den Menschen liebt, wird in Israel durch die Jahrhunderte immer neu formuliert und im Leben der Propheten bezeugt.

In Jesus von Nazaret erhält die Botschaft, daß Gott des Menschen Heil will, neue Dimension. Der Sohn kommt in diese Welt, nicht nur um das Wort des Vaters zu verkündigen, sondern es zu leben, die Botschaft zu personifizieren. Daß Gottes Botschaft durch diese menschlich-personale Form ihrer Vermittlung eine neue Dimension, eine entscheidende Dichte erfährt, ist deutlich. Im Wort und im Tun Jesu erfahren Menschen an sich und an ihrer Umgebung, daß Gott sie – obwohl Sünder – wirklich liebt, daß er ihnen zugewendet ist. Im Tod Jesu, der zu seiner Auferstehung führt, erweist sich Gott an seinem Sohn als ein treuer Gott, für dessen liebende Zuwendung es keine, absolut keine Grenzen gibt – ist doch die für den Menschen letztgültige Grenze des Todes in der Auferstehung Jesu gefallen. Das proklamierende Wort Gottes im Taufgeschehen Jesu »Dieser ist mein Sohn, der geliebte« (Mt 3,17) erfährt von Ostern her eine letztgültige Deutung. Im Wirken Gottes an seinem Sohn wird einmal Gottes endgültige Liebe, zudem aber auch das durch die Einheit heilvollen Handelns geprägte Verhältnis des Vaters zum Sohn im Geist bezeugt.

Dieses Geheimnis versucht Paulus zu deuten: Der Mensch, über den in der Taufe der Name Jesu Christi bekennend angerufen ist, der also schon dadurch Christus zugeeignet ist, wird hineingestellt in eine unmittelbare Christusverbindung, die seine gesamte Existenz prägt – oder zumindest prägen sollte. Dieser Gedanke wird in der Taufunterweisung Röm 6,3–8 entfaltet. Der ganze Textabschnitt ist vom Ausdruck des »mit Christus« oder des »mit ihm« geprägt und gedanklich zusammengehalten. Der stete Rückverweis auf die Christusgemeinschaft bestimmt seine Aussagen. Durch die Taufe ist der Christ dem Tod nicht enthoben; dieser bleibt für ihn Realität, aber er verliert seinen letztgültigen Charakter. Denn die Bezogenheit auf Jesus Christus, die im Glauben an Jesus grundgelegt ist und in der Taufe ihren Ausdruck findet, nimmt auch im Tod den Menschen mithinein in die Gemeinschaft eines neuen Lebens. In dieser mit Christus konstituierten Schicksalsgemeinschaft erfährt der Mensch eine neue Freiheit: Gelöst von der »Knechtschaft der Sünde« (V 6) wird er frei und offen für Gott. Er steht nicht mehr unter dem Diktat von Schuld und Tod, sondern wird in eine Gemeinschaft endgültigen Lebens miteinbezogen.

Gerade in diesem Bereich der Verkündigung ist in den neutestamentlichen Texten die Mitte auf Christus hin nicht zu übersehen. »In keinem anderen Namen ist dem Menschen Heil geschenkt« heißt es Apg 4,12. Hoffen auf Erlösung bedeutet aus christlicher Perspektive, sich entschieden einzulassen auf die Person Jesu von Nazaret und auf das den Menschen ganz umfassende Heilswirken Gottes in seiner Person.

## 3. Erlösung – wozu?

Wenn sich der Mensch in seiner vielfachen Gebundenheit und Unfreiheit erfährt, möchte er daraus befreit und entbunden werden. Aber was ist nun die für den Menschen erstrebenswerte neue Lebenssituation, auf die hin er befreit werden möchte? Welche Werte sind jene, die ihm bislang unerreichbar bleiben und die nunmehr stärker und unmittelbarer ins Blickfeld rücken sollen? Die Antwort darauf läßt sich nicht allgemein formalisieren. Auch die biblische Verkündigung kann sie nicht im Detail bieten. Allerdings können aus den biblischen Texten Leitlinien erhoben werden, die eine Beantwortung der Frage nach dem Wozu der Erlösung zumindest skizzieren.

Paulus kleidet das einen Menschen in seinem Leben bestimmende Verhältnis in das Bild der Bezogenheit eines Sklaven zu seinem Herrn (vgl. Röm 6,16–23). Wie der Herr, so der Sklave; von der Eigenart, der Beschaffenheit des Herrn ist auch der Sklave geprägt, ja schicksalhaft mit ihm verbunden. Der Sündenverflochtenheit, die sklavereimäßig in den Tod führt, ist nun eine neue Abhängigkeit des Menschen gegenübergestellt, in die er durch Gottes Wirken in Jesus Christus hineingenommen wird. Durch Jesu heilendes, eben: erlösendes Wirken, das in Tod und Auferstehung kulminiert, ist der Mensch aus der sklavischen Abhängigkeit von Sünde und Schuld – wörtlich – losgekauft und damit einem neuen Herrn überantwortet und zugeordnet: dem Herrn Jesus Christus. Aus der Sklaverei der Sünde befreit, ordnet sich der Mensch in die »Sklaverei« der Gerechtigkeit, also des Lebens in Gott. Die Taufe ist dafür gleichsam jene Besiegelung, die der Glaubende als Zeichen seiner neuen Gottesverbundenheit erhält. Erlösung geschieht also im Blick auf eine neue, alles bestimmende Zuordnung des Menschen auf Gott hin, die durch seine Taufe für den einzelnen Menschen grundsätzlich vollzogen und durch das Leben aus dem Glauben immer neu verwirklicht werden muß. Die neue »Knechtschaft«, in die der Mensch durch Jesus Christus hineingenommen wird, ist nicht eine neue Abhängigkeit der Unfreiheit, sondern, weil gewirkt im Heiligen Geist, die Grundlage für das Verhältnis, das ein Kind zu seinem Vater hat (vgl. Röm 8,15; Gal 4,6).

Nach dem Gesamtverständnis des Neuen Testaments ist durch das Ostergeschehen der göttliche Geist in dieser Welt nachdrücklich offenbar und überdies in einer besonderen Weise wirksam geworden. Das von Christus her begründete Lebensverhältnis des Menschen ist von diesem Geist in vielfacher Weise geprägt. Nur in diesem Geist kann der Mensch seinen Glauben an Jesus Christus bekennen (vgl. 1 Kor 12,3), nur in diesem Geist auch Gott als Vater ansprechen. Nur in diesem Geist kann aus der »Knechtschaft« die Verwirklichung einer Sohnschaft gelingen, in der der Mensch tatsächlich erlöst, gelöst und frei ist vor Gott.

Paulus faßt den Sinn und das Ziel des Heilshandelns Jesu Christi in einem Satz zusammen: »... damit er (Jesus Christus) uns herausreiße aus diesem bösen gegenwärtigen Äon...« (Gal 1,4). Schon einmal war Gott seinem Bundesvolk in der Knechtschaft beigestanden. In Ex 3,7–8 wird dieser Heilswille Jahwes, sein Volk aus Ägypten zu befreien, mit gleichen Begriffen formuliert: Es ist ein Herausreißen aus der Sklaverei. In diese Dimension wird das göttliche Wirken in Jesus Christus gerückt: Wie Gott einst das alte Volk Israel aus der Sklaverei Ägyptens, also aus einer menschlichen, innerweltlichen Unterdrückung erlöst und befreit hat, so führt dieser selbe Gott im Geschehen um Jesus Christus den Menschen aus der Sklaverei der Sünde; dem ursprünglichen Auszug aus der Knechtschaft folgt die neue endgültige Befreiung des neuen, an Christus glaubenden Bundesvolkes aus der innerweltliche und menschliche Dimensionen sprengenden Knechtschaft der Sünde in ein neues, vom Geist gewirktes Verhältnis zu Gott.

## 4. Nachüberlegungen

Angesichts der heutigen Situation der Welt und der Lage der Menschheit sowie jedes einzelnen mag nun allerdings die Frage entstehen, wo nun diese Erlösung zu sehen oder zu erfahren ist, wo und auf welche Weise sich der Mensch der Zusage Jesu, losgelöst zu sein von Schuld und Leid, gewiß sein darf.

Menschliche Existenz ist nicht auf die Lebensspanne dieser Welt zu beschränken, sondern reicht entscheidend, weil ohne Ende, über diese Weltzeit hinaus. Jesus hat das Heil Gottes an Menschen in dieser Welt exemplarisch gegenwärtiggesetzt; nie aber hat er davon gesprochen (oder auch so gehandelt), daß Gottes Heil sich in dieser Welt vollendet. Erlösung als ein Freisein von Schuld im Blick auf die kindhafte Gemeinschaft mit Gott beginnt sich in unserem menschlichen Leben zu ereignen; in Fülle erleben wir diese nach dem Tod, wenn wir mit Christus hineingenommen sein dürfen in sein Leben in Herrlichkeit.

Dies entbindet den Menschen keineswegs davon, den Anruf Gottes zu Umkehr und Selbsterkenntnis hier und heute ernstzunehmen und sich hinzuwenden zu Jesus Christus als dem einen und endgültigen Herrn. Das verpflichtet überdies dazu, aus einer in christlicher Verantwortung geprägten Haltung diese Welt mitzugestalten, damit in stärkerem Maße Loslösung von Schuld, Sünde und Not auch hier schon geschehen kann. Wo dies gelingt, darf darauf vertraut werden, daß Gott mit dem Menschen am Werk ist. Wo solches Mühen aber fruchtlos bleibt, gilt es zu hoffen, daß Gottes Zusage in Jesus Christus, Menschen loszulösen von aller Schuld, Wirklichkeit bleibt über die Grenzen des Todes hinaus.

# Der Tod ist nicht das Ende!

Wir Menschen der westlichen Welt neigen immer mehr dazu, Alter, Leid, Schmerz und vor allem Sterben und Tod zu verdrängen, aus unserem Leben zu verbannen.

Alte Leute werden oft in Heimen untergebracht, die möglichst am Rand der Stadt erbaut wurden, weit weg aus unserer Mitte. Wir haben Schwierigkeiten mit unserem »Älterwerden« und möchten nicht gerne an unsere eigene Vergänglichkeit erinnert werden.

Sterbende schieben wir vielfach in Spitäler ab, wo sie zwar fachmännisch, aber doch anonym betreut und bis zum Tod begleitet werden.

Viele sterben einsam, ohne die tröstende Gegenwart der Angehörigen, fern ihrer gewohnten Umgebung.

Wir haben Angst vor dem Sterben und den Sterbenden. Wir wissen nicht, wie und was wir mit ihnen sprechen sollen. Geben wir ihnen Trost? Trost auf baldige Genesung, an die der Sterbende ebensowenig glaubt wie wir? Trost auf einen möglichst schmerzfreien Tod und auf ein Weiterleben danach? Ob der Sterbende wohl spürt, daß wir da gar nicht so sicher sind, daß unser Trost hohl und ohne Überzeugung klingt?

Was kommt nach dem Tod? Wenn wir das ganz genau wüßten! Die Bibel spricht klar und ohne Verschleierung von einem Leben nach dem Tod.

Aber weder Juden noch Christen haben das Monopol auf den Glauben ans Weiterleben, an ein »Jenseits«.

Bereits die alten Ägypter waren davon überzeugt, daß der *Tod nur ein Übergang ist in ein anderes Leben*. Ihre Grabmäler mit ihren Reichtümern und Schätzen als Grabbeigaben beweisen dies: Den Toten wurden für die lange Reise Speise und Trank in Körben, Schalen, Krügen mit ins Grab gegeben. Die verstorbenen Könige sollten im Jenseits ihr gewohntes Leben in Pracht und Herrlichkeit fortsetzen können.

Bilder zeigen: Im Totenreich angekommen wird der Verstorbene erst vor einen *Richter* (den Totengott Osiris) geführt, der das Herz des Toten wägt...

Wir können von der Unterwelt, dem Jenseits der Griechen und Römer sprechen oder von den Ureinwohnern Amerikas, die ihre Toten ähnlich bestatteten wie die Ägypter oder von asiatischen Glaubensvorstellungen – die Parallelen sind verblüffend!

Der Glaube an ein totales Ende, ans Nichts, ist neueren Datums. Und dieser Glaube, geprägt durch das materialistische Weltbild, hat nicht gerade dazu beigetragen, Ängste abzubauen, im Gegenteil. Obwohl wir das Problem mit allen Mitteln zu verdrängen suchen, beschäftigt es uns ganz enorm.

Es kommt nicht von ungefähr, daß das Buch des amerikanischen Arztes Dr. Raymond A. Moody in Amerika wie in Europa auf reges Interesse stieß. Dr. Moody befragte Menschen, die als klinisch tot gegolten haben, und die dank modernster medizinischer Apparaturen wieder ins Leben zurückgerufen werden konnten, über ihre Erlebnisse. Alle erzählten übereinstimmende Begebenheiten: *Sie lebten weiter nach dem Sterben; sie begegneten Freunden und Verwandten.*

Obwohl breit angelegte Untersuchungen an in der Größenordnung 100 000 Todesfällen offenbar den zwingenden wissenschaftlichen Schluß ergeben haben, daß diese todesnahen Erlebnisse medizinisch nicht erklärbar sind [vgl. Osis/Haraldsson], wird ihnen noch keine wissenschaftliche Beweiskraft zuerkannt. Aber: Können wir das Leben, das Sterben, das Jenseits unseren naturwissenschaftlichen Kriterien unterstellen?

Moody blieb mit seinen Forschungen über das Sterben und Weiterleben nicht allein: eine Schweizer Ärztin, verheiratet mit einem Amerikaner, hat sich ebenfalls der Sterbeforschung, ganz besonders aber der Hilfe an Sterbende verschrieben: *Frau Dr. med. Elisabeth Kübler-Ross.* Wo sie auftaucht, da drängen sich die Leute um sie und erhoffen in einem Gespräch Rat und Hilfe. Ihre Vorträge sind meistens in wenigen Stunden ausverkauft; ihre Bücher finden wir ganz oben auf der Bestsellerliste in den verschiedenen Ländern.

Elisabeth Kübler-Ross spürte in den amerikanischen Spitälern, in denen sie arbeitete, sehr bald das Unbehagen den Sterbenden gegenüber, das Verdrängen des Sterbevorganges. Sie begann, mit den Sterbenden zu sprechen, und was noch viel wichtiger ist: sie hörte ihnen zu und versuchte die oft in Worten versteckten Mitteilungen und Wünsche zu entziffern und wenn immer möglich zu erfüllen. Ihre Erfahrungen gab sie an Ärzte, Krankenschwestern und Theologen weiter, an Leute, die Sterbende bis zum Ende begleiten. Viele ihrer Kollegen lehnten sie ab, legten ihre jede nur mögliche Schwierigkeit in den Weg und trotzdem bedurfte es nur eines einzigen Artikels in der amerikanischen Zeitschrift Life über ihre Arbeit, um sie über Nacht weltbekannt zu machen.

Das folgende Kapitel gibt ihren am 11.12.83 in Ebikon in freier Rede gehaltenen Vortrag in vollem Umfang wieder.

Da erfahrungsgemäß einiges von dem, was Elisabeth Kübler-Ross vertritt, zu größeren Diskussionen führt und weil auch etwa von konfessioneller Seite her Vorbehalte angebracht werden, boten wir Gelegenheit, in einem »Nachfolgeseminar« sich aus katholisch-theologischer Sicht nochmals mit der Thematik auseinanderzusetzen. Die Ergebnisse sind im Kapitel »Sterben aus christlicher Sicht« festgehalten.

# Erfahrungen mit Sterbenden

Dr. med Elisabeth Kübler-Ross

## I. Allgemeine Überlegungen

*Ich bin Seppli immer dankbar*
*Seppli war mein erster Lehrer*

Als ich mich entschloß, heute Abend hier zu sprechen, so tat ich es aus Dankbarkeit, aus Dankbarkeit an meinen Schwager Seppli, der hier aus der Nähe, aus Buchrain stammte. Seppli wurde mein erster Lehrer in der Sterbehilfe. Er war ein ruhiger, lieber, »goldiger« Mensch, der nie jemanden um irgend etwas bat. Seppli war ein Jahr mit meiner Schwester verheiratet, als er an Magenkrebs starb.

Zu jener Zeit hatte ich meine erste Landpraxis in der Schweiz übernommen. Als frischgebackene Ärztin kam ich mir sehr wichtig vor. Ich konnte keinen Tag freimachen und war 24 Stunden auf Abruf bereit, teils aus Unsicherheit, teils aber auch aus falsch verstandenem Pflichtgefühl heraus, wofür wir Schweizer ja berühmt sind. Es war also in einer der ersten Wochen meiner Landpraxis, als Seppli mich anrief, er möchte noch einmal mit mir sprechen. Ich habe die Worte »noch einmal sprechen« nicht gehört. Ich antwortete ihm pflichtbewußt: »Weiß Du, ich habe jetzt Praxis. Meine Sprechstunde fängt eben an, und ich kann im Moment nicht mit Dir sprechen. Aber am Wochenende schließe ich meine Praxis und komme nach Zürich, um mich mit Dir zu unterhalten.« Er antwortete mir ganz liebe- und verständnisvoll: »Das verstehe ich schon«. Auch das habe ich nicht gehört. Am Freitagabend oder Samstagmorgen darauf ist er dann gestorben, und ich habe nie erfahren, was er mir eigentlich sagen wollte. Das hat mich sehr beschäftigt, denn ich war für meine Patienten immer da, aber als ein Hilferuf aus der eigenen Familie kam, hörte ich ihn nicht.

Dies war ein sehr wichtiges Erlebnis für mich. Ich begriff, daß wir zu Hause beginnen müssen, den eigenen Familienmitgliedern zuzuhören.

Als ich später in Amerika mit der Sterbeforschung begann, paßte ich stets auf, ob ich die Leute auch wirklich höre, ob ich sie auch höre, wenn sie nicht direkt sagen: »am Samstag oder am Sonntag bin ich nicht mehr am Leben«. Dies war der Anfang der eigentlichen Sterbehilfe. Seither haben wir enorm viel gelernt, und ich bin meinem Schwager Seppli immer dankbar. Buchrain ist daher für mich ein spezieller Ort geworden und darum bin ich zwischen zwei Workshops hierher gekommen, um ihm Danke zu sagen.

*Die Sterbenden sind unsere Lehrer*

Dieses Danke an Seppli (dabei schickte die Referentin eine Kußhand gegen den Himmel) ist symbolisch nonverbale Sprache, die Sprache vieler Sterbender. Wenn wir mit ihnen sprechen wollen, so müssen wir ihre Ausdrucksweise verstehen lernen. Menschen, die ganz gewöhnlich auf Deutsch sagen können: »An Weihnachten bin ich nicht mehr hier.« oder, »ich sterbe wahrscheinlich bald.«, Menschen, die über ihren Krebs sprechen können, die werden von uns allen verstanden. Sie brauchen am wenigsten Hilfe. Wer direkt und ohne symbolische Sprache darüber sprechen kann, hat keine Angst mehr vor dem Sterben. Diese Menschen sind uns allen schon viel voraus. Sie sind unsere Lehrer, so wie Seppli mein Lehrer war.

Die Leute, die uns wirklich brauchen, können nicht direkt über ihre Probleme sprechen. Sie machen Andeutungen in symbolischer Sprache, und es ist etwas vom Allerwichtigsten, diese zu lernen, speziell wenn man mit sterbenden Kindern und sterbenden Teenagern sprechen will.

Wir haben in den letzten 10 bis 15 Jahren gelernt, daß es keinen einzigen sterbenskranken Menschen gibt, sei es ein 5jähriges Mädchen, sei es eine 90jährige Frau, der in seinem Innersten nicht weiß, daß er dem Tod nahe ist. Jeder Sterbenskranke, der in sich weiß, wie es um ihn steht, wird probieren, Ihnen dies diskret in einer symbolischen Sprache mitzuteilen und sagen: »Es geht bergab mit mir, es wird jetzt nicht mehr lange dauern.« Wenn Sie dann selber Angst haben und erwidern: »Sprich doch nicht so, du wirst wieder gesund werden«, dann spürt der Kranke Ihre Angst und aus Furcht davor, daß Sie ihn nicht mehr besuchen werden, wenn er so spricht, redet er dann übers Wetter oder irgend etwas Oberflächliches. Sie werden nie lernen, mit ihm offen und ehrlich zu sprechen. Dabei sind es meistens die Sterbenskranken, die uns helfen können, unsere eigene Angst zu überwinden.

*»Wieviel möchten Sie wissen?«*

Wenn ein Mensch Krebs oder Multiple Sklerose oder sonst eine Krankheit mit tödlichem Ausgang hat, so stellen wir sofort die Fragen: Soll man diesem Menschen die Wahrheit sagen? Wer sollte sie ihm sagen? Wann sollte man es ihm sagen? Wir haben gehört, daß jeder Sterbende in sich weiß, wie nah er dem Tod ist. Die Frage ist also nicht, soll man diesem Menschen die Wahrheit sagen, die Frage ist, wieviel versteht er von seinem eigenen inneren Wissen.

Wenn ein Arzt zum Beispiel Krebs diagnostiziert, so muß er den Patienten fragen: »Wieviel möchten Sie wissen von dem, was ich über Sie herausgefunden habe?« Wenn der Patient dann sagt: »Ich werde Sie fragen, wenn ich bereit bin«, so muß der Arzt schweigen und warten, bis der Kranke zu ihm kommt, um die Wahrheit zu hören. Er will sie einmal hören, dann aber spricht er wieder über oberflächliche Dinge, als ob er das Todesurteil nicht gehört hätte. Das ist dann die Zeit, in der er sich ganz langsam der Wahrheit anpaßt.

Wenn anstelle der Ärzte die Krankenschwestern gefragt werden: »Wie steht's mit mir, werde ich wieder gesund?« dann müssen wir uns fragen, warum sich der Kranke an die Schwestern und nicht an die Ärzte wendet. Es gibt viele, viele Ärzte auf der ganzen Welt, in Amerika wie in Deutschland oder in der Schweiz, denen nicht wohl ist, dem Patienten zu sagen, er habe Krebs oder man könne ihm nicht mehr helfen. In der medizinischen Fakultät lernen die Studenten zwar wie die Leute gesund machen, wie das Leben verlängern. Um aber einem Menschen zu helfen, der nicht mehr gesund werden kann, erhalten sie wenig oder gar keine Ausbildung. Der Patient spürt dies sehr rasch. Er wählt sich eine Person aus, in die er Vertrauen hat und die wird er dann fragen. Er wählt ganz vorsichtig den Menschen aus, der ihm am ehrlichsten Antwort geben kann. Eine Krankenschwester, die gefragt worden ist, sollte nicht ausweichend antworten: »Was hat Ihnen der Arzt gesagt?« Haben wir Krankenschwestern hier im Saal? Hören Sie bitte gut zu. Wenn Sie die Antwort dem Arzt in die Schuhe schieben, so heißt das, daß Sie entweder vor dem Arzt Angst haben, oder Sie haben Angst vor den Konsequenzen, vor den Spitalregeln oder Sie haben ganz einfach Angst vor dem Sterben. Und wenn Sie mit der Angst arbeiten, brauchen Sie enorm viel Energie. Heute, 20 Jahre nachdem die Sterbehilfe überall Fortschritte gemacht hat, sind die

Dinge viel, viel einfacher geworden, weil viele Leute inzwischen gelernt haben, daß Angst und Schuld die größten Feinde des Menschen sind. Wenn Sie selber Ihre eigene Angst und Schuld loswerden können, dann sind Sie bereit für Sterbens- und natürlich auch für Lebenshilfe.

### *»Susi weiß natürlich nicht, wie schwerkrank sie ist«*

Die meisten Leute haben nicht Angst vor dem Sterben sondern vor dem Leben. Wenn Sie, liebe Zuhörer, gar keine Angst haben vor dem Tod, dann beginnen Sie anders zu leben und wenn Sie voll gelebt haben, dann haben Sie auch keine Angst mehr vor dem Tod. Sie spüren dann, daß es darauf ankommt, wie Sie leben und dann spielt es gar keine Rolle mehr, ob Sie mit 10 Jahren, mit 50 Jahren oder mit 90 Jahren sterben. Wenn Sie Sterbehilfe betreiben und selber absolut keine Angst vor dem Sterben haben, dann können Sie Ihre Patienten hören, dann können Sie Ihnen Antwort geben. Sie werden dann bald merken, daß der Sterbende zwei Sprachen braucht, um mit Ihnen zu sprechen. Dies sind in der Schweiz: Schweizerdeutsch und die symbolisch, nonverbale Sprache, die sich bei Kindern darin äußert, daß sie Zeichnungen machen. Bitten Sie ein kleines Kind, spontan eine Zeichnung zu machen, Sie werden darin sein inneres Wissen sehen. Wenn ein 5jähriges Kind, das keine Ahnung hat von einem Tumor, von Leukämie, das natürlich nicht versteht, was Krebs ist, Ihnen ohne Instruktionen eine Zeichnung macht, können Sie daraus nicht nur den Hirntumor, sondern sogar den genauen Ort, ob der Tumor links oder rechts liegt, ersehen. In der Zeichnung sehen Sie oft auch, wie lange das Kind schon innerlich weiß, wann es sterben wird. Dies kann intellektuell wissenschaftlich nicht erklärt werden und doch kann man es tausendfach nachprüfen.

Wenn wir mit sterbenden Kindern arbeiten und eine Mutter oder ein Vater sagt uns: »Susi weiß natürlich nicht, wie schwer krank sie ist«, dann bitten wir das Kind, uns eine Zeichnung zu machen und unsere Aufgabe ist es dann, den Eltern zu erklären und ihnen zu sagen, daß ihr Kind viel, viel mehr weiß als sie, nur, das Wissen des Kindes liegt auf einer ganz anderen Ebene. Das Kind weiß es von innen heraus und die Eltern haben ihr Wissen aus ihrem Verstand. Dies ist die symbolisch nonverbale Sprache der Kleinkinder und Teenager.

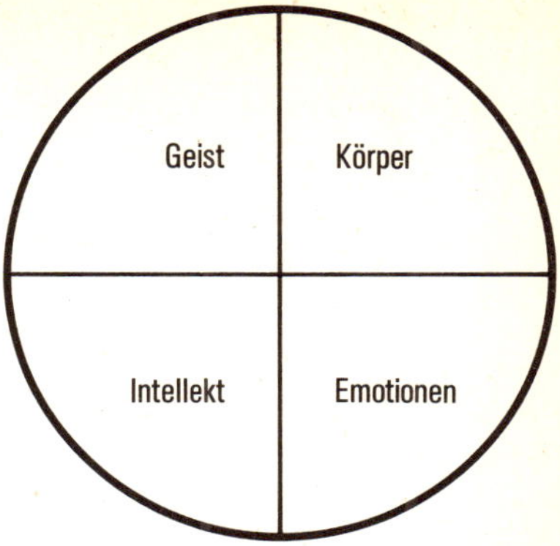


Abb. 2: Gesund sein heißt, in Harmonie zu leben zwischen den Quadranten

Es ist aber auch die Sprache jener Leute, die in der Verneinung leben, weil sie ihr ganzes Leben lang die Schwierigkeiten verneint haben und für diese Leute heißt »mit Würde sterben«, darüber nicht sprechen. Wenn wir jemanden bedingungslos lieben, akzeptieren wir ihn so, wie er ist, und nicht so, wie wir ihn eigentlich haben möchten. Verstehen Sie dies? Diese symbolisch nonverbale Sprache ist sehr wichtig, um herauszufinden, was die Leute innerlich wissen.

Der Mensch besteht, modellhaft ausgedrückt, aus 4 Quadranten: dem Körper, den Emotionen, dem Intellekt und dem geistigen Teil.

Wenn Sie Sterbehilfe betreiben, so müssen sie sich zuerst um das körperliche Wohlbefinden des Patienten kümmern. Sie sollten keinen Pfarrer rufen, keinen Priester und keinen Rabbiner und auch keinen Psychologen, niemanden, bis der Körper ganz gut gepflegt ist. Wenn ein Patient fürchterliche Schmerzen oder Juckreiz hat, wenn er nach einem Schlaganfall nicht mehr sprechen kann und naß im Bett liegt, so fühlt er sich nicht wohl, und er ist nicht bereit, ein Gebet zu hören. Um Krebskranke schmerzfrei und bei Bewußtsein zu halten, benutzen wir die Brompton Mixtur / PRN.

Die Verabreichung dieses Sirups bietet einige Vorteile. Ein auf Haut und Knochen abgemagerter Mensch muß nicht mehr unnötigerweise mit Spritzen geplagt werden. Angehörige können ihre Kranken nach Hause nehmen, was für viele Sterbende ein großes Glück ist. Ein Bauer z. B. möchte doch noch einmal in seiner Stube, in einem bequemen Stuhl sitzen können, über sein Land hinwegschauen, seine Kälbchen betrachten, den Lieblingshund zu seinen Füßen haben und die gute Gemüsesuppe noch einmal riechen, selbst wenn er sie nicht mehr schlucken kann. Dies ist doch ein ganz anderes Sterben als auf einer Intensivstation in einem Spital. Dies ist natürlich nur möglich, wenn die pflegende Ehefrau nicht noch lernen muß, Spritzen zu geben, sondern nur alle 4 Stunden den Sirup eingeben kann, damit der Kranke schmerzfrei und bei Bewußtsein bleibt. Wenn Sie keine drogensüchtigen Teenager haben, so können Sie diesen Sirup auf dem Nachttisch aufbewahren, so wie Sie eine Flasche Himbeersirup in der Küche stehen haben. Die Einnahme ist sehr einfach: regelmäßig alle 4 Stunden. Es wäre falsches Mitleid, wenn Sie einen Krebskranken, der endlich eingeschlafen ist, nicht wekken würden mit der Begründung: er schläft so ruhig. Wenn Sie den Sirup nicht rechtzeitig geben, so wird er am nächsten Morgen mit fürchterlichen Schmerzen erwachen. Dies wäre falsches Mitleid.

Jeder Arzt kann ihnen ein solches Rezept verschreiben. In seltenen Fällen wird er die Einnahme auf alle 3 Stunden ändern müssen, vor allem dann, wenn der Patient voll Knochenmetastasen ist. Sie haben aber mit dem Sirup Kranke, die bei vollem Bewußtsein leben können, bis sie sterben, damit sie alle unerledigten Geschäfte noch gut in Ordnung bringen können.

Ein sehr wichtiger Aspekt im körperlichen Bereich ist der Kontakt zum Mitmenschen, der körperliche Kontakt, das Berühren. Wenn Sie selber kleine Kinder haben und möchten, daß die nächste Generation keine solchen Vorlesungen über Sterbens- und Lebenshilfe mehr braucht, so sollten Sie die Kleinen im ersten Lebensjahr ganz unwahrscheinlich verwöhnen und zwar verwöhnen mit körperlichem Kontakt, mit Tragen und Füttern und Streicheln wie die Mütter bei den primitiven Völkern, die ihre Kinder immer auf dem Rücken tragen.

Dieses körperliche Berühren, Streicheln ist außerordentlich wichtig bei sterbenskranken Menschen. Diese müßten viel mehr umarmt und liebkost werden. Leider haben gerade diese Leute noch viel, viel weniger körperlichen Kontakt, weil sie oft nicht mehr so schön aussehen, weil sie z. B. eine Brust weg haben. Aber gerade für sie wäre es sehr wichtig, geküßt, umarmt, gestreichelt und liebkost zu werden.

Ebenso wichtig wäre dieser körperliche Kontakt bei alten

Leuten in Altersheimen. Diese alten Menschen werden viel zu wenig liebevoll berührt. Sie würden viel weniger schnell alt und senil, trost- und hoffnungslos, wenn in jedem Altersheim im ersten Stock z. B. eine Kinderkrippe für kleine Kinder, deren Eltern an die Arbeit gehen, eingerichtet wäre. Eine Großmutter oder ein Großvater könnten da »ihr« Lieblingskind auswählen und ihre einzige Aufgabe wäre, dieses Kind zu verwöhnen, verwöhnen durch ihre Aufmerksamkeit, ihre Zuneigung, durch spielen und singen mit ihnen und nicht, indem sie ihnen Dinge kaufen. Notwendig und wichtig ist der körperliche Kontakt, die Liebe zueinander. Kleine Kinder lieben nämlich alte Runzeln. In Amerika braucht man 6 Milliarden Dollar, um Runzeln zu glätten. Das finde ich kriminell. Die Runzeln sind ja die Lebensgeschichte der alten Leute und kleine Kinder lieben diese sehr. Als Gegengeschenk würden die Kleinen wieder lernen, was bedingungslose Liebe ist.

## II. Sterbehilfe – Lebenshilfe

### *In Harmonie zwischen den Quadranten*

Der Bereich der Emotionen bereitet uns große Probleme. Ich habe soeben hier in der Schweiz einen Workshop durchgeführt, und ich war überrascht, wieviel es braucht, bis die Leute sich öffnen. Wir machen uns das Leben unnötig schwer. Es wäre nämlich ganz einfach und unkompliziert: würden wir die natürlichen und unnatürlichen Emotionen verstehen, so würden wir feststellen, wie viele unerledigte Geschäfte wir haben. Wer unerledigte Geschäfte hat, hat es sehr schwer, gesund zu bleiben. Gesund heißt, in Harmonie zu leben zwischen den verschiedenen Quadranten. Wenn Kinder ohne Strafe aber mit konstanter Disziplin großgezogen würden, was nicht dasselbe ist wie ein Kind verprügeln, dann würden sich bei diesen Kindern ungefähr im 6. Altersjahr interessante Entwicklungen zeigen. Sie würden gerne in die Schule gehen. Die Schule wäre für sie ein Abenteuer, etwas Neues zu lernen. Die geistige Entwicklung beginnt mit dem Teenageralter. Die Jungen wissen dann, was sie werden möchten, wie sie ihr Leben verbringen wollen, mit wem und wo. Bei dieser Erziehung müßten sie ihren Lebensweg nicht so lange suchen und hätten als Teenager weniger Schwierigkeiten. Drogen,

Alkohol und Selbstmord in diesem Alter wären viel, viel kleinere Probleme.

*Jede dritte Todesursache bei Kindern in USA: Selbstmord*

Jede dritte Todesursache der Kinder vom 6. bis zum 16. Altersjahr ist in Amerika der Selbstmord. Erschreckend, nicht? Wenn sie jedoch jeden Tag mit 6-, 7-, 8-jährigen Kindern arbeiten würden, so wie wir, mit Kindern, die Selbstmord machen wollten, so könnten sie sich eine Vorstellung machen, wie schwer das Leben schon für kleine Kinder sein kann. In Europa ist es nicht viel besser. Weil die Europäer die Amerikaner in allem nachahmen, so wird es hier auch immer schlimmer werden. Es gibt bereits in Europa immer mehr Suizide von kleinen Kindern. Letztes Jahr arbeiteten wir mit 10 000 Eltern zusammen, die ein Kind durch Selbstmord verloren haben. Sie können sich vorstellen, welche Tragödie dies ist. In den Workshops sehen wir, in welchen Problemen Leute aufwachsen, was sie alles in sich an Schmerzen und unvollendeten Geschäften herumtragen. Wir erfahren, daß ein großer Teil von ihnen als Kind sexuell mißbraucht worden ist. Davon spricht kein Mensch. Wie kann ein Erwachsener sich gesund fühlen, wenn er solche Schuld und Scham in sich geheimhalten muß! Die Mutter, der Vater, die Schuld und Angst nicht loswerden, geben sie an ihre eigenen Kinder weiter. Daher kommen unsere großen Probleme, nicht nur mit dem Sterben, sondern auch mit Drogen, Suizid und Alkohol. Kleine Kinder, die noch grundehrlich und unverdorben sind, aber auch Sterbende, die nicht mehr viel zu verlieren haben, können in diesen Fällen fantastische Lehrer sein. Sterbende legen alles, was nicht wichtig ist ab, halten noch einmal Rückschau und überlegen, was sie, wenn sie noch einmal von vorne beginnen könnten, anders machen würden. Vieles wird plötzlich unwichtig und die Dinge erscheinen in einem ganz anderen Licht.

*Wer durfte als kleines Kind traurig oder böse sein?*

*(Fragen ins Publikum:)*
Haben Sie Ängste? Welche? – Vor Publikum zu sprechen?
*Antworten aus dem Saal*: Atomkrieg, Streß, Versagen, Atomkatastrophe, Existenzangst, daß die Umwelt zugrunde

geht (Replik von Frau Dr. Kübler-Ross: sie geht nie zugrunde). Es gibt tausend Ängste in diesem Raum: nicht geliebt zu werden (davor haben ganz viele Leute Angst). Wer hat Angst vor Schlangen und Mäusen? Die meisten Leute haben viele Ängste und Phobien.

Wer durfte als kleines Kind traurig sein? Wer durfte richtig weinen, ohne daß ein großes Geschrei darum gemacht wurde? Wem hat man gesagt: »Wenn Du nicht aufhörst zu weinen, so gebe ich Dir Grund dazu« oder »Buben weinen nicht« oder »Jetzt fängt sie wieder an, die Heulsuse«. Menschen, die als kleine Kinder nicht weinen durften, bekommen als Erwachsene Probleme mit Depressionen und Selbstmitleid. Jede unerledigte Angelegenheit, jede natürliche unterdrückte Emotion hat auch ihre körperliche Konsequenz. Sie beeinflußt z. B. die Lunge. Wenn ein Asthmatiker einen Anfall hat, und es ist kein Arzt in der Nähe, bringen wir ihn doch zum Weinen. Er wird sofort wieder ausatmen können. Verdauungsprobleme sind sehr stark von unterdrückter Trauer beeinflußt. Wir haben das wunderbare Geschenk der Tränen erhalten. Wenn Sie hier im Saal traurig sind, dann weinen Sie. Sie können so mit Ihren hunderttausend kleinen Toden fertig werden. Kleine Tode sind all die vielen kleinen Verluste im täglichen Leben. Wer als kleines Kind seine Verluste betrauern darf, hat später weniger Probleme.

Wer durfte als kleines Kind böse sein? Sicher ganz wenige. Kinder werden oft auf sadistische Weise mit dem Teppichklopfer z. B. bestraft. Das Kind hat eine schreckliche Wut im Bauch, aber es muß schweigen, weil es sonst noch mehr Prügel bezieht. Diese Wut wird heruntergeschluckt, 50 Jahre lang und eines Tages kommt ein Mann, der es an den Vater erinnert. Jetzt kommen Rache und Revanche, Haß und Gewalttätigkeit. Dies sind dann die großen Probleme.

Von den Erwachsenen wird die Eifersucht als etwas ganz Schlechtes angeprangert. Dabei ist sie etwas Gesundes. Wenn ein Kind eifersüchtig ist auf ein anderes, das z. B. Schlittschuhlaufen oder Flötenspielen kann, so versucht das Kind die Bildungslücke zu schließen und geht nach Hause, flötenspielen zu lernen. Wenn wir aus der Eifersucht etwas Häßliches machen, kommt es zu Neid und einer harten Konkurrenz.

### *Ich habe Dich gern, wenn…*

Das größte Problem ist die Liebe. Wenn die Eltern sagen: »Ich habe Dich gern, wenn Du die Aufnahmeprüfung in die Sekundarschule bestehst«, oder »ich hätte Dich schon gern, wenn ich sagen könnte, mein Sohn, der Herr Doktor« oder »ich hätte Dich gerne, wenn Du jemanden heiraten würdest aus der selben Kirche…«, dann lernen die Kinder das, von dem sie erwarten, daß die Eltern es gerne haben. So werden sie nie sie selber. Ich habe Dich gern, wenn… Wer ist so aufgewachsen? Welche Wenn's haben Sie bekommen, als Sie klein waren? Wenn Du sauber bist… wenn Du das Zimmer aufräumst… wenn Du den Bruder nicht prügelst… Es gibt viele tausend Wenn's. Wenn wir Kinder mit Wenns erziehen, so bekommen diese Probleme, weil sie ihr ganzes Leben lang nach Liebe suchen und sie nie finden, weil Liebe bedingungslos sein muß.

Liebe hat nur zwei Bedingungen: zum einen, sie ist bedingungslos. Zum andern: sie kann auch nein sagen. Eltern, die nicht nein sagen können, fördern emotionelle Weichlinge und diese werden viele Probleme im Leben und besonders im Sterben haben.

Sicher fragen Sie sich, was hat dies alles mit Sterbehilfe zu tun? Wenn Sie Sterbehilfe betreiben und emotionelle Probleme haben, werden Sie entweder bei jedem Patienten weinen und so weich werden, daß Sie ihm nicht helfen können, oder Sie bekommen Streit mit den Ärzten, die nach Ihrem Begriff den Patienten nicht die Wahrheit sagen. Was wir brauchen, sind Leute mit bedingungsloser Liebe. Wenn z. B. ein Arzt Chemotherapie empfiehlt und der Patient einfach nicht mehr mitmachen will, dann läßt der Arzt ihn oft liegen und dies ist keine bedingungslose Liebe. Wenn Sie Sterbende vor sich haben und wissen möchten, ob Sie Ihnen helfen sollten, das Leben zu verlängern, oder ob Sie damit aufhören sollten, so sollten Sie sich nicht durch die Quadranten Körper und Emotionen belasten. Wenn Sie nämlich die Bindung daran überwinden, werden Sie intuitiv und so geistig, daß Sie genau unterscheiden, was der Patient nötig hat und was Sie gerne möchten. Das Wichtigste ist, daß Sie Ihre eigene geistige Entwicklung von selbst fördern. Das machen wir in unseren Workshops. Wir stellen den Leuten die Diagnose über ihre unerledigten Geschäfte. Unerledigte Geschäfte müssen nicht immer negativ sein. Es sind zum Teil auch Dinge, die wir unterlassen, wenn wir jemandem nicht sagen: »ich habe Dich lieb«, oder, »Du hast mir soviel bedeutet, als ich ein kleines Kind war.« Wir erinnern uns an all die guten Dinge meist erst, wenn die Person, die sie uns gegeben hat, bereits tot ist. Es kommt uns viel zu spät in den Sinn, daß wir dieser Person nie Danke gesagt haben. Wir kaufen dann wunderbare Blumen aufs Grab. Unsere Schuld werden wir aber so nicht los.

Wenn wir stattdessen einmal auf die Wiese gehen würden und einen Blumenstrauß pflückten, ihn z. B. der Schwiegermutter bringen würden, mit der wir vielleicht schon 10 Jahre nicht mehr gesprochen haben, und ihr sagten: 10 Jahre Streit ist eigentlich genug; jetzt beginnen wir wieder miteinander zu sprechen. Wenn die Schwiegermutter später stirbt, haben wir zwar Traurigkeit, aber keine Trauerarbeit zu leisten. Trauer ist natürlich. Sie ist immer vorhanden. Trauerarbeit aber ist vermeidbar. Jeder Mensch muß lernen, daß er keine Trauerarbeit tun muß, selbst wenn jemand plötzlich stirbt.

### *Du hast nie nein gesagt*

Vielleicht kennen Sie das Gedicht, das eine junge Frau an ihren Freund in Vietnam geschrieben hat:

*»Weißt du noch, als ich an den Strand wollte, baden gehen mit dir? Und du hast nein gesagt. Es regnet doch den ganzen Tag. Ich habe insistiert, und wir sind an den Strand gegangen. Es hat den ganzen Tag geregnet. Ich habe gedacht, das würdest du mir immer wieder vorhalten, aber du hast nie etwas gesagt.*

*Weißt du noch, als ich dich zu jenem Tanz eingeladen habe? Du wolltest nicht gehen. Ich aber habe dich gedrängt, bis du mitgekommen bist. Du bist gekommen, und ich hatte total vergessen, dir zu sagen, daß es ein ganz formeller Anlaß sein wird. Du kamst in Bluejeans. Ich habe gedacht, du würdest mich umbringen. Du aber hast es nicht getan.*

*Erinnerst du dich noch, als ich dich eifersüchtig machen wollte und mit deinem besten Freund ausgegangen bin? Ich habe gedacht, du würdest mich jetzt wirklich verlassen. Das hast du auch nicht getan.*

*Weißt du noch, als ich dir eine Heidelbeerwähe über den neuen Autoteppich gestürzt habe? Ich habe gedacht, jetzt würdest du mich wirklich anschreien. Das hast du auch nicht gemacht.«*

Und das Gedicht geht so weiter. In der letzten Strophe heißt es:

*»Ich wollte dir dies alles sagen, wenn du aus Vietnam zurückgekommen sein würdest. Aber auch das hast du nicht gemacht.«*

Verstehen Sie? Auch hier unerledigte Geschäfte. Sie sind nicht immer häßlich. Es können auch schöne Dinge sein, die wir nicht rechtzeitig tun. Darum sollte man immer wieder Rückschau halten im Leben, bevor es zu spät ist.

*Sterbende Kinder sind alte, weise Leute*

Sterbende Kinder sind ganz alte, weise Leute. Sie werden weise, wenn ihr Körper sich abbaut, bevor er fertig entwickelt ist. Der zu frühe Abbau des Körpers wird kompensiert. Darum sind sterbende Kinder viel weiser als die meisten Erwachsenen. Sie bekommen frühreif das geschenkt, was sie verlieren. Dies ist ein universelles Gesetz im Leben: Wer etwas verliert, erhält immer wieder etwas, was noch wertvoller ist. Nur wissen dies die wenigsten Leute. Diese weisen, alten Leute, diese 4-, 5-, 6-, 7-, 8-jährigen Kinder, die an Krebs sterben, haben alles Wissen, und zwar im geistigen Bereich und nicht im verstandesmäßigen oder emotionalen. Wenn Sie mit solchen Kindern sprechen, dann lernen Sie die symbolische Sprache kennen.

*Nein danke!*

Der 9jährige Jeffy war 6 Jahre lang an Leukämie erkrankt. Am letzten Tag im Spital begegnete ich ihm ganz zufällig. Er war schwach und bleich. Er konnte kaum mehr auf den Beinen stehen. Ein begeisterter junger Assistenzarzt erklärte eben den Eltern: »Wissen Sie, wir haben alles versucht. Und jetzt probieren wir noch eine experimentelle Chemotherapie.« Er sprach mit Überzeugung. Es war ein Nicht-Aufgeben-Wollen. »Hat jemand Jeffy gefragt, ob er mitmachen will«, wollte ich wissen. Alle verneinten dies. Ich war der Meinung, man sollte einen 9jährigen Buben darüber befragen, denn ein Knabe von 9 Jahren, der zwei Drittel seines Lebens selber mit Leukämie zu tun gehabt hat, weiß sehr viel mehr über diese Krankheit, als wir Ärzte nur vom Verstand her wissen können. Die Eltern liebten ihren Jeffy bedingungslos und erlaubten mir, ihn zu fragen. Jeffy hat uns sonderbar angeschaut und gesagt: »Ich verstehe Euch Erwachsene nicht. Warum müßt Ihr uns Kinder so krank machen, um uns gesund zu machen?« Eltern und Arzt wollten dies dem Knaben erklären. Er unterbrach sie jedoch ungeduldig und sagte: »Nein, danke!« Jeffy sagte ganz einfach: »Nein, danke!«.

Seine Eltern konnten dies hören. Es braucht eine unendliche Liebe dazu. Das heißt nämlich auch, einmal aufzugeben, nochmehr zu tun. Ich dachte mir, da bin ich wohl im rechten Moment gekommen und wollte dem Buben auf Wiedersehen sagen. Der aber sagte ganz ruhig: »Du kommst mit mir nach Hause.« Ich schaute auf die Uhr. (Dies ist ja auch symbolisch nonverbale Sprache) Übersetzt heißt dies: soviel Zeit hätte ich eigentlich nicht, um mit allen Kindern heimzugehen. Der Junge verstand mich gut, er schaute mich an und sagte: »Weißt Du, es dauert nur 10 Minuten.« Auf der Heimfahrt überlegte ich mir, wieviele Menschen wohl ihre unerledigten Geschäfte in 10 Minuten erledigen können? Das kann wirklich nur ein Kind.

In der Garage hing ein Velo an zwei Haken. Jeffys größter Traum war, einmal in seinem Leben mit seinem Velo um das Quartier herum zu fahren. Er bat seinen Vater, ihm das Velo herunterzunehmen und die Hilfsräder zu montieren. Der Vater erfüllte ihm den Wunsch mit Tränen in den Augen. Dann schaute mich der Knabe ganz verschmitzt an und sagte zu mir: »Du bist nur dazu da, um meine Mami zurückzuhalten.« Die Mutter wollte natürlich instinktiv das sterbenskranke, total schwache Kind selber auf das Velo heben. Ich glaube, wir hätten Jeffy noch gehalten und wären mit ihm ums Quartier gerannt. Das hätte ihn natürlich um seinen größten Sieg im Leben gebracht. Ich hielt also die Mutter zurück und ihr Mann hielt mich zurück, denn auch ich bin eine Mutter. Wir Erwachsenen mußten uns gegenseitig zurückhalten und der Knabe ist losgefahren. Er kam zurück, strahlend wie ein Olympia-Goldmedaillensieger. Dann hat er mir ganz ruhig gesagt: »Jetzt kannst Du wieder nach Hause fahren.« Es war das letztemal, daß ich ihn gesehen habe. Jeffy ist eine Woche später gestorben. Dieses Erlebnis war eines meiner größten Geschenke, das ein Kind mir je gegeben hat.

Zwei Wochen später hat uns sein Bruder, der die erste Klasse besuchte, erzählt, Jeffy habe ihn nach der Schule auf sein Zimmer eingeladen und ihm gesagt: »An deinem Geburtstag in 14 Tagen bin ich nicht mehr am Leben. Ich möchte noch das Vergnügen haben, dir das Velo selber zu schenken. Du darfst mein Velo haben, aber du mußt mir versprechen, daß du nie diese verdammten Hilfsräder benutzt.« Das war ein letzter Ausbruch seiner Wut.

Das Wissen, daß er in 14 Tagen nicht mehr da sein wird, kommt aus dem geistigen Quadranten. Das Schöne ist, daß wir all dies, was wir von den sterbenden Kindern gelernt haben, auch den Erwachsenen weitergeben können, wenn sie Krebs haben. Wir wissen jetzt, daß jeder Mensch inwendig wirklich alles weiß und ich meine dies nicht symbolisch sondern ganz konkret. Es ist wahrscheinlich das, was man den Götterfunken nennt, den Teil unserer Herkunft, der eben alles weiß, der in Kontakt kommt mit dem Geist.

Die positiven Erfahrungen, die wir mit Kinderzeichnungen gemacht hatten, ermutigten uns, dies auch mit Erwachsenen zu versuchen, obwohl uns bewußt war, daß erwachsene Leute viel, viel komplizierter sind. Wir haben in unseren Workshops Ärzte aufgefordert, neben Bluttests, Biopsien und was weiß ich alles, die Patienten auch eine Zeichnung machen zu lassen. Es war uns klar, daß dies eigentlich intellektuell nicht verständlich ist. Es braucht dazu eine große Demut. Viele Ärzte kommen jedoch in unsere Workshops und wir bilden sie aus, damit sie Zeichnungen interpretieren können.

### *Ich bin eben Quäker*

Mein absolut schönster Fall war ein Architekt, der Krebs hatte. Der Arzt empfahl ihm Chemotherapie. Bevor er dem Patienten von seinem eigenen intellektuellen Wissen her mitteilte, daß Chemotherapie die einzige Möglichkeit sei, den Krebs loszuwerden, wollte der Arzt wissen, ob der Patient innerlich für diese Behandlung bereit sei. Der Arzt bat den kranken Architekten, ihm seinen Krebs zu zeichnen. Der Patient zeichnete einen Mann mit Kopf, Bauch, Armen und Beinen. Der ganze Körper war voll dunkelroter, konzentrischer Kreise. Das waren seine Krebszellen. Der Arzt fragte ihn, ob er sich eine Krebsbehandlung mit Chemotherapie vorstellen könne. Der Mann zeichnete ohne zu überlegen schwarze Pfeile. Jeder Pfeil berührte eine Krebszelle, aber das Sonderbare daran war, daß jede Krebszelle nur berührt wurde. Der Pfeil spickte sofort wieder zurück.

Wenn sie gar nichts von unseren Interpretationen verstehen würden, würden sie diesen Mann als einen guten Kandidaten für Chemotherapie halten?

»Was hat Ihnen der Arzt gesagt«, wollte ich von dem Patienten wissen. Er antwortete mir ganz spontan: »Der Arzt hat mir gesagt, die Chemotherapie würde meine Krebszellen töten.« Auf mein ebenso spontanes »Ja« hin, machte er ein langes Gesicht. Ich spürte, daß ich irgend etwas verpaßt hatte. Ich schaute ihn noch einmal an und fragte wieder: »Was hat Ihnen der Arzt gesagt?« Er wiederholte: »Der Arzt hat mir gesagt, die Chemotherapie würde meine Krebszellen umbringen.« Er schaute mich fragend an: kann ich Dir wohl trauen oder wirst Du mich auslachen? Darauf sagte er fast entschuldigend: »Du sollst nicht töten« und fuhr nach kurzem Zögern fort: »Ich bin eben Quäker. Ich bin erzogen worden nach dem absolut universellen Gesetz: Du sollst nicht töten. Ich habe mir lange überlegt, ob ich jemanden umbringen könnte. Ich kann es nicht. Ich kann nicht einmal meine eigenen Krebszellen töten.«

Das Wichtigste in einem solchen Moment ist, diesen Patienten bedingungslos zu lieben. Ich habe ihm gesagt, es wäre wunderbar, wenn die ganze Welt an dieses universelle Gesetz glauben würde. Ich bat ihn, nach Hause zu gehen und zu überlegen, wie er seinen Krebs loswerden könnte, was nicht dasselbe ist wie umbringen.

Eine Woche später ist er wiedergekommen und hat mir eine neue Zeichnung gemacht. Ich merkte schnell, daß etwas passiert sein mußte in ihm. Ich glaube, es wurde die schönste Zeichnung, die ich je erhalten habe. Er hat wieder einen Mann gezeichnet und überall da, wo Krebszellen vorhanden waren, hat er einen Zwerg hingezeichnet. Jeder Zwerg hat liebevoll eine Krebszelle weggetragen. Ich weinte beinahe, als ich diese Zeichnung sah. Am selben Tag habe ich den Arzt angerufen und ihm gesagt: »Sie können diesen Mann jetzt behandeln. Er ist bereit, den Krebs mit der Chemotherapie loszuwerden.«

Das ist holistische Medizin, Medizin der Zukunft, Medizin, die den Körper, die Angst und die unerledigten Geschäfte behandeln will. Sie hilft dem Patienten, mit sich fertig zu werden, daran zu arbeiten. Wir müssen akzeptieren, daß der Patient innerlich von einer ganz anderen Ebene her sehr viel mehr weiß über sich selbst. Wir müssen demütig genug werden, um das Wissen des Patienten und unser eigenes Wissen zu kombinieren. Dann werden wir alle zum Lehrer und Schüler. Das ist das Schönste an der Sterbehilfe: Leute im Sterben werden wieder ehrlich und spielen kein Theater mehr. Wenn wir offen sind, lernen wir da nicht nur etwas über das Sterben, sondern vor allem auch über das Leben.

*Es ist nichts passiert*

Die Mutter eines 10jährigen Buben, der sich erschossen hatte, kam zu uns und wollte wissen, warum ein 10jähriges Kind sich das Leben nehmen kann. Ich mußte sie warnen: »Es tut Ihnen wahrscheinlich fürchterlich weh, die unerledigten Geschäfte anzuschauen. Wenn Sie aber den Mut haben, dies zu lernen, so können Sie verhindern, daß andere Kinder ebenso sterben müssen.« Sie hat mir dann ganz ehrlich geantwortet: »Ich will es nicht wissen, aber ich muß es wissen, denn ich habe noch 5 andere Kinder.« Ich wollte von ihr dann erfahren, was in den letzten 24 Stunden geschehen sei. Sie erklärte mir wörtlich: »Es ist nichts passiert. Er war ein ganz normales, gesundes, fröhliches Kind, das immer genau das getan hat, was wir von ihm erwartet haben.« Ich fragte sie nocheinmal: »Erzählen Sie mir jetzt ganz genau, was in den letzten 24 Stunden geschehen ist«. Und sie wiederholte: »es ist nichts geschehen«, fügte dann aber hinzu: er ist aus der Schule heimgekommen mit einem traurigen Gesicht. Er war schlechter Laune. Der Vater kann es nicht leiden, wenn jemand mit schlechter Laune an den Tisch kommt. Er fuhr das Kind ziemlich barsch an. Der Knabe beichtete dann, daß er zwei schlechte Noten habe. Niemand erkundigte sich weiter: »Warum schlechte Noten? Bist du krank? Hast Du Probleme in der Schule?« Der Vater reagierte sofort negativ. Er erteilte der ganzen Familie den Befehl, den Knaben während des Nachtessens nicht mehr anzuschauen. Das ist totale Ablehnung. So etwas ist schrecklich für ein Kind. Der Knabe versuchte, sein Nachtessen herunterzuwürgen. Er war ja ohnehin deprimiert. Er versuchte, einen nach dem andern anzuschauen, aber alle guckten weg. Nach dem Essen ging er in sein Zimmer. Ich denke mir, daß der Knabe ganz verzweifelt auf einen Menschen gewartet hat, der zu ihm gekommen wäre, sich auf sein Bett gesetzt und mit ihm gesprochen hätte. Aber niemand kam. Abends um halb 9 Uhr, als die Mutter ihre anderen 5 Kinder zu Bett gebracht hatte, blieb sie vor dem Schlafzimmer des Knaben stehen und überlegte: »Ich muß dem Kind eine Lektion erteilen.« Ihre Lektion bestand darin, daß sie nicht zu ihm hinein ging. Am nächsten Morgen um 6 Uhr hat sich der kleine Knabe erschossen.

Verstehen Sie? Solche Dinge führen zu Kinderselbstmorden. Es waren die unerledigten Geschäfte des Vaters, die ihn so negativ reagieren ließen. Wenn Sie, liebe Eltern, mit Ihren

Kindern böse sind, so müssen Sie es ihnen deutlich sagen. Vergessen Sie aber nie, daß ein Kind ohne Liebe nicht leben kann. Sagen Sie ganz einfach: »Ich habe Dich immer lieb, aber ich kann Dein Benehmen oder Deine Faulheit, oder was immer es ist, nicht akzeptieren.« – Verstehen Sie diesen Unterschied?

*Die bedingungslose Liebe*

Wir brauchen ganz dringend wieder Leute, die bedingungslos lieben können, damit die Kinder einen guten, gesunden Start haben. Denken wir an die Großmutter, die stets da war, zu der das Kind mit zerrissenem Rock, mit schmutzigem Gesicht oder blutendem Knie gehen konnte. Sie hat das Kind in die Arme genommen, selbst wenn sie dabei ganz schmutzig geworden ist. Sie hat das Kind getröstet, sie hat es bedingungslos geliebt.

Eine Möglichkeit wäre, die Sterbenden wieder nach Hause zu nehmen. Diese Menschen sind nur noch bedingungslose Liebe. Und die Kinder erfahren, selbst wenn es nur einen Tag lang dauert in ihrem Leben, bedingungslose Liebe. So erhalten sie bereits die Grundlage für ein gesundes Leben. Überall auf meinem Lebensweg traf ich Leute, die mir ihre bedingungslose Liebe gaben. Es müssen nicht immer die Eltern sein.

*Windstürme im Leben sind die größten Geschenke*

Wenn ein Mensch auf dem Totenbett liegt, denkt er an zwei Dinge: an die wenigen Momente in seinem Leben, in denen er bedingungslose Liebe erfahren durfte. Selbst wenn er diese Erlebnisse viele viele Jahre lang vergessen hat, auf dem Totenbett werden sie ihm wieder in den Sinn kommen. Das andere, an das er denken wird, sind die Windstürme im Leben, wenn alles schiefging, wenn ein Kind starb, wenn er blind wurde, wenn das Haus brannte, wenn er nichts zu essen hatte, kurz, an die Tragödien seines Lebens. Wenn er dann vielleicht 40, 60 oder 80 Jahre später zurückschaut, merkt er, daß das, was er als die größte Tragödie angesehen hat, zu seinem größten Geschenk wurde, Geschenk für sein inneres Wachstum. Ohne diese sogenannten Tragödien wäre er nie so geworden, wie er heute ist. Wenn Sie selber später im Leben zurückschauen, werden auch Sie merken, welches Ihre größten Geschenke waren.

Nach einer Vorlesung kam eine Frau zu mir. Ich spürte, daß sie etwas von mir wollte, aber den Mut, mich anzusprechen, nicht hatte. Am nächsten Morgen um 6 Uhr kam sie dann zu mir ins Motel. Alle, die mich kennen, wissen, daß ich am frühen Morgen absolut unfähig bin, ein solches Gespräch zu führen. Die Frau aber hatte gehört, daß ich um 7 Uhr das Flugzeug erreichen müßte, und daher ist sie um 6 Uhr gekommen und hat mir ein wunderbares Geschenk gegeben, indem sie mir erzählte, was sie in der vergangenen Nacht erlebt hatte.

Sie hat einen 18jährigen Sohn und haßt ihn aufs tiefste. Mutter und Sohn gehen sich gegenseitig auf die Nerven. Sobald sie einander sehen, beginnen sie zu streiten. Niemand weiß genau, woher das kommt, aber die beiden machen sich gegenseitig das Leben schwer. Wenn die Mutter jeweils am Abend heimkommt, sitzt ihr Sohn in einem verwaschenen T-Shirt, das er von seiner Freundin geschenkt bekommen hat, im Vorzimmer nachlässig auf dem Kühlschrank. Die Mutter sieht ihn und beginnt zu kritisieren und zu nörgeln. Sie schimpft über seine Freunde, seine nachlässige Art, über das verwaschene T-Shirt und fragt sich, was die Nachbarn wohl denken, wenn sie ihren Sohn nicht anständig anziehen kann. Ihr Sohn antwortet ihr auf gleiche Weise. Jede Nacht streiten die beiden miteinander, bis sie ins Bett gehen und jede Nacht wird es schlimmer. Am Abend, als sie aus meiner Vorlesung heimkam, saß der Junge natürlich wieder auf dem Kühlschrank bei seinen Freunden. Die Mutter wollte eben wieder anfangen zu streiten und zu schimpfen. Da schaute sie ihn an und wurde plötzlich ganz still. Sie erzählte mir: »Ich glaube, ich habe zum ersten Mal meinen Sohn richtig gesehen. Ich hörte mich sagen: Wenn Du das T-Shirt tragen möchtest, so ist das in Ordnung, denn, wenn Du heute Nacht Deine Freunde mit dem Auto heimfährst und Du hättest einen tödlichen Unfall, dann wäre ich die Erste, die Dich in diesem T-Shirt begraben würde.«

Verstehen Sie das Glück, daß diese Mutter gemerkt hat, was wichtig ist und was nicht, bevor es zu spät war? Verstehen Sie, was ich damit sagen möchte? Wir machen uns solche Sorgen, was die Nachbarn wohl denken. Ich lebe nach dem Grundsatz: das, was andere Leute über mich denken, ist deren Problem. Wer sich das Leben verdirbt, in dem er sich wundert und fragt, was die anderen Leute wohl über ihn denken, der kann ja nicht mehr sich selbst leben, der spielt eine Rolle. Jeder, der eine Rolle spielt, hat Mühe im Sterben. Wenn Sie lernen möchten, wieder ganz ehrlich zu werden, setzen Sie sich zu 2-, 3jährigen Kindern. Die lehren Sie, wie man wichtige Dinge eben wichtig und unwichtige Dinge unwichtig nimmt.

Ich erlebe viel Trauriges mit Eltern, deren Kinder sich umgebracht haben oder mit unseren Vietnam-Veteranen. Während des Vietnamkrieges sind 59 000 Männer gestorben. Zweimal so viele Leute, wie im ganzen Krieg umgekommen sind, kehrten zurück und nahmen sich hier das Leben. 120 000 junge Leute, die Vietnam überlebt hatten, nahmen sich zu Hause das Leben, weil sie verachtet und kritisiert wurden, anstatt daß die Menschen versuchten, zu verstehen, warum sie in den Krieg gegangen waren, warum sie dies tun mußten.

*Aids – eine neue Tragödie*

Wir haben in Amerika Aids, eine Krankheit, die uns in letzter Zeit sehr zu schaffen macht. Ich weiß nicht, ob man sie hier in Europa schon kennt. Es ist eine Art schwarze Pest, eine Krankheit, die homosexuelle Männer bekommen können. In San Francisco allein haben wir jeden Tag 9 neue Fälle, von denen 2 rasch sterben. Die Leute verurteilen, kritisieren diese Kranken und sagen, dies sei die Strafe für ihr wildes, homosexuelles Leben. Liebe aber ist bedingungslos. Obwohl diese jungen Männer frei gewählt haben, ein homosexuelles Leben zu führen, müßten sie wenigstens im letzten Moment ihres Lebens bedingungslose Liebe erfahren.

Vor 4 Wochen habe ich einen Workshop nur für Aids-Kranke gegeben. Diese Menschen sehen schrecklich aus. Sie haben violette Nasen und Löcher im Gesicht. Ihr Sterben ist fürchterlich. Ich hatte also 32 junge Männer mit dieser Krankheit vor mir. Sie lagen zum Teil am Boden, wenige Tage vor ihrem Tod. Einigen unter ihnen hatte man soeben die Diagnose Aids gestellt. Es war ein schrecklicher Anblick. In der Tragödie dieses Workshops habe ich jedoch das schönste Beispiel von bedingungsloser Liebe erfahren.

*Wir wissen, daß Du Aids hast.*

Ein einziger Mann dieser sterbenskranken Leute strahlte während des ganzen Workshops wie eine Sonne. Ich mußte diesen jungen Mann immer wieder ansehen, damit ich diese fürchterlichen Tage durchstehen konnte.

Ganz zum Schluß fragte ich ihn, woher sein inneres Strahlen komme. Er antwortete mir ganz einfach: »Wissen Sie, jetzt kann ich ruhig sterben. Ich habe bedingungslose Liebe erlebt.« Wo, wollte ich wissen und er erzählte mir seine kurze Geschichte:

Seine Eltern, einfache Bauersleute, wohnten in Nord-Karolina in einem Blockhaus. Für sie ist es sehr wichtig, richtig zu leben, zu heiraten, Kinder zu bekommen. Als er merkte, daß er ein Leben führen muß, das für seine Eltern nicht annehmbar ist, hat er Nord-Karolina verlassen und ist in die Großstadt gezogen. Er hat dort, vom Standpunkt seiner Eltern aus gesehen, kein sehr schönes Leben geführt. Er hatte keinen Kontakt mehr mit ihnen. Als er dann aber mit Aids im Spital lag und dem Tod nahe war, dachte er wieder an zu Hause zurück, eben an diese Momente, die ich vorhin erwähnt habe, Momente bedingungsloser Liebe.

Auf einmal wußte er, er kann nicht sterben, ohne seine Mutter noch einmal umarmt und seinem Vater noch einmal danke gesagt zu haben, danke für alles, was die beiden ihm gegeben haben, was schön war in seinem Leben. Er konnte ihnen aber nicht sagen, an welcher Krankheit er litt. Die Angst, abgewiesen zu werden, war viel zu groß. Er hat seine Eltern angerufen, ihnen erzählt, er habe Krebs und er wolle noch einmal heimkommen übers Wochenende. Er hatte nicht den Mut, ihnen die Wahrheit zu sagen. Seine Mutter sagte ihm, sie freuten sich auf dieses Wochenende. Sie begann, Vorbereitungen zu treffen, zu backen und zu kochen.

Und dann erzählt der junge Mann, wie er zu Hause angekommen war. Er beschrieb die Blockhütte, in der seine Eltern wohnen. Er beschrieb weiter, wie seine Mutter aus dem Haus auf die Terrasse getreten sei, die Küchenschürze umgebunden, so, wie er sie immer gekannt hatte. Sie hatte ihn umarmt und getan, als sähe sie nicht, wie fürchterlich er aussieht. Sie legte ihre Wange an seine, an dieses schreckliche Gesicht, vor dem sich viele Leute ekelten und flüsterte ihm ins Ohr: »Weißt Du, mein Junge, wir wissen, daß Du Aids hast. Es ist in Ordnung mit uns.«

Verstehen Sie, welch grenzenlose Liebe dies braucht? Dieser Mann, mit diesem einzigen Erlebnis, hat bestimmt den andern 31 Menschen Hoffnung gegeben, daß es trotz allem bedingungslose Liebe gibt. Und wenn Sie einmal sterben werden, werden Sie merken, daß dies das Einzige ist, was überhaupt zählt und alles andere ist nebensächlich.

## III. Über das Leben nach dem Tod

Ich möchte Ihnen zuerst etwas darüber sagen, was der Tod ist und über das Leben nach dem Tod. Anschließend werde ich noch Fragen beantworten.

*Was ist der Tod?*

Wir haben uns jahrelang um Sterbende gekümmert und kein Interesse daran gehabt, uns mit dem Leben nach dem Tod zu befassen. Wir waren der Meinung, dies sei Aufgabe der Theologen. Obwohl die Theologie gar nicht mein Gebiet ist, standen wir plötzlich vor der Notwendigkeit, uns die Frage ernsthaft zu stellen: Was ist der Tod? Die Medizin machte riesengroße Fortschritte. Die ersten Nierentransplantationen wurden gemacht und man sprach bereits von Leber-, Herz- oder Hirntransplantationen, vom Zusammensetzen neuer Menschen aus den einzelnen Teilen. Die Ärzte gerieten plötzlich in unvorhergesehene Schwierigkeiten. Sie wurden mit legalen, moralischen, ethischen und finanziellen Problemen konfrontiert. Es kamen Rechtsklagen, man hätte einem Menschen die Niere herausoperiert, bevor er tot gewesen sei.

Den Höhepunkt der Todesverneinung erlebten wir in den 60er Jahren. Da begann man krebskranke Menschen, die gestorben waren, einzufrieren. Man versprach den Familien, daß man die Verstorbenen gegen eine jährliche Summe von 9000 Dollar dann wieder auftauen würde, wenn man den Krebs heilen könne. Die Leute glaubten wirklich, daß dies möglich wäre. Man wußte gar nicht mehr, was der eigentlich Zweck des Lebens war. Die Medizin wurde zu einem immer schwierigeren Beruf. Man konnte nicht mehr helfen, ohne Angst zu haben, irgend etwas falsch zu machen.

Es war am Anfang der Dialyse und der Nierentransplantation. Wir hatten in einem Wartezimmer 12 Elternpaare und wußten, daß wir nur einem einzigen Kind von diesen 12 Eltern helfen können. Oft merken es die Leute nicht, wie schwer es auch für einen Arzt ist, solche Entscheidungen zu fällen. Wir kamen immer mehr zur Überzeugung, daß wir dringend eine Definition des Todes brauchten, um so weniger Probleme mit Rechtsfragen zu haben. In meinem jugendlichen Enthusiasmus versprach ich dann, solange zu leben, bis wir eine endgültige Definition des Todes fänden.

Ich war mit einem Pfarrer zusammen, der immer von der Kanzel herunter predigte: »Ihr müßt nur fragen, und ihr werdet eine Antwort bekommen.« Ich forderte ihn heraus und sagte: »Jetzt frage ich: Wie macht man Forschung über die Definition des Todes.« Ehrlicherweise muß ich eingestehen, daß ich nicht daran glaubte, eine Antwort zu bekommen. Fünf Tage später hatte ich eine. Das hat mich bekehrt und erschüttert. Ich spürte, wenn ich etwas fragte, was ich wirklich dringend brauche, so bekomme ich sofort eine Antwort.

*Gott, wenn ich nur eine Stunde hätte*

Ich war in San Francisco auf dem Flugplatz. Ich war total heiser und hätte am nächsten Tag nach Europa fliegen sollen. Ich stand bereits vor dem Flugzeug und war darauf vorbereitet, für 24 Stunden nach Hause zu fliegen, meine Koffer in Ordnung zu bringen, Hausfrau zu sein und wieder abzureisen. Da kam ein junges Ehepaar zu mir, zupfte mich am Ärmel und fragte mich: »Frau Dr. Kübler-Ross?« Ich wollte mich nicht zu erkennen geben. Verstehen Sie? Einmal ist einfach genug. Die Frau spürte, daß bei mir die Tür geschlossen war. Da sagte sie ganz verzweifelt: »Hören Sie, im Oktober haben wir unseren 9jährigen Knaben an Krebs verloren. Zwei Wochen später hat man festgestellt, daß unser 11jähriges Mädchen ganz voll Krebs ist. Wir haben einen solchen Zorn auf das Kind, daß wir nicht einmal mehr sein Schlafzimmer betreten können, denn diese Tochter erlaubt uns nicht einmal, um unseren einzigen Sohn zu trauern.«

Das ist zwar nicht logisch, aber die Eltern haben es so empfunden. In symbolischer Sprache sagte diese Frau: Wir brauchen ganz dringend Hilfe. Ich hätte dem jungen Ehepaar sehr gerne geholfen, aber ich wußte, daß, wenn ich den Flug nicht erreiche, so kann ich meine Termine nicht einhalten und meine Arbeit nicht erledigen. Da sagte ich ganz still zu mir: Gott, wenn ich nur eine Stunde hätte, jetzt, hier, dann könnte ich diesen Menschen helfen. Dreißig Sekunden später verkündete der Lautsprecher, daß Flug Nr. 83 (mein Flug) eine Stunde Verspätung habe. Ich schickte symbolisch nonverbal ein Danke nach »oben« und wendete mich dem Ehepaar zu.

Sehen Sie, wenn Sie etwas unbedingt brauchen, vielleicht nicht einmal haben wollen, aber brauchen, dann müssen Sie fragen, Sie erhalten eine Antwort. Genau so erging es mir, als ich nach der Definition des Todes fragte. Fünf Tage später hatte ich eine Antwort.

Ich erkläre im folgenden sehr summarisch die Zeichnung in Abbildung 3. Wir brauchen einige spezielle Ausdrücke dazu.

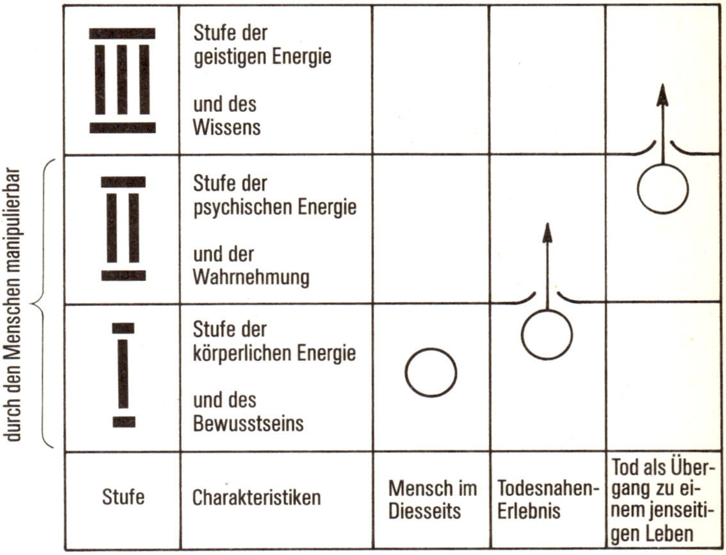


Abb. 3: Schematische Darstellung des Sterbevorgangs

*Verschiedene Energie-Stufen*

Zu unterst haben wir die körperliche, dann die psychische Energie. Die psychische Energie ist eine schöne, aber auch eine gefährliche Energie, die sehr oft mißbraucht wird. Die körperliche sowie die psychische Energie werden leider von den Menschen sehr oft manipuliert. Zu oberst haben wir die geistige Energie. Sie kommt von Gott.

*Die freie Wahl.*

Das größte Geschenk, das der Mensch erhält, ist die freie Wahl. Nach Ihrem Tod werden Sie merken, daß das ganze Leben nichts anderes war, als die Summe aller Konsequenzen jeder Wahl, die Sie in Ihrem Leben getroffen haben. Verstehen Sie dies? Ich möchte es Ihnen an einem kurzen Beispiel erklären: Wenn eine Hausfrau am Morgen schlecht gelaunt aufsteht und die Familie mürrisch und ohne Gruß aus dem

Haus schickt, wird dies seine Folgen haben. Die Kinder werden schlechte Laune weitergeben an den Lehrer; der Ehemann an die Sekretärin und die wieder weiter an eine andere Angestellte zum Beispiel. Sie müssen jedoch wissen, daß diese mürrische Hausfrau verantwortlich ist für alle Menschen, die an diesem Tag ihretwegen unglücklich waren.

*Aus der Raupe wird ein Schmetterling*

Unser Körper ist ja nur ein vorübergehendes Haus, eine vorübergehende Wohnung. Wenn wir mit sterbenden Kindern sprechen und ihre symbolische Sprache benutzen, so benützen wir das Bild der Raupe. Wir sind eigentlich alle Raupen. Wenn wir sterben, wenn unser Körper tödlich verletzt wird, dann verlassen wir diese Raupe und werden zum Schmetterling. Der Sterbende ist nach dem Durchgang zum Schmetterling schöner als vorher. Er ist wieder vollständig, hat z. B. beide Beine, der Blinde ist sehend, hat keine Gebresten mehr.

*Todesnahe Erlebnisse*

Wenn Sie ein todesnahes Erlebnis haben, dann dürfen Sie in der geistigen Welt nur »kiebitzen«. Sie müssen wieder zurückgehen. Wenn Ihr Körper durch Unfall oder schwere Krankheit, Selbstmord oder Mord (die Todesursache spielt in dem Moment keine Rolle) seine Tätigkeit aufgibt, dann wird Ihre eigentliche unsterbliche Person freigelassen. In dem Moment haben Sie keine Schmerzen mehr, keine Angst, keine Panik. Sie befinden sich, subjektiv gesehen, über der Unfallstelle schwebend, über dem Schnee der Lawine oder über dem Wasser, in dem Sie ertrunken sind. Obwohl der Sterbende in dem Moment, in dem er den Körper verläßt, kein Lebenszeichen mehr gibt, vermag er alles um sich herum wahrzunehmen. Dies ist auch zutreffend für Leute, die im Koma liegen und nicht mehr bei Bewußtsein sind. Mit diesen Leuten können Sie sprechen und die verstehen, was Sie ihnen sagen. Wenn sie jemanden besuchen, der im Sterben liegt und der nicht mehr kommunizieren kann, so können Sie dennoch mit ihm sprechen. In dem Moment, in dem er aus dem Körper ausgetreten ist, weiß er, wer da ist, was ihm gesagt wird. Es wäre eine letzte Chance, all die Dinge, die man noch sagen möchte, zu sagen.

*In der psychischen Stufe*

Wie ich Ihnen soeben erklärt habe, hat man in dieser Stufe II keine Schmerzen, keine Angst, keine Panik mehr. Man schwebt z. B. 3–4 Meter über der Unfallstelle. Wir hatten Verletzte, die aus dieser Stufe II zurückgekommen sind, die uns die Autonummer eines fahrlässigen Autofahrers sagen konnten. Sie konnten sagen, wieviele Leute versuchten, den schwerverletzten Körper aus dem Auto zu bergen. Sie können uns Dinge sagen, die ein Mensch, der kein Bewußtsein hat, gar nicht bemerken würde. In diesem Stadium können Sie alles wahrnehmen, nicht nur, wie die Leute sich benehmen, sondern auch, was sie denken. Wir hatten sehr viele Autounfälle, bei denen uns die Verletzten nachher erzählten, wieviele Autos vorbeigefahren sind, was diese Leute bei sich gedacht haben, welche Entschuldigungen sie hervorgebracht haben, um nicht anhalten zu müssen. Aber auch mit wieviel Liebe, Schmerz und verzweifelter Traurigkeit Leute helfen wollten. Die Verletzten können ganz exakt analysieren, was in den Menschen vorgeht. Diesem Phänomen, sagen wir Wahrnehmung, und dazu braucht es keine Funktion des Hirns vom medizinisch-wissenschaftlichen Standpunkt aus gesehen. Leute, die skeptisch sind, die das beweisen möchten, können solche Fälle sammeln.

*Ich konnte wieder tanzen und singen*

Wenn der Mensch aus seinem Körper ausgetreten ist und sich in dieser Stufe II befindet, merkt er, daß er wieder ganz heil ist. Meine krebskranken Kinder, die Chemotherapie bekommen haben, haben ihre Haare, die ihnen ausgefallen sind, wieder. Meine gelähmten Multiple-Sklerose-Patienten erzählen mir immer zuerst: Ich konnte wieder tanzen und singen.

Wenn Sie eine skeptische Person sind, so können Sie sich dieses Phänomen sehr gut beweisen. Sie können total erblindete Menschen ohne irgendwelche Lichtwahrnehmung fragen, was sie gesehen haben. Die werden Ihnen erzählen, daß Sie ein rotes Halstuch trugen, daß jener Besucher einen violetten Fingerring anhatte, daß der Arzt eine goldene Uhr trug, eine goldene Brille, usw. Dies alles könnte ein Blinder ja nicht sehen. So können Sie wissenschaftlich beweisen, daß der Mensch in diesem Stadium wieder heil ist.

Es ist sehr wichtig, daß wir Menschen dies wissen!

Wenn der Mensch aus seinem Körper ausgetreten ist, wenn er sich in der Stufe II befindet, so braucht er nur an irgend jemanden auf der ganzen Welt zu denken und sogleich ist er bei diesem Menschen. Zeit und Distanz existieren auf dieser Stufe nicht.

Wenn ein Mann z. B. in China stirbt und dabei an seine Mutter in Chicago oder in Zürich denkt, so ist er mit der Geschwindigkeit eines Gedankens eben bei seiner Mutter. Wenn ein junger Mensch in einer Lawine umkommt und dabei an seine Liebste in Buchrain denkt, dann ist dieser junge Mann in Sekundenschnelle in Buchrain. Verstehen Sie, daß so niemand allein sterben kann? Wenn man an keine körperlichen Funktionen mehr gebunden ist, existieren Distanzen nicht mehr.

Ich möchte Ihnen hier noch ein kleines Beispiel erzählen: Eine Mutter saß wochenlang am Bett ihres an Leukämie erkrankten Kindes. Eines Tages sagte das Kind plötzlich zur Mutter: »Mami, Du siehst müde aus. Geh nach Hause, ruhe Dich aus. Es geht mir ja wirklich gut.« Dem Kind ging es wirklich gut, aber nicht so, wie die Mutter es hören wollte. Kaum war die Mutter zu Hause angekommen, kam ein Telefonanruf aus dem Spital: »Es tut uns leid, Ihr Kind ist vor wenigen Minuten gestorben.« Die Mutter raufte sich die Haare und fragte sich verzweifelt, warum sie gerade im falschen Moment nach Hause gegangen sei. Es war natürlich nicht der falsche Moment. Das Kind konnte ruhiger sterben, wenn seine Mutter nicht neben ihm am Bett saß. Allen Kindern, die an einer tödlichen Krankheit leiden, wird es erlaubt, hie und da aus dem Körper auszutreten, damit sie wissen, was geschehen wird, wenn dann einmal der Tod kommt. Diese Kinder wissen auch, daß, wenn sie einmal ausgetreten sind, sie jederzeit in Gedankenschnelle bei ihren Eltern sein können, so wie wir es eben gehört haben.

Der zweite Grund, warum Menschen nicht allein sterben können ist der, daß verstorbene Verwandte oder Freunde, die sie wirklich geliebt haben, auf sie warten. Viele Sterbende sprechen schon ein, zwei oder drei Tage vorher mit jemandem, den sie nicht sehen und nicht hören. Der Sterbende weiß jedoch bereits, daß z. B. seine Großmutter oder sein Ehepartner auf ihn wartet. Die Wissenschaftler sagen zu dem: »Sie halluzinieren jetzt.« Ich überlegte lange, wie man so etwas wissenschaftlich nachprüfen könnte. Ich bat wieder um Hilfe und bald darauf bekam ich einen Fall, der mir Antwort geben sollte.

### *Ich bin schon mit meinem Vater zusammen*

Auf einer Autobahn wurde eine junge Indianerin angefahren und tödlich verletzt. Ein fremder Autofahrer hielt an und wollte ihr helfen. Die sterbende Indianerin bat den fremden Mann, wenn er je einmal Zeit hätte, in jene Indianerreservation zu gehen, in der sie gelebt hat. Er solle ihre Mutter besuchen und ihr ausrichten, daß es ihr gut gegangen sei, daß sie sehr glücklich gewesen sei, weil sie schon mit ihrem Vater zusammen sei. Die junge Indianerfrau starb in den Armen des Fremden, der so erschüttert war, daß er 700 Meilen weit in die Indianerreservation fuhr, um diese Mutter zu besuchen. Die Mutter erzählte dem fremden Mann, daß ihr Ehemann eine Stunde vor dem Autounfall an einem Herzschlag gestorben sei, unvorbereitet und plötzlich. Dieser Fall war es, der mir half, die Tatsache zu überprüfen, daß der Sterbende von lieben Verstorbenen abgeholt wird.

### *Mama und Peter warten bereits auf mich*

Wenn verletzte Kinder von Familienunfällen zu uns kommen, so sagen wir den Kindern nie, wer von den Familienangehörigen auf der Unfallstelle gestorben ist. Die Kinder sind jung, schwer verletzt, sie liegen im Koma und man möchte ihnen den Lebensmut nicht nehmen. Wochen später vielleicht sind diese Kinder selber nahe am Tod. Da wir sehr viel mit sterbenden Kindern zu tun haben, spüren wir dies. Wir sehen, daß Kinder, die starke Schmerzen gehabt haben und unruhig waren, ruhig werden und keine Schmerzen mehr haben. Wir wissen dann, daß diese Kinder bereits in der Stufe II kiebitzen durften. Ich setze mich dann meist zu ihnen und frage sie: »Willst du mir erzählen, was du erlebt hast?« Sie schauen mich prüfend an, um zu sehen, aus welchem Grund, mit welcher Absicht die Frage gestellt wurde. Dann aber antworten sie mit dem schönsten Frieden: »Es ist jetzt alles in Ordnung. Mama und Peter warten bereits auf mich.« Während 13 Jahren hatte ich nicht ein einziges Kind, das mir nicht ganz genau die Namen der Verstorbenen sagen konnte.

*Wenn es jemand nicht glauben will...*

Sie könnten tausend oder zehntausend solcher Fälle sammeln, um anderen Leuten etwas zu beweisen. Wer es jedoch nicht glauben will, glaubt es einfach nicht. Sie müssen sich klar darüber sein, daß Sie nicht hier auf dieser Erde sind, um in diesem Leben andern Leuten irgend etwas zu beweisen. Sie können Tausende solcher Fälle vortragen und ein Skeptiker wird ihnen immer noch antworten: »Aber bitte, das ist doch Sauerstoffmangel.« Vor 2000 Jahren hat Jesus bereits gewußt, daß es Leute gibt, die bereit sind zu verstehen und solche, die nach 2000 Jahren immer noch nichts verstehen wollen. Versuchen Sie also nie, Leuten irgend etwas aufzuschwatzen. Ich kann Ihnen nur sagen, daß ich gar keine Zweifel habe.

*Wir alle haben einen Schutzengel*

In diesem Stadium II treffen wir auch unsere Helfer. Meine sterbenden Kinder sagen zu ihnen »Spielkameraden«. Jeder von uns hat einen solchen Schutzengel, und der ist absolute Realität. Es tut nichts zur Sache, ob Sie es glauben oder nicht. Wenn Sie sterben, ist er auf jeden Fall da. Aus diesen drei Gründen kann kein einziger Mensch allein sterben. Bis hierher ist es jedoch immer noch ein todesnahes Erlebnis. Es ist noch nicht der endgültige Tod.

*Der Übergang*

Dann kommt etwas, was wir symbolisch als Übergang bezeichnen. Die Bilder, die die Menschen sich von diesem Übergang machen, sind kulturell und religiös gefärbt. Die Ureinwohner Australiens haben da ganz andere Vorstellungen als wir. Mein eigenes Erlebnis war ein Schweizer Bergpaß mit Alpenblumen. Es gibt Leute, die gehen durch ein Tor, wieder andere durch ein Tunnel. Es ist etwas, das Sie selber mit psychischer Energie schaffen. Am Ende dieses Tunnels, oder was immer es dann ist, sehen Sie ein Licht. Das ist das schönste, weißeste, hellste, liebevollste Licht, das man sich gar nicht vorstellen oder beschreiben kann. Das ist von Menschen nicht mehr manipulierbar. Das hat mit körperlicher oder psychischer Energie nichts mehr zu tun. Das ist geistige Energie und kommt von Gott. Wenn Sie nur einen Moment lang das Licht gesehen haben, so können Sie keine Angst mehr haben vor dem Tod. Angst vor dem Leben – ja, aber nicht Angst vor dem Sterben.

Wenn es nur ein todesnahes Erlebnis ist, dann müssen Sie spätestens jetzt zurück. Wenn Sie sterben, dann wird die Verbindung zwischen dem Kokon und dem Schmetterling unterbrochen, und es hilft keine lebensverlängernde Maschine, kein lebensverlängerndes Medikament mehr. Dann senkt sich der Schleier und nun erleben Sie, was Menschen eigentlich sein könnten. Da erleben Sie die schönste, bedingungsloseste Liebe. Da sind Sie ganz eingewickelt in Liebe und Sie haben absolut keinen Wunsch, kein Bedürfnis mehr. Die Leute geben diesem Licht die verschiedensten Namen, je nachdem, wo sie herkommen und an was sie glauben. Manche sagen, es sei Christus, es sei Gott, es sei Liebe. In Gegenwart dieses Lichtes muß man nun sein ganzes Leben anschauen.

*Verantwortlich für jede Tat, jedes Wort, jeden Gedanken*

Das Leben rollt wie ein Film an unseren Augen vorbei und zwar glücklicherweise nicht rückwärts sondern vorwärts. Das nenne ich Gnade.

Nach dem Tod beginnt die Rückschau bei der Geburt und endet wieder beim Tod. Wenn Sie dann in Ihrem 10. Altersjahr angekommen sind in dieser Rückschau, dann merken Sie auch, warum Sie z. B. von der Bahn abgekommen sind, weil man Ihre natürlichen Emotionen unterdrückt hat, weil Sie nicht weinen durften. Sind Sie dann mit Ihrer Rückschau fertig, so haben Sie genau die gleiche bedingungslose Liebe, wie sie unsere Quelle hat, Gott, oder wie Sie dem dann sagen wollen.

Wenn Sie ein todesnahes Erlebnis haben, so rollt sich Ihr Leben ebenfalls vor Ihren Augen ab, aber es geht rückwärts. Das ist ein besonderes Geschenk, um Ihnen bewußt zu machen, daß Sie hundert Prozent verantwortlich sind für jede Tat, für jedes Wort, für jeden Gedanken. Dies soll Ihnen helfen, Sie wieder auf die richtige Bahn zu bringen. Das Wichtigste, das wir im ganzen Leben lernen müssen, ist die bedingungslose Liebe. Ich wurde sehr oft gefragt: wenn man schon als kleines Kind negativ beeinflußt worden ist, immer verprügelt wurde oder verbittert oder nicht offen ist, wie kann man dann als Erwachsener so etwas noch gut machen? Das Schönste an uns Menschen ist, daß alles, was uns nicht geglückt ist, reparierbar ist.

Es ist nie zu spät, Rückschau zu halten und den Kurs zu ändern. Die älteste Person, die an einem unserer Workshops mitgemacht hat, war 104 Jahre alt, die jüngste Teilnehmerin war das 11jährige Kind einer Familie, die alle ihre Kinder an Krebs innerhalb eines halben Jahres verloren hat. Wir mußten das sterbende Kind mit Erwachsenen zusammentun, weil wir keinen Workshop hatten, bevor es gestorben wäre. Wir machen nämlich spezielle Kinder-Workshops. Wir haben also dieses 11jährige Kind, wir haben 100jährige Frauen, und nun versuchen wir 5 Tage lang gar nichts anderes, als ehrlich zu sein mit uns selbst. Am ersten Tag fragen wir die Leute, warum sie hier sind. Wir bekommen die schönsten Antworten: »ich bin hier, um ein besserer Arzt, ein besserer Pfarrer, eine bessere Schwester zu werden.« Wenn alle gesagt haben, warum sie angeblich hier sind, dann sagen wir ihnen, warum sie wirklich hier sind.

Ein krebskranker Mensch oder eine Mutter, ein Vater, Menschen, die gerade ein Kind verloren haben, die noch mitten in den Schmerzen stehen, beginnen, diese Schmerzen, diese Traurigkeit zu teilen. Da beginnen 12 Menschen zu weinen. Dies ist ein Geschenk, das der Mensch seinem Mitmenschen gibt. Jemand hat mich gefragt, was das bedeute: »Liebe Deinen Nächsten wie Dich selbst.« Wenn Sie die Leute wirklich lieben, dann teilen Sie ihre Schmerzen z. B. in einer solchen Gruppe und jeder, der seine eigenen Schmerzen und Nöte und Traurigkeiten teilt, gibt vielen anderen Menschen ein Geschenk. Dies diagnostiziert Ihre eigenen unerledigten Geschäfte. Man kann nicht weinen für jemand andern, man weint seine eigenen Tränen. Man kann nicht wütend sein wegen jemand anderem. Der andere bringt uns unsere eigene Wut zum Bewußtsein. Schuld und Scham sind außer der Angst die größten Feinde. Die kann man für immer los werden, indem man dies vor einer Gruppe von Menschen beichtet, in der niemand kritisiert wird. Wenn Sie es ehrlich gebeichtet haben, dann kommt ein Tränenschwall und Sie haben das Gefühl, daß Sie sich selber nie verzeihen können. In dem Moment aber, in dem Sie sich selber vergeben können, in dem Moment sind Sie Ihre unerledigten Geschäfte los.

Wir sind verantwortlich für alle unsere Taten, Worte und Gedanken, auch für das, was wir unterlassen. Wenn total verzweifelte Eltern in Ihrem Wartezimmer warten und keine

Ahnung haben, in welchem Zustand sich ihr Kind befindet, so sollten Sie sich in die Lage der Eltern versetzen und sich fragen, was diese Leute jetzt am meisten brauchen. Sie wissen ja, daß die Eltern nicht ins Zimmer gehen können, wenn man das Leben des Kindes retten möchte. Wenn Sie Krankenschwester sind, dann denken Sie ab morgen daran, zu den Eltern hinauszugehen und Ihnen zu sagen: »Ich bin froh, daß Sie hier sind. Wir arbeiten sehr intensiv an Ihrem Kind. Ich kann Ihnen noch keine Auskunft geben, aber etwas kann ich für Sie tun: ich gehe jetzt wieder hinein und sage Ihrem Kind, daß Sie hier sind. Sobald ich mehr weiß, werde ich es Ihnen mitteilen.« Wenn das Kindchen 5 Minuten später stirbt, werden die Eltern diese Krankenschwester ihr ganzes Leben lang nicht mehr vergessen. Dazu braucht es so wenig Zeit. Anschließend sollten Sie sich mit den Eltern beschäftigen und ihnen nicht Valium verschreiben, wie dies so häufig geschieht. Sie beruhigen sich nur selber damit.

*Möchten Sie Ihr Kind noch einmal sehen?*

Um Menschen, die einen Angehörigen verloren haben zu helfen, haben wir auf der Unfallstation sogenannte Schreizimmer eingerichtet. Wir haben auch Leute, die sich dann dieser Menschen annehmen. Anstatt den Familienmitgliedern Valium zu geben und sie so schnell als möglich abzuschieben, geleiten wir sie in diese schalldichten Zimmer. Die Leute können da ihre Emotionen abreagieren, weinen, schreien und fluchen. Dann, wenn sie alles herausgeschrien haben, fragen wir sie immer: »Möchten Sie nicht Ihr Kind noch einmal sehen?«

Eine Schwester, die bestens Bescheid weiß, hat in der Zwischenzeit, in der wir uns mit den Eltern beschäftigt haben, das Kind vorbereitet. Besonders bei Schwerverletzten, bei Selbstmord z. B. wird sie dem Kind den stark verletzten Teil verbinden, so daß man fast nichts mehr sieht. Jede Mutter und jeder Vater kennt jedoch eine Hand oder eine Schulter oder einen anderen Teil des Kindes. Wenn das Kind eines plötzlichen Todes gestorben ist, ist das Betrachten des Leichnams ganz außerordentlich wichtig. Wenn Sie aus falschem Mitleid, oder weil Sie die Emotionen nicht miterleben wollen, den Eltern sagen: »Denken Sie an Ihr Kind so, wie es vorher ausgesehen hat,« so sind Sie verantwortlich, wenn diese Eltern 20 Jahre lang nicht glauben, daß ihr Kind wirklich tot ist. Wenn ein Körper vorhanden ist, sollte man, wenn immer möglich, das Kind den Eltern zeigen. Das gilt auch für Totgeburten. Die Mutter muß dieses Kind in den Armen halten, anschauen und akzeptieren können: »Dies ist das Kind, das ich auf die Welt gebracht habe.«

Dann kann man es beerdigen. Sonst ist die Fantasie viel schlimmer als die Wirklichkeit. Wir haben Eltern, deren Kinder in Vietnam gestorben sind. Sie haben zwar einen versiegelten Sarg bekommen, aber heute, nach 25 Jahren leben sie immer noch in einer partiellen Verneinung. Sie sagen sich immer wieder, vielleicht ist er zu den Kommunisten übergelaufen, vielleicht war der Junge im Sarg gar nicht mein Sohn.

## IV. Fragen aus dem Publikum

*Frage*: Wie lange kann ein Patient in der Stufe II bleiben? Zum Beispiel bei einem Autounfall? Haben Sie da Erfahrungen?

*Antwort*: In dieser Stufe gibt es keinen Zeitbegriff mehr. Es kann Ihnen darum niemand sagen, wie lange dies dauert. Bei vielen Unfällen konnte der Verletzte bis ins Spital gefahren werden, ehe er wieder aus dieser 2. Stufe zurückkam. Ob dies eine oder eine halbe Stunde gedauert hat, ist ganz verschieden.

*Frage*: Wie können wir uns mit Menschen verständigen, die einen Schlaganfall gehabt haben, die gelähmt sind und nicht mehr sprechen können?

*Antwort*: Verwenden Sie eine Sprechtafel. Sie können diese Tafel selber anfertigen oder kaufen. (Adresse siehe Anhang) Auf der einen Seite dieser Tafel sind Wörter aufgeschrieben und auf der anderen Seite befinden sich Bilder für Menschen, die nicht mehr lesen können.

*Frage*: Unser 22jähriger Sohn ist vor 4 Tagen durch einen Autounfall gestorben. Wie sollen wir mit unserem großen Schmerz umgehen? Hat Othmar den Tod unbewußt gespürt? Können wir die unerledigten Geschäfte noch erledigen? Können wir noch mit ihm sprechen?

*Antwort*: Wenn jemand gestorben ist, können Sie immer noch mit ihm sprechen. Er hat zwar kein Bewußtsein mehr und die Wahrnehmung ist nur in der kurzen Zwischenphase möglich. Genauso, wie Sie abends beten und hoffen erhört zu werden, können Sie auch mit Ihrem Sohn sprechen. Er hört

Sie und weiß ganz genau, was Sie sagen. Wenn Sie unerledigte Geschäfte haben, so können Sie mit ihm sprechen. Er hat totales Wissen und totales Verständnis.

Ich glaube, mit einem solchen Schmerz wird man nur fertig, wenn man lernt, all die Dinge, von denen man denkt, man habe sie falsch gemacht, zu vergeben. Wenn Sie diesen Schmerz mit jemandem teilen und weinen können, dann wird auch Ihnen verziehen werden. Denken Sie an die schönen Momente, die Sie miteinander verbracht haben. Ich glaube, die einzigen Geschenke, die man seinen eigenen Kindern oder den Mitmenschen zurücklassen kann, sind Erinnerungen. Man denkt an die schönen Erinnerungen und die schönen Stunden.

*Frage*: Kann man Sterbehilfe betreiben, ohne Mediziner oder Krankenschwester zu sein?

*Antwort*: Selbstverständlich. Die größten Hilfen in amerikanischen Spitälern sind Hilfsschwestern, weil sie sehr viel Herz haben, und dies ist bei Sterbehilfe sehr sehr wichtig.

*Frage*: Ich habe in einem Buch gelesen, daß man bei Selbstmord nie von der 2. in die 3. Stufe komme. Dies, weil der Tod selbst gewählt und nicht von Gott gewollt ist.

*Antwort*: Man kann nicht alles in einen Topf werfen. Wenn ein Mensch, der psychotisch oder undiagnostiziert manisch-depressiv ist, sich das Leben nimmt, wird er mit der gleichen bedingungslosen Liebe erwartet, wie jemand, der Krebs hat oder jemand, der bei einem Autounfall stirbt. Ein Mensch, der sich bewußt das Leben nimmt, aus Rache zum Beispiel, wird mit der genau gleichen bedingungslosen Liebe erwartet und muß dann seine eigene Rückschau halten und merkt eben erst zu spät, daß er die ihm auferlegten Prüfungen nicht bestanden hat. Dieser Mensch wird selber den Wunsch äußern, alles wieder gut zu machen.

*Frage*: Heißt das, daß man noch einmal auf die Welt kommen muß, um das Leben noch einmal zu leben?

*Antwort*: Ja, und zwar als Baby und nicht etwa als Frosch. So, wie ich es verstehe, ist der Mensch erschaffen worden, um alle Lektionen zu lernen und alle Prüfungen zu bestehen in einem Leben. Aber wenn er ein universelles Gesetz bricht, hat er selber den Wunsch, es wieder gut zu machen, bevor er heim kann.

*Frage*: In letzter Zeit macht eine Organisation zur Sterbehilfe namens »Exit« von sich reden. Diese Organisation unterstützt den Freitod als Sterbehilfe. Darf ich Ihre Meinung dazu hören?

*Antwort*: Ich bin hundertprozentig gegen jede aktive Sterbehilfe. Dies aus vielen Gründen. Der Hauptgrund jedoch ist, daß man den Sterbenden so nicht hilft. Diese Menschen werden einmal, wenn sie in der Stufe II sind, fürchterliche Probleme haben. All die vielen Entschuldigungen, es sei Menschenliebe, Nächstenliebe oder Mitleid, stimmen nicht. Wenn Sie einem Sterbenden richtige Hilfe geben, dann helfen Sie, diesem Menschen schmerzfrei, bewußt, wenn möglich zu Hause auf den Tod zu warten. Dann wird kein Sterbenskranker sich das Leben nehmen wollen. Zudem betrügen Sie ihn um die letzte Möglichkeit, all das zu lernen, was der Kranke noch lernen muß. Es ist aber auch keine bedingungslose Liebe, wenn wir einen Menschen, der sein Ende akzeptiert und seine unerledigten Geschäfte in Ordnung gebracht hat, nicht sterben lassen. Ich spreche da vom eigentlichen, natürlichen Sterben und nicht vom forcierten Tod.

*Frage*: Ich arbeite mit geistig und körperlich behinderten Kindern zusammen. Die können nicht zeichnen. Im Heim haben wir 3 Kinder, die sozusagen auf den Tod warten. Können diese Kinder ihr Wissen über den Tod ausdrücken?

*Antwort*: Wenn sie nicht zeichnen können, dann sind diese Kinder bereits schwerstbehindert. Ich würde sie eben so behandeln, wie man Ein- und Zweijährige behandelt, bevor sie zeichnen können. Sie können ihnen den Brief vorlesen, den ich einem krebskranken Knaben geschrieben habe. Es gibt ziemlich viele schöne Kinderbücher, anhand derer Sie den Kindern so etwas erklären können. Aber, Sie können den Kindern nur das erzählen, was Sie selber glauben, sonst werden es die Kinder auch nicht glauben. Lesen Sie also den Kinderbrief, und wenn er mit ihnen übereinstimmt, dann können Sie ihn diesen Kindern vorlesen.

*Frage*: Kann diese Vorauswahrnehmung des Todes auch mit hellem Bewußtsein wahrgenommen werden?

*Antwort*: Nein, das ist ein inneres Wissen. Sie finden es in Gedichten, Zeichnungen oder Tagebüchern, die Kinder hinterlassen haben, Andeutungen, an denen Sie merken, daß sie es gewußt haben. Wenn Sie aber fragen würden, könnten es diese Kinder Ihnen nicht sagen.

*Frage*: Glauben Sie, daß jeder Mensch mehrmals auf die Erde kommen muß, oder ist es auch möglich, in einem Leben das Ziel zu erreichen?

*Antwort*: Wenn man ganz, ganz, ganz lieb ist, so ist es möglich. Ich glaube aber, daß es nicht viele Leute gibt, die es schaffen. So, wie ich es verstehe, sind wir ursprünglich geschaffen worden, um das Ziel in einem einzigen Leben zu erreichen. Wir machen jedoch heutzutage soviel falsch, daß es fast nicht mehr möglich ist.

*Frage*: Was sagen Sie zur Gnade, zur Erlösung, die Jesus Christus für uns Menschen geschaffen hat? Gilt diese beim Licht nicht, wenn man doch noch einmal kommen muß?

*Antwort*: Das ist ja die Gnade, daß man 1000mal einen Fehltritt machen kann und trotzdem noch eine Chance hat. Wenn das nicht Gnade ist, dann weiß ich nicht, was Gnade ist. Das ist die bedingungslose, grenzenlose Liebe. Das ist das Gleichnis vom verlorenen Sohn. Das ist für mich Gnade, aber das ist meine eigene Interpretation.

### *Wissen Sie, der Tod ist nicht so fürchterlich*

Erlauben Sie mir, Ihnen zum Schluß noch von einem meiner größten Lehrer in meinem Leben zu erzählen.

Es war eine Negerfrau, eine Putzfrau. Jedesmal, wenn sie in das Zimmer eines Sterbenden kam, geschah in diesem Zimmer irgend etwas. Ich hätte alles darum gegeben, wenn ich gewußt hätte, was diese Frau da drinnen macht.

Eines Tages fragte ich sie: »Was machen Sie mit diesen sterbenden Leuten?« Ganz entschuldigend antwortete sie: »Ich putze nur den Boden.«

Das meinte ich nicht. Wochen gingen vorbei, bis sie mir traute. Sie nahm mich in ein Hinterzimmer und erzählte mir ihre Lebensgeschichte. Es war ein tragisches Leben: Sie hat in ganz armen Verhältnissen gelebt, selten genug zu essen gehabt, keine Medikamente für die Kinder. Einmal mußte sie zu Fuß mit ihrem 3jährigen Knaben ins Krankenhaus gehen. Sie mußte sehr weit laufen, weil man sie in der nahegelegenen Unfallstation nicht aufgenommen hat. Sie war da nämlich noch Geld schuldig. Sie saß drei Stunden lang im Wartezimmer, bis ihr kleiner Bub an Lungenentzündung gestorben ist. Diese Frau hat mir eine Tragödie nach der andern erzählt und, was mir aufgefallen ist, sie hatte keinen Haß, keine Revanche, nichts. Es war eine neutrale Geschichte.

Ich wollte sie eben fragen, warum sie mir dies alles erzähle, als sie mich ganz liebevoll anschaute und sagte: »Begreifen Sie, daß ich keine Angst mehr habe vor dem Tod? Daß ich alles erlebt habe für einen großen, wichtigen Zweck. Und jetzt bin ich soweit. Ich kann in das Krankenzimmer gehen und den Boden putzen. Ich sehe den Sterbenden daliegen, voll Angst. Ich gehe zu ihm hin, berühre ihn und sage ihm: ›Wissen Sie, der Tod ist nicht so fürchterlich.‹ Das ist alles, was ich tue.«

Verstehen Sie das? Warum Sie gar keine Angst mehr haben, wenn Sie Frieden und Glauben haben, dann brauchen Sie keine Worte mehr. Das spüren die Patienten. Diese Negerfrau, diese Putzfrau hat mich gelehrt, daß man in der Sterbehilfe Verstand und Herz braucht. Mit dem Herzen können wir sprechen, meistens ohne Worte. Wenn Sie einmal wissen, daß Sie keine Angst mehr haben, dann können Sie sich hinsetzen, dann brauchen Sie gar keine Worte mehr für Ihre Patienten.

Ich möchte noch einmal kurz wiederholen, was ich zu Anfang bereits gesagt habe: daß die Windstürme in unserem Leben unsere große Chance sind, ob wir daraus etwas endlos Tragisches machen, oder ob wir willig sind, etwas daraus zu machen, was anderen Menschen wieder hilft. Ich sage oft den Menschen beim Abschied: »Ich wünsche Ihnen ein Leben voller Windstürme, damit Sie stark werden. Wenn Sie dann einmal ins Jenseits gehen, so können Sie zurückschauen voll Stolz und Freude.«

Anhang:

Wenn Sie sich für die im Vortrag erwähnten Hilfsmittel interessieren, so können Sie sich aus Deutschland, Österreich oder der Schweiz an folgende Adresse wenden:

| | |
|---|---|
| Brompton Mixtur / PRN | Fleurette Glücksmann<br>Hirzbodenweg 17<br>CH-4052 Basel<br>Tel. 061/42 06 80 |
| Sprechtafel | Anni Seeger<br>Oberdorf 30<br>CH-4458 Eptingen<br>Tel. 062/69 17 88 |
| Dougy Briefe | Elsie Rubin<br>Alte Landstraße 153<br>CH-8800 Thalwil<br>01/720 60 43 |

# Sterben aus der Sicht des christlichen Glaubens
## (Bemerkungen zu den Thesen von Frau Dr. Kübler-Ross)

Kurt Koch

### 1. Positive Bilanz der Forschungen von E. Kübler-Ross

Die zweifellos positivste Leistung von Elisabeth Kübler-Ross liegt darin, daß es ihr gelungen ist, das Sterben und den Tod des Menschen wieder zu hoffnungserweckenden Gesprächsthemen zu machen, nachdem sie lange verdrängt wurden. Dabei ist es umso erfreulicher, daß diese Enttabuisierung des Sterbens gerade von medizinischer Seite maßgeblich vorangetrieben worden ist, weil die Medizin im letzten Jahrhundert den Tod und das Leben nach dem Tod prinzipiell »abschaffen« zu können meinte und damit eine positive Einstellung zum Sterben weithin verunmöglicht hat.

Mit dieser Enttabuisierung des Todes eng zusammen hängen drei weitere entscheidende Einsichten:

Elisabeth Kübler-Ross macht *erstens* deutlich, daß Sterbeerfahrungen und Lebenserfahrungen in einem inneren Zusammenhang stehen: Das Sterben des Menschen ist nicht zuletzt abhängig davon, wie das Leben bewältigt wird. Die Einstellung zum Leben prägt die Einstellung zum Sterben wie natürlich auch umgekehrt.

Die positiven Sterbeerlebnisse wecken *zweitens* Hoffnung, daß das Sterben, welches der Mensch normalerweise mit Bangen erwartet, in seiner allerletzten Phase doch nicht so angstbesetzt verläuft, wie oft befürchtet. Darin kann ein hoffnungsvolles Anzeichen dafür gesehen werden, daß im Sterben ein neues Licht nicht von vorneherein ausgeschlossen werden darf.

Damit hat Elisabeth Kübler-Ross *drittens* das Thema des ewigen Lebens wiederum zu einer zumindest offenen Frage gemacht. Dies ist deshalb äußerst verdienstvoll, weil die Frage nach einem möglichen Leben nach dem Tod von entscheidender Bedeutung ist für die Einstellung zum Leben vor dem Tod.

## 2. Kritische Bedenken

In dieser positiven Bilanz liegen elementare Berührungspunkte der Aussagen von Elisabeth Kübler-Ross mit der christlichen Sicht von Sterben und Tod. Freilich habe ich diese Berührungspunkte bewußt vorsichtig formuliert. Dies hängt mit zwei grundlegenden Bedenken zusammen, die sich mir im Blick auf die Thesen von Frau Kübler-Ross stellen.

Die erfreuliche Enttabuisierung des Todes scheint *erstens* erkauft zu sein um den Preis einer neuen Tabuisierung. Denn der Tod, wohl das größte passive Widerfahrnis im menschlichen Leben, wird beinahe zur Höchstleistung des Menschen hochstilisiert. Dies aber ist gefährlich gerade in der heutigen Zeit, in der alle passiven Dimensionen des menschlichen Lebens weitgehend »ausgeblendet« werden und der Mensch dafür »blind« geworden ist. In dieser Mentalität ist es äußerst problematisch, den Tod dadurch gesellschaftlich wieder »salonfähig« zu machen, daß man ihn gleichsam selbst zu einer aktiven Leistung des Menschen erhebt.

Damit zusammen hängt auch die problematische Vorstellung der Wiedergeburt. Diese ursprünglich im östlichen Denken beheimatete und dort auch stimmige Vorstellung erweist sich in unserer westlichen Leistungsgesellschaft als gefährlich. Denn sie unterstellt, daß die Erlösung des Menchen dessen eigene Tat ist. Zudem vermag sie die unverwechselbare Individualität und Originalität des einzelnen Menschen nicht zu wahren. Sie ist vielmehr geprägt von einem massiven Leib-Seele-Dualismus, der sowohl der biblischen Sicht vom Menschen als auch der modernen psychosomatischen Medizin widerspricht, nach welcher Leib und Seele eine untrennbare Einheit bilden.

Die berechtigte und erfreuliche Hoffnung auf ein ewiges Leben nach dem Tode wird bei Elisabeth Kübler-Ross *zweitens* naturwissenschaftlich abzusichern versucht. Dies erweist sich jedoch als problematisch gerade in der heutigen wissenschaftsgläubigen Zeit und Gesellschaft. Denn die existenzielle Gewißheit des Glaubens und der Hoffnung auf ein ewiges Leben wird gleichsam ersetzt durch eine wissenschaftliche Sicherheit.

Dies jedoch ist umso problematischer, als die sogenannten Sterbeerlebnisse auch in wissenschaftlicher Sicht durchaus mehrdeutig sind, wie sich dies aus verschiedenen Beobachtungen ergibt: Die Sterbeerlebnisse weisen erstens eine auffallende Ähnlichkeit mit anderen seelischen Zuständen wie Traum, Schizophrenie, Rausch durch Halluzinogene, Suggestion u. a. auf, so daß die Sterbeerlebnisse es keineswegs von vorneherein mit einem »Jenseits« zu tun haben. Möglicherweise lassen sich die Sterbephänomene zweitens rein naturwissenschaftlich-medizinisch erklären, beispielsweise als psychische »Schutzschaltungen« im Gehirn [R. K. Siegel]. Drittens gibt es nicht nur freud- und lichterfüllte Sterbeerlebnisse; es ist vielmehr auch eine qual- und angstvolle Art des Sterbens nicht auszuschließen, beispielsweise bei Vergiftungen. Schließlich und vor allem sind die von Frau Kübler-Ross geschilderten »Todeserfahrungen« keine Erlebnisse des Todes, sondern Erlebnisse des Sterbens. Erfahren haben demnach die erwähnten Todeskandidaten vielleicht das Sterben, aber gewiß nicht den Tod.

Aus diesen Beobachtungen ergibt sich das Urteil, daß keine der naturwissenschaftlich-medizinischen Erklärungen der in Frage stehenden Phänomene von vorneherein als unmöglich erklärt, aber auch keine gleichsam zum »Dogma« erhoben werden darf. Vielmehr zeigt sich einmal mehr, daß die Fragen um Leben, Sterben und Leben nach dem Tod nicht sosehr Fragen wissenschaftlicher Sicherheit sind, sondern vor allem Fragen einer glaubend-hoffenden Gewißheit.

### 3. Die Perspektive des christlichen Glaubens

Auf diese Fragen bietet der christliche Glaube eine tragfähige Antwort an. Diese tragfähige Brücke über dem Abgrund zwischen Leben und Tod ist dabei deshalb eine lebendige Verheißung, weil Gott selbst diese Brücke geschlagen hat, und zwar dadurch, daß er sich in seinem Sohn Jesus Christus selbst hat affizieren lassen vom Tod und so den Tod selbst getötet hat. Gott selbst hat auf Golgatha die abgrundtiefe Kluft, die zwischen seinem Leben und dem Tod des Menschen liegt, ein für allemal überbrückt. Er hat sich selbst in den Machtbereich des Todes begeben, um ihn zu entmachten.

In dieser christlichen Perspektive liegt natürlich keine intellektuelle Rechtfertigung des Todes. Entscheidend ist aber gar nicht, daß wir den Tod des Menschen mit unserem Verstande *ver*stehen, sondern daß wir ihn in unserem Leben *be*stehen. Dazu lädt uns der christliche Glaube ein, daß wir die letztlich trostlose Wahrheit, daß wir mitten im Leben vom

Tod umfangen sind, durchbrechen mit der größeren und einzig tröstlichen Wahrheit, daß wir mitten im Tod vom Leben umfangen sind: vom ewigen und guten Leben Gottes. Denn auf den lebendigen Gott ist nicht nur Zeit unseres Lebens Verlaß, sondern auch und gerade im Tod.

So besehen ist die Hoffnung auf ein Leben nach dem Tod der Ernstfall unseres Glaubens und auch der Ernstfall unsres jetzigen Lebens. In diesem Rückbezug der Hoffnung auf ein Leben nach dem Tod auf die Gestaltung unseres Lebens vor dem Tod dürfte denn auch der elementarste Bezugspunkt zwischen der Perspektive des christlichen Glaubens und den Ausführungen von Elisabeth Kübler-Ross liegen.

## Diskussion

Nach den einleitenden Worten von Kurt Koch entbrannte eine heftige Diskussion. Sie ging auch nach der Veranstaltung noch weiter. Die Herausgeber fassen die Ergebnisse mit folgenden Feststellungen zusammen:

Elisabeth Kübler-Ross hat über zwei Stunden lang über Dinge gesprochen, die christlicher Gesinnung aufs Schönste entsprechen. Der Theologe Kurt Koch hat dies eingangs auch ausdrücklich gewürdigt.

Nahezu die ganze Diskussion entzündete sich aber an den beiden Minuten, in denen die Referentin, von einer Hörerin klar darauf angesprochen, auf das Thema Reinkarnation einging. Offenbar wurde hier sehr Grundsätzliches getroffen, etwas, das die Gemüter erregt, weil für viele die Idee der Reinkarnation nicht mit dem christlichen Glauben zu vereinbaren ist. Einzelne gingen nach der Veranstaltung sogar soweit, deswegen Elisabeth Kübler-Ross pauschal zu verurteilen, während andere sie als Kronzeugin für die Reinkarnation verteidigten.

Befürworter der Reinkarnation wandten ein, sie widerspreche in keiner Weise dem christlichen Glauben, auch behaupteten sie, eingehende Untersuchungen hätten ergeben, daß die todesnahen Erlebnisse medizinisch nicht erklärt werden können usw.

Uns will scheinen, daß die Diskussion um diese Thematik längst nicht beendet ist. Sie wird auch in kirchlichen Kreisen weitergehen müssen, wenn sie die Leute so bewegt und sich vor allem auf die Frage beziehen müssen, inwieweit die Reinkarnation sich mit dem christlichen Glauben verträgt. Sie scheint grundsätzlich zu sein. Gibt es Reinkarnation tatsächlich, wird sie, ähnlich den von Galilei beobachteten Planetenbewegungen, mit dem christlichen Glauben harmonieren. Gibt es sie in Wirklichkeit nicht, so ist sie widernatürlich und wird sich zwingend widerlegen lassen. Das Diskussionsergebnis läßt ahnen, daß hierbei noch nicht alle Fragen ausreichend geklärt sind.

Eines aber scheint doch gewiß: Wer fundiert und aus tiefstem Grund des Herzens daran glauben kann, daß der Tod nicht das Ende ist, hat bei der Angstbewältigung entscheidende Vorteile!

# Menschenkenntnis

Sehen wir uns um, erkennen wir sehr rasch, daß wir Menschen die meisten unserer Ängste selbst verursachen. Wir hätten es also auch in der Hand, sie zu vermeiden.

Eingehendere Menschenkenntnis könnte die Hintergründe aufdecken. Sie sollte einerseits Aufschluß geben über angsterzeugende Zusammenhänge und andererseits über dem Menschen gegebene Möglichkeiten des Angstabbaus.

Angstbewältigung ohne Menschenkenntnis ist aus dieser Sicht kaum vorstellbar. Wie aber sollen wir sie betreiben?

Psychologische Testmethoden sind uns in der Regel nicht zugänglich. Sie wären im täglichen Gebrauch zudem unpraktisch. Wir können ja nicht hingehen und jemanden bitten, er möge uns einen Baum zeichnen, weil wir ihn analysieren möchten.

**Wir können aber lernen, unsere Mitmenschen – wie auch uns selbst – bewußt zu sehen und dadurch besser zu verstehen.**

Die Gesichts- und Körperausdruckskunde, mit dem Fachausdruck Psycho-Physiognomik, ist das geeignete Mittel dazu.

Die Psycho-Physiognomik wurde in der bis heute vollkommensten Form von einem Außenseiter der Wissenschaft, von Carl Huter, entwickelt. Doch auch bekanntere Vorgänger wie Goethe oder Lavater haben sich damit befaßt.

Im Bestreben, neue Wege zu erschließen, geben wir im folgenden einem vorzüglichen Kenner dieses Wissenschaftsbereiches das Wort. Wir tun dies im vollen Bewußtsein, daß Psycho-Physiognomik für viele Fachpsychologen kein Thema ist. Außenseiter haben es eben oft viel schwerer...

Entscheidend ist hier nicht die Frage, ob eine Erkenntnis große Verbreitung hat, sondern ob sie hilfreich ist. Möge jeder Leser – vorurteilsfrei – selbst prüfen und urteilen.

Der nachfolgende Beitrag ist eine vom Referenten erstellte Zusammenfassung eines sechsteiligen Vortragszyklus.

# Menschen sehen – Menschen verstehen
# Eine Einführung in die Hutersche Psycho-Physiognomik

Fritz Aerni

## Warum Menschenkenntnis?

Vieles von dem, was Menschen, ja die ganze Menschheit ängstigt und bedroht, geht von Menschen aus. Es sind nicht Waffen zu fürchten, sondern manche Menschen, die über sie gebieten. Es sind die Menschen zu fürchten, die von ihnen abhängige oder in ihre Machtsphäre gestellte Mitmenschen hart, grausam und unmenschlich behandeln. Es sind auch die Menschen zu fürchten, die mangels Tüchtigkeit ihnen nachgeordnete Mitmenschen ins Unglück führen. Es sind die Überforderten zu fürchten. Es sind die einzelnen böswillig aggressiven und manche kranke Individuen zu fürchten. Was die machtmißbrauchenden Menschen schon angestellt haben und vielleicht noch anstellen werden, was sie unterlassen haben zu tun zum Wohle der Mitmenschen oder einfach zur Leidminderung, das wurde bisher von keiner Naturkatastrophe auch nur annähernd erreicht.

Viele Nöte und Ängste, die Menschen haben, wurzeln aber auch in ihnen selbst, in ihrem Liebes- und Selbsterhaltungstrieb sowie im Drang nach glücklicher Entwicklung und Entfaltung der eigenen Anlagen. Die Disharmonie und Gegensätzlichkeit der inneren Anlagen, Neigungen und Strebungen, die Divergenz zwischen äußeren Begrenzungen und den inneren Ansprüchen und Sehnsüchten, die als drohend empfundene Zukunft und der Tod sowie die innere Gewissenhaftigkeit, das Verantwortungsgefühl, die Einsamkeit und der Verlust des Sinn- und Zielbewußtseins sind wesentliche Not- und Angstgründe, aber auch wesentliche Entwicklungs- und Reifeförderer.

Das durch Anlagen und Außenweltfaktoren gebildete subjektive Sein des Menschen würde wohl meist in Freiheit das Gute und Ideale wählen und leben aus der Erkenntnis heraus, daß dieses in kausaler Folge Glück und Wohlergehen nach sich zieht. In individuell unterschiedlicher Art lassen aber die inneren, charakteristischen Bedingungen wie auch die Umweltsverhältnisse nur beschränkte freiheitliche Möglichkeiten zu.

Hat man all dies erkannt, so müßte es eigentlich jedermanns Pflicht sein, sich mit Menschenkenntnis zu befassen. Ein jeder müßte sich selbst und andere in ihrem inneren Wesen und Sein, in den individuellen Begabungen und Neigungen, in den Trieben, im Charakter und in den moralischen und idealgeistigen Qualitäten studieren, um die Ursachen und die Äußerungen der destruktiven, aggressiven und krankhaften Eigenschaften und Neigungen zu erkennen und zu beseitigen, aber auch um die beste Berufseignung zu finden, um die Partnerwahl zu erleichtern und Unglück zu vermeiden, um die Kinder nach ihrer eigenen Wesensart erziehen und bilden zu können, um das dem Menschen Zuträgliche und Förderliche in der Gesundheitspflege, in der allgemeinen Lebens- und Umweltgestaltung zu finden, um Nöte und Ängste abzubauen und Harmonie und Glück zu fördern und zu gestalten.

Es gibt keinen Lebensbereich, der nicht durch eine fundierte Menschenkenntnis günstig beeinflußt werden kann. Wie viele gutgemeinte Änderungs- und Reformideen verursachten in vergangenen Zeiten und verursachen heute ängstliches Leid?

Es hat also ein jeder nicht nur ein Recht auf Verbesserung seiner eigenen Verhältnisse und auf persönliches Lebensglück, sondern auch die Pflicht, sich die Menschenkenntnis anzueignen, die ihm die Ausübung seines Rechtes erst ermöglicht.

## Wie kann und soll man sich Menschenkenntnis aneignen?

Die moderne Psychologie und altehrwürdige Weisheitslehren finden sich zusammen in Sprüchen wie: »An ihren Früchten werdet ihr sie erkennen.« Solche Sinnsprüche weisen auf den Zusammenhang hin zwischen Person und Leistung. Danach sind die Früchte oder die Leistungen ein Gradmesser für Eigenart und Qualität der Person, die sie erbracht hat.

Weisheitslehren pflegen die unbestreitbare Verknüpfung zwischen Urheber und Werk, zwischen Täter und Tat, zwischen Mensch und Leistung weit zu fassen, die Psychologie eng.

Der Psychologe fordert in streng geregelten experimentellen oder Testbedingungen die Menschen zu Reaktionen und Leistungen heraus, die er hernach zur Interpretation der Intelligenz, des Charakters, des Arbeitsverhaltens oder der psychischen Gesundheit und Belastbarkeit gebraucht. Es läßt sich derselbe Psychologe vielleicht noch die Lebensgeschichte erzählen und zieht daraus ebenfalls seine Schlüsse. Manchmal läßt er auch noch frei oder beeinflußt assoziierte Gedanken äußern und Träume erzählen, – stets um von den gemachten Äußerungen auf das Innere zu schließen, um mehr Klarheit über den Menschen zu gewinnen. Im Falle der Tiefenpsychologie, der Psychoanalyse, dient dieser Vorgang zugleich als Therapie, nicht nur als Beratungsgrundlage.

Alle Methoden zur Erforschung und Erfassung des individuellen Psychischen gehen den Weg vom Äußeren oder von Äußerungen zum Inneren. Um es ganz deutlich zu sagen: Alle psychodiagnostischen und psychoanalytischen Verfahren gelangen nur durch die Vermittlung von Lebensäußerungen zu Schlüssen auf das innere Psychische und Charakteristische, sie sind daher allesamt physiognomische Methoden.

Die Äußerungen eines Menschen können verschiedener Art sein. Es gibt »verbale« (sprachliche) und »nonverbale« (Körperbewegung, Gestik, Mimik) Äußerungen; es gibt geschriebene, gezeichnete und eine Vielzahl anderer Lebensäußerungen. Alle psychologischen Test-, Diagnose- und Analyseverfahren stützen sich auf solche dynamische, flüchtige und oft sehr variable Ausdruckserscheinungen. Daher ist die Verläßlichkeit aller dieser Methoden begrenzt, – sie haben aber, werden sie im Rahmen einer umfassenderen Methodik geübt, durchaus ihre bleibende Berechtigung.

Sigmund Freud schrieb einmal: »Als ich mir die Aufgabe stellte, das, was die Menschen verstecken, ... aus dem, was sie sagen und zeigen, ans Licht zu bringen, hielt ich die Aufgabe für schwerer, als sie wirklich ist. Wer Augen hat zu sehen und Ohren zu hören, überzeugt sich, daß die Sterblichen kein Geheimnis verbergen können. Wessen Lippen schweigen, der schwätzt mit den Fingerspitzen; aus allen Poren dringt Verrat. Und darum ist die Aufgabe, das verborgenste Seelische bewußt zu machen, sehr wohl lösbar.«[1]

In einem gewissen Gegensatz zu den dynamischen Äußerungen eines Menschen steht dessen Physiognomie, seine individuelle Form. Von den bewegten Äußerungen unterscheidet sich die Physiognomie dadurch, daß sie nicht ganz und schnell, sondern nur teilweise und – wo überhaupt – nur langsam verändert werden kann. So wie die dynamischen Lebensäußerungen und ihre bleibenden Spuren (Schrift, Zeichnung, Leistung) von der Psychologie als Grundlage zur Interpretation des Inneren, des Psychischen verwendet wird, in dem Maße lehnen manche Psychologen (allerdings nur ein Teil derselben) die Physiognomik, d. h. das Erforschen des Inneren durch die Vermittlung des Erscheinungsbildes eines Menschen ab und stiften damit gelegentlich etwas Verwirrung.

Immerhin, die Hauptrichtungen der Psychologie, etwa die Entwicklungs-, Persönlichkeits-, Sozial- und Tiefenpsychologie, stützen sich fast ausschließlich auf die experimetelle Psychologie, d. h. sie haben als Erkenntnisgrundlage überwiegend variable, flüchtige und daher für die Erfassung des Charakteristischen unzuverlässige Ausdruckserscheinungen. Der Interpretation, der subjektiven Deutung ist damit Tür und Tor geöffnet. »Schulen«, die oft dieselben Sachverhalte völlig anders, ja gegensätzlich interpretieren, kennzeichnen die Psychologie. Es ist nicht von der Hand zu weisen, daß oft mehr theoretische Postulate und für wahr gehaltene Meinungen, ja, manchmal sogar einseitige politische und weltanschauliche Ideologien im Gewande der psychologischen Wissenschaft erscheinen als tatsächliche psychologische Einsichten.

Der Weise weicht von der Methode der Psychologie in zwei Richtungen ab. Er geht einmal direkt an die Quelle der Lebensäußerungen. Sodann sucht er die weiteren und weitesten Folgen und Wirkungen einer Persönlichkeit und deren Taten zu überblicken. Er sucht vom Keim auf die ganze Pflanze, von heutigen Ursachen auf ferne Wirkungen zu schließen. Er sucht auch das Heutige aus den zurückliegenden, vielfältigen Ursachen zu erklären. Der Blick zurück ist ihm jedoch weniger wichtig als der Blick vorwärts. Er sucht die spätere Qualität der Früchte vorausschauend und -denkend am Keime, an der erst in der Entwicklung stehenden Pflanze zu erkennen. Er gleicht dem Gärtner, der schon weiß, »wenn das Bäumchen grünt, daß Blüt' und Frucht die künft'gen Jahre zieren.«[2]

Daher ist der Weise ein Kenner der Welt und der Menschen. Er ist dabei auf ein fernes Ziel hin orientiert, auf die Glückseligkeit. Er befragt die reale heutige Welt und das Wesen des einzelnen Menschen und der Menschheit nach der Möglichkeit, dieses ferne Ziel zu erreichen. Er sucht denkend und handelnd die Bedingungen zu schaffen für eine glückliche Entwicklung.

Dem Weisen sind die fernen Folgen, die Früchte alles Tuns, wichtiger als momentane Scheinerfolge. Er geht nicht im Flüchtigen und Schalen des Alltagslebens auf. Er sucht den Lebenskern und die Lebensursachen wie auch die Lebensziele, Reales und Ideales, Materielles und Geistiges, Kraft und Liebe gleichermaßen zu erkennen.

Der Weise rechnet mit der Zeit. Jede Frucht hat eine Zeit des Wachstums, der Reifung und der Reife. Der Weise überblickt große Zeitabschnitte.

Der Weise vereinigt in sich Wahrheits-, Menschen- und Idealliebe bei dauerndem Lebensfrohmut. Der Weise verbündet sich nicht mit der Lüge und dem Haß. Neid und Mißgunst, die Quellen unheimlicher Boshaftigkeiten, hat er überwunden.

Der Weise gibt den alltäglichen Ereignissen den Stellenwert nach größeren, geistig weiten und umfassenden Gesichtspunkten.

Weisheit erstrebt eine harmonische Wechselbeziehung zwischen den Kontrasten, Harmonie des Friedens und der Schönheit in allen Verhältnissen und Dingen. Häßliches und Haßvolles würdigt sie allenfalls als anregend und interessant – aber nur im Wahren, Guten und Schönen erkennt sie das Göttliche, die unvergänglichen Werte.

Wir lernen also zunächst bei Weisen, zu denen ich in diesem Zusammenhange auch die großen Religionsstifter, die Ethiker, manche Künstler, Pädagogen und Philosophen zähle, viel über die menschliche Innenwelt und was ihre gute Entwicklung fördert.

Erst hernach vermögen uns die Naturwissenschaft und ihre Anwendung auf den Menschen, die Anatomie, Physiologie, Pathologie sowie verschiedene Richtungen der Psychologie weiter zu bringen.

## Körperliche Schönheit = seelisch-geistige Schönheit?

In gewisser Weise treffen sich die Religionsschöpfer, Ethiker, Philosophen, Künstler, Pädagogen und Naturwissenschaftler in der von Platon so besonders gepflegten Lehre von der Schönheit. Mag der Schönheitsbegriff oft mißverstanden worden sein, mag er auch tatsächlich lange etwas unklar geblieben sein, – das tut zunächst nichts zur Sache. Wir wollen unsere Überlegungen gleichwohl in diese Richtung fortsetzen.

Eine bekannte Persönlichkeit unserer Zeit, Yehudi Menuhin, hat die platonische Schönheitsauffassung in einer überraschenden Neuauflage propagiert. Wie Menuhin Schönheit interpretiert und was er damit assoziiert, darf nun ein besonderes Interesse beanspruchen.

Menuhin schreibt: »Ich möchte einen neuen Kreuzzug vorschlagen, eine neue Devise, die in der jüngeren Generation schon hörbar ist, aber noch nicht in ihrer vollen Bedeutung erkannt wird: Schafft und bewahrt Schönheit. Zerstört Häßliches und setzt Schönes an seine Stelle.«[3]

Mit Häßlichkeit meint Menuhin einmal das, was die Sinne und das, was unseren angeborenen, instinktiven und intellektuellen Sinn für Ausgewogenheit, Proportion und Vernunft beleidigt. Dazu zählt er auch »die Häßlichkeit menschlicher Gesichtszüge, die ihre Ursache in Unterdrückung, Ausbeutung und Gier haben, ferner Aggressivität, die Zerstörung von Leben, der lebenserhaltenden Umwelt und der verantwortungslose Verbrauch der Naturgüter, von denen die gute Fortexistenz der Menschheit abhängt.«

Unter Schönheit versteht Menuhin »das ständige Suchen und Streben nach Dingen, die wir benutzen, in allem Tun und vor allem in uns selbst etwas Edles und Erhabenes wie Humor und Mitleid entstehen zu lassen, jeweils so verschieden, vielfältig, individuell und besonders wie nur möglich.« Jedenfalls aber, meint er, sei es eine der höchsten Pflichten, der sich die Menschheit nicht entziehen dürfe, »den Menschen vom Häßlichen zu erlösen.«[3]

Zur Erreichung dieses Zieles gehöre zuerst einmal die Bewahrung »von allem Wohltätigen und Lebenserhaltenden, das die Natur dem Menschen vermacht hat, und die Bewahrung alles dessen, was des Menschen Streben nach Schönheit ausdrückt.«[3]

Weder Geld noch Waffen, lehrt er, können den Himmel auf Erden bringen, doch das Bewahren und Gestalten von Schönheit und das Überführen alles Häßlichen in Schönes kann es. Damit folgt Menuhin ganz den Spuren des großen griechischen Philosophen Platon.

Suchten die Vorsokratiker das Wahre, so fragte Sokrates, der weise Lehrer Platons, nach dem Guten. Er verband das

Wahre mit dem Guten. Platon erkannte, daß das Wahre und Gute sich im Schönen zusammenfinden. Ihm war das Schöne die sinnliche Entsprechung des Wahren und Guten. Die Pflege und Förderung der Kultur der Schönheit führe dementsprechend zur höchsten Erkenntnis und zu den höchsten Menschheitsidealen. An dieser Auffassung, die schon lange vor Platon im griechischen Geistesleben lebendig war, jedoch erst von Platon in dieser klaren Form ausgesprochen wurde, bildeten sich die alten Griechen empor; die römische und abendländische Kultur verdankt ihr fast alles: das Christentum, die große Kunst, die einflußreichsten Bildungsideale und indirekt sogar die Naturwissenschaft. Und stets, wenn von dieser Auffassung abgewichen wurde, trat ein Niedergang ein, so im alten Griechenland selbst, im alten Rom, vor der Renaissance und in der jüngsten Vergangenheit mit der wertfreien oder unethischen Wissenschaft und der dazugehörigen Kunst, die sich in der Auflösung und Disharmonie von Form, Farbe, Ton und Umwelt gefällt.

Diese kulturgeschichtlichen Tatsachen bestätigen nur die Auffassung Menuhins. Sie zeigen auch, daß seiner Forderung nach einem Kreuzzug für Schönheit, wider Häßlichkeit tatsächlich die größte Bedeutung zukommt.

Doch nun muß die Frage gestellt werden: Was ist eigentlich Schönheit? Der moderne, kritische und zweifelnde Mensch gibt sich nicht leicht zufrieden mit der platonischen Antwort: Schönheit sei die sinnliche Entsprechung von Wahrheit und Güte. Ihm sind alle diese Begriffe zu unklar, ja, sogar verdächtig. Auch die schönen Vorbilder, die die alten Griechen, die Renaissancekünstler und andere schufen, vermögen nicht zu beruhigen. Er möchte den Schönheitsbegriff von der Natur abgeleitet und möglichst mathematisch formuliert sehen.

Carl Huter (1861–1912), der nicht allein Begründer der Psycho-Physiognomik ist, sondern auch der ethischen Schönheitslehre Kallisophie, fand die zeit- und modeunabhängigen Gesetze der Schönheit, die er auch mathematisch-naturwissenschaftlich erfaßte und in seinem Hauptwerk »Menschenkenntnis«[4] darlegte. Er bezog sowohl das Materielle wie auch das Seelisch-Geistige in seine Untersuchungen ein. In äußerer oder materieller Hinsicht ist Zeisings Goldener Schnitt das Zahlengesetz der Schönheit. Den Goldenen Schnitt erweiterte Huter dadurch, daß er das Psychische, das Geistige, die Liebe, die Innerlichkeit sowie die Natur-, Lebens- und Geistesentwicklung mit einbeziehen konnte. Er schreibt: »In jedem Einzelteile liegt der Schlüssel zum Ganzen. Das aber ist gerade das Wesen der Harmonie und der Schönheit, daß alle Einzelteile im Ganzen und das Ganze in allen Einzelteilen sich in einem bestimmten Verhältnis spiegeln, oder das Große kehrt im Kleinen, das Kleine im Großen wieder. Schönheit und Vollkommenheit verkörpern in sich ein Gesetz, das das Ganze wie alle Einzelteile als Seins- und Wesensprinzip aus sich selbst frei gewählt haben. Ist nun nicht auch im Weltall solches Schönheitsprinzip waltend? Wenn ja, dann ist es der neu gefundene Gott, den jeder Materialist genauso wie der Spiritist anerkennen muß, er ist das Weltschönheitsprinzip des sinnlich Idealen und ethisch Heiligen.«[4]

Sehr bemerkenswert ist nun, daß manche materialistisch orientierte Naturwissenschaftler sich dieser Auffassung ebenfalls annähern. Konrad Lorenz beispielsweise stellt mit einigem Staunen und mit Befriedigung fest, daß das, was in freier Harmonie (d. h. von teleonomischem Zwange befreit) geschieht und sich steigert, sich also vom Spiel zum Kunstspiel entwickelt bei geringstem Aufwand den besten Effekt erzielt und unser Schönheitsempfinden ganz besonders anspricht. Lorenz bringt die Leistungsfähigkeit und Schöpferkraft mit Schönheit in Verbindung; er erkennt im Schönen das gesteigert Gute (im funktionellen Sinne) und das Neuschöpferische[5]. Tritt er damit nicht in die Bahnen der Schönheitsphilosophen?

Ein weiterer materialistisch orientierter Naturforscher, Manfred Eigen, schreibt: »Das Kunstwerk ist Spiegelbild des ewigen Schöpfungsspiels der Natur.«[6] Eigen räumt dem Ästhetischen, was immer er darunter verstehen mag, die Bedeutung des natürlichen, evolutionären Fortschritts zu.

Man begreift also auch in der Naturwissenschaft, daß Schönheit durch bestimmte mathematisch faßbare Form- und Funktionsproportionen, die das Wesenhafte und Charakteristische umschließen, gekennzeichnet ist und zukunftsweisenden, um nicht zu sagen prophetischen Charakter hat.

Ohne an dieser Stelle die näheren Einzelheiten auszuführen, wollen wir festhalten: Schönheit im Sinne der bisherigen Ausführungen heißt Wohlbefinden und Gesundheit; Häßlichkeit heißt Krankheit und Zerfall oder Häßlichkeit und Boshaftigkeit. Schönheit weckt Hoffnung und Zuversicht; im Häßlichen zeigt sich das Unentwickelte, das Zerfallende und Absterbende. Schönheit ist lebenstüchtig und konstruktiv, neuschöpferisch. Häßlichkeit ist destruktiv und aggressiv.

Schönheit gibt es aber nicht nur beim Menschen, sondern überall in der Natur, bei Tieren und Pflanzen, bei Weltkörpern und Atomen, im Größten und im Kleinsten. Die zugrundeliegende Gesetzmäßigkeit ist überall dieselbe: das Zonen-, Sphären- und Polaritätsgesetz oder der Große Goldene Schnitt.

Schönheit und Harmonie ist nach den Forschungen Huters nicht allein die Sympathiequelle, sondern auch Zielpunkt des Strebens alles Lebens und Seins. Die hervorragendsten Künstler haben ihre Vorstellung vom menschlichen Harmonie- und Schönheitsideale oftmals dargestellt. Sie haben dabei stets einen besonderen Typus dargestellt, das harmonische und das ideale Naturell. Die Natur scheint das vom genialen Menschen erfühlte und gestaltete Ideal nicht erreichen zu können. Doch auch sie kennt Harmonienaturen, die in sich eine harmonische Einheit zwischen Körper, Seele und Geist tragen. Sie erfüllen im sozialen und öffentlichen Leben eine ganz besondere Rolle, worauf nachfolgend noch kurz eingegangen werden soll.

Ausgehend von diesen Gedanken läßt sich die Entwicklung der Physiognomik in sinnvoller Weise darstellen. Diese vollzog sich vor allem in der bildenden Kunst. Erst mit Mengs, Winckelmann, Lessing und Lavater begann sich, sieht man von den Versuchen della Portas ab, eine ernste Literatur zur Physiognomik zu entwickeln.

Besonders hervorzuheben ist J. J. Winckelmanns »Geschichte der Kunst des Altertums« (1764) und G. E. Lessings »Laokoon« (1766). Von Johann Caspar Lavater (1741–1801) erschienen von 1775 bis 1778 die vier Bände »Physiognomische Fragmente zur Beförderung der Menschenkenntnis und Menschenliebe«[11], die eine ganz besondere Bedeutung, nicht nur für die Entwicklung der Physiognomik und Psychologie erlangen sollten. »Lavater wirkte nicht nur auf Goethe und Schiller, sondern auf alle großen Männer und Frauen seiner Zeit ein, und besonders hat er, und das ist wiederum beachtenswert, auch auf Lessing (...) außerordentlich beeinflußend gewirkt. Die Kette der großen deutschen Geistesheroen jener Epoche war: Gellert, Mengs, Winckelmann, Lavater, Lessing, Herder, Schiller, Goethe. Dazwischen wirkten die Meister der klassischen Musik, die Meister der Philosophie und der neueren Staatskunst (...). Ist das etwa Zufall, daß mitten in dieser Zeit Lavater mit seiner physiognomischen Lehre wie eine leuchtende Sonne wirkte? Ist es Zufall, daß alle diese großen herrlichen Gestalten kulturellen Lebens die Propheten und Gestalter einer neuen Zeit wurden (...)? Oder ist es nicht gerade die Lehre der Physiognomik gewesen, die alle diese Großen liebten und die direkt oder indirekt ihr Tun und Wirken beeinflußte? – Ja, verfolgen wir die Geschichte. Keine große Epoche der wahren Höhenbildung, der aufsteigenden Fortentwicklung ist ohne diese Kunst und Lehre der Gesichts- und Körperformenkunde möglich gewesen. Die großen griechischen Bildhauer, Maler, Dichter und Philosophen, die großen Italiener Leonardo da Vinci, Raffael, Correggio, Tizian, die Niederländer Rubens, Rembrandt, van Dyck, sie alle wurden durch ihr hervorragendes physiognomisches Beobachten, Schauen und Schaffen groß; und wie ist ein Dramatiker wie Shakespeare zu denken, ohne die Fähigkeit, Charaktere zu zeichnen, also ohne psycho-physiognomische Gestaltungskraft? – Wodurch ist Lessing zu seiner unvergleichlichen Dramaturgie und zu seinen vollendeten Werken gelangt? Welche unsterbliche Arbeit hat er im »Laokoon« geschaffen? – Ja, überall leuchtet die befruchtende Kraft der Wahrheit, welche Physiognomik in sich trägt, hindurch. Sicher steht nun fest, daß auch Lessing ebensosehr Winckelmanns Schüler war, als es Lavater gewesen ist. Auch steht fest, daß Lessing und Lavater sich gegenseitig befruchtet haben. Beide zu fast gleicher Zeit lebend und ihre Werke schreibend, ist Lessing über Lavater schließlich hinausgewachsen.«[4]

Lavater war, wie Lessing, der Ansicht, daß in den Körper- und Gesichtsformen sich der Charakter spiegele, wohingegen in den Bewegungen des Körpers und des Gesichtes sich die inneren Regungen kundgäben. Lavater legte das Hauptgewicht seiner Studien auf die Physiognomik. Er erkannte in der Physiognomie eines Wesens dessen Charakter und Begabung; dies war ihm bedeutungsvoller als eine momentane und flüchtige Stimmung und innere Erregung, die zu Bewegungen führt. Schließlich erkannte er auch, daß gerade in den Ausdrucksbewegungen das Mittel der Täuschung gegeben ist.

Abbildung 4 zeigt eine physiognomische Studie Lavaters zu den berühmten vier Temperamenten. Lavater hat die vorliegende Darstellung von früheren Physiognomen übernommen. Das Temperament kennzeichnet die momentanen physiologischen Abläufe, hinter denen der Impuls steht. Das Temperament müßte daher mehr im Flusse, also in der Mimik und in den Gesten zum Ausdruck gebracht werden. In-

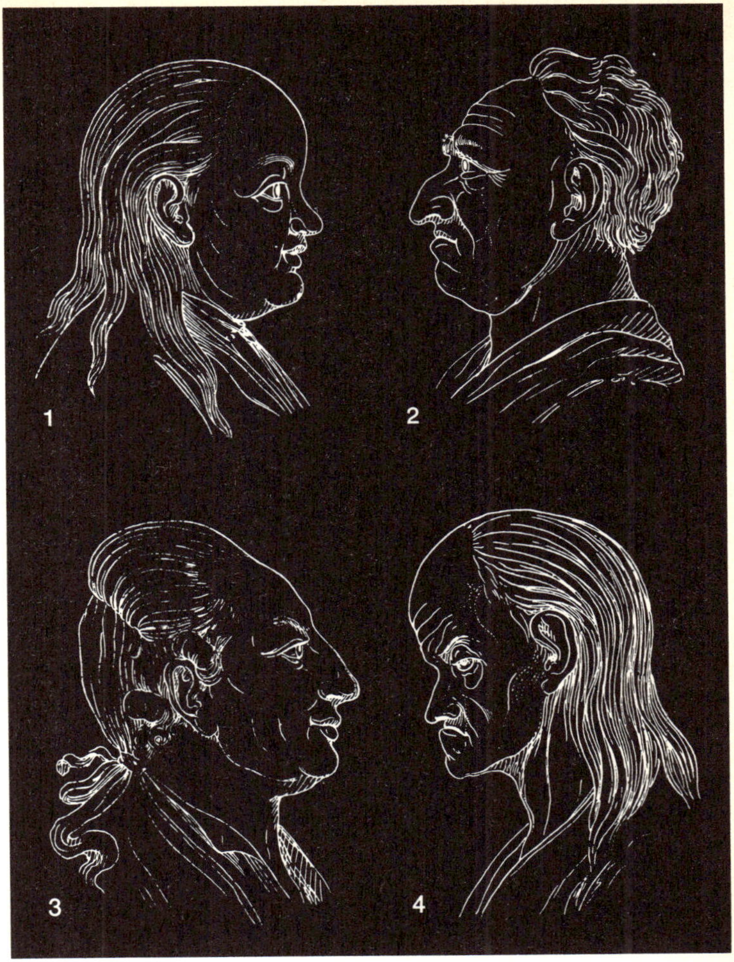


Abb. 4 Die Temperamentslehre, wie sie Lavater von früheren Physiognomen übernommen hat.

teressant ist es aber, daß konstant gewordene Temperamente in primärer Form gar nicht anders als in diesem oder einem ähnlichen Formcharakter zum Ausdruck gebracht werden können. Der Künstler hat also mit seinem Gefühl das Richtige getroffen. Diese Richtigkeit ist auch nach den weiteren psycho-physiognomischen Erfahrungen bestätigt. Es hat z. B. das phlegmatische Temperament (Abb. 4.1.) den kürzesten, das gegenüberliegende cholerische (Abb. 4.2.) den längsten Schädeldurchmesser. In Wirklichkeit sind die Kurzschädel von schwacher, die Langschädel von starker Tatkraft. Dies entspricht dem Temperamentscharakter und ist auch in beiden Nasen zum Ausdruck gebracht, in der großen und konvexen des cholerischen Temperaments gibt sich die große Tatkraft, in der kleinen und konkaven des phlegmatischen Temperaments gibt sich die Tatschwäche zu erkennen. Das sanguinische Temperament (Abb. 4.3.) hat einen etwas stärkeren Kurzschädel, eine längere Nase und kräftigere Unterstirn als das phlegmatische Temperament, seine Stirn ist dahingegen fliehend, zurücktretend. Ganz entgegengesetzt ist das Wesen und die Physiognomie des Melancholikers (Abb. 4.4.); an seiner hervortretenden Oberstirn, dem mäßig langen Schädel, der kleinen und feinen Nase, dem trüben Blick und dem ernsten, eingefallenen Gesicht mit der unfrohen Lippenhaltung ist der Charakter zu erkennen, zu dem dieses Temperament führt, wenn es konstant wird.

In den letzten Lebensjahren Lavaters trat der Arzt Franz Josef Gall (1758–1828) mit seiner Organologie oder – wie sie später benannt wurde – Phrenologie hervor. Er fand, daß die Form des Schädels mit bestimmten psycho-physiologischen Merkmalen korreliert und bildete aufgrund umfangreicher Studien eine Schädelausdruckslehre aus, die von seinen Schülern Spurzheim, Combe und Scheve weiter ausgebaut wurde. Gall legte das Hauptgewicht also auf die Schädelausdruckskunde und vernachlässigte völlig den Ausdruck von Körper und Gesicht. Immerhin, auch Gall kam auf wertvolle Einsichten über den Zusammenhang von Körper bzw. Gehirn und Schädelbau und der Wesensart eines Lebewesens.

Neben der von Lavater und der von Gall angeführten physiognomischen Richtung trat eine dritte selbständige physiognomische Wissenschaft hervor, die Mimik. Erste bedeutende Vertreter dieser Richtung waren Johann Jakob Engel (1741–1802) und Charles Darwin (1809–1882) sowie Theodor Piderit und Paolo Mantegazza. Abbildung 5 zeigt mimische Studien nach Piderit.

Die Hauptströmungen der modernen Psychologie entwickelten sich in der Verlängerungslinie der Lehren der Mimiker[7].

Die Leistung Huters beruht nun darin, daß er die alten physiognomischen Lehren zusammenfaßte und damit deren Einseitigkeit überwand. Er stellte sodann die Physiognomik auf die Grundlage der Naturwissenschaft, insbesondere der Phy-

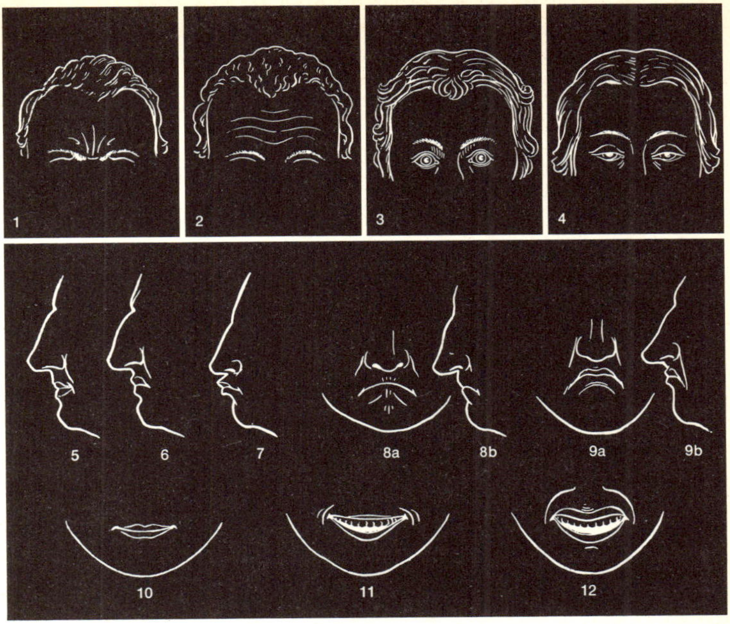


Abb. 5 Mimische Studien nach Piderit: 1. Vertikale (Konzentration und Wille), 2. horizontale (Aufmerksamkeit) Stirnfalten; 3. aufmerksamer, 4. müder Blick; 5. der süße, 6. der bittere und 7. der prüfende, 8a-b der verbissene, 9a-b der verachtende Mundzug; 10. der lächelnde, 11. der lachende, 12. der weinende Mund.

sik, Chemie, Anatomie und Physiologie. Er gab ihr ganz neue Grundlagen, die es rechtfertigen, von einer neuen Wissenschaft zu sprechen, der Huterschen Psycho-Physiognomik. Leider hat manche sicher gutgemeinte Popularisierung und Vereinfachung der Huterschen Psycho-Physiognomik deren Bedeutung eher zweifelhaft gemacht, als sie als die ernste Wissenschaft von weittragender Bedeutung erscheinen zu lassen, die sie tatsächlich ist.

Die Hutersche Psycho-Physiognomik ist so wenig identisch mit den alten Physiognomiken wie die Chemie mit der Alchemie. Sie ist aber auch mit der modernen Psychologie nicht identisch, denn diese umfaßt nur einen Teil des Gebietes, das die Hutersche Psycho-Physiognomik umfaßt.

Die Menschheit ist das Ergebnis natürlicher Entwicklung. Jeder einzelne Mensch ist die Schöpfung seiner Eltern. Von ihnen erhält er ein Erbgut, das die Grundlage seines psychophysischen Wesens darstellt. Von seiner Mutter wird er neun

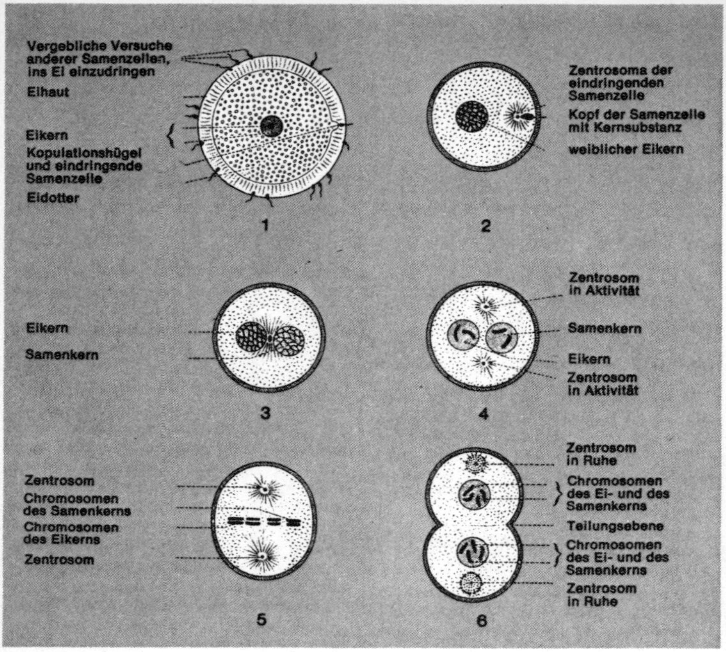


Abb. 6 Die Befruchtung und Vererbung (nach Boveri)

Monate getragen. In dieser Zeit entwickelt er sich vom Einzeller zur Keimblase und über verschiedene Zwischenstufen hin zum erkennbaren und schließlich voll entwickelten Menschen. Diese Entwicklung ist abhängig vom psycho-physiologischen Zustand und Erleben der Mutter. Nach der Geburt wirkt die Umwelt auf das Kind förderlich oder hemmend ein. Bei aller Empfänglichkeit und Beeinflußbarkeit durch die Umwelt bleibt aber doch das Angeborene stets das Primäre; die Umwelt als das Sekundäre kann nur an die Anlagen appellieren. Die Befruchtungs- und Vererbungsvorgänge sind daher von ganz besonderer Bedeutung. Auf Abbildung 6 ist das Zusammentreffen väterlicher Samenzellen mit einer mütterlichen Eizelle dargestellt. Die Eizelle läßt eine Samenzelle eindringen, und das Erbgut, das beide in sich tragen, legt sich zusammen und bildet die Lebensgrundlage eines neuen Menschen in stofflicher, physikalischer und seelisch-geistiger Hinsicht. Durch fortwährende Teilung der befruchteten Eizelle beginnt sich die Individualität aufzubauen und zu organisieren.

Schon aus einer solchen, an sich einfachen Betrachtung ergibt sich, daß es ohne Zellkenntnis keine Menschenkenntnis gibt, und ohne Kenntnis der Entwicklung der Natur- und Lebenskräfte und der Lebensentstehung gibt es keine ausreichende Zellkenntnis. Huter mußte also zur Begründung der Psycho-Physiognomik ein breiteres Fundament legen, als man das in der Psychologie gewohnt ist.

Am Beispiel einer Zelle läßt sich nun auch am besten das von Huter gefundene psycho-physiognomische Grundgesetz darlegen, das sinngemäß auf den Menschen übertragen werden kann. Tafel 7 enthält eine kurze Ausführung dieses Grundgesetzes.

**Das psycho-physiognomische Grundgesetz**

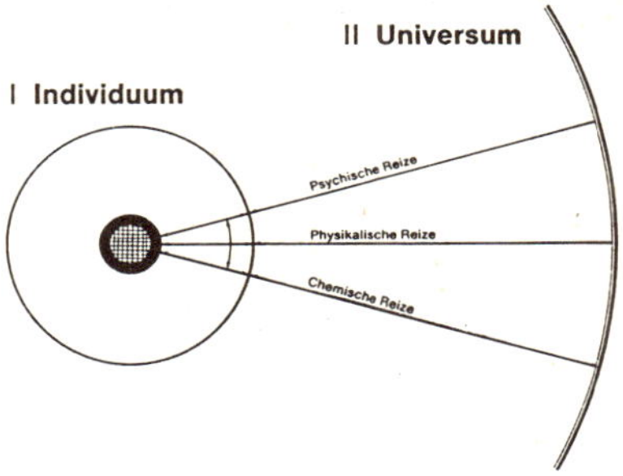


Abb. 7 I. Schematisiertes und vereinfachtes Zellgebilde; kleinste abgeschlossene Lebenseinheit, die hier stellvertretend für jedes lebende Individuum steht. II. Die Umwelt, von der alle erdenklichen Einflüsse (Reize) auf ein Individuum einwirken.

**These:** In der Physiognomie aller belebten Körper, die aus der Zelle durch Teilung entstanden sind, offenbart sich deren Innenwelt und außerdem die Umgebung, also die Außenwelt, soweit sie mit der individuellen Lebenseinheit in Wechselwirkung tritt.

**1. Beweis**

Alle von außen kommenden Reize müssen stets die Peripherie treffen, bevor sie sich auf physiologischem Wege ins Innere fortpflanzen. In den Zentralorganen des Lebewesens wird die Reizenergie vollends, im Rahmen eines Proportionsgesetzes, umgewandelt und dem Lebewesen dienstbar gemacht. Es stärkt damit seine eigene innere Energie, die wieder zurückwirkt an die Peripherie und mitunter auch darüber hinaus. Die Peripherie ist somit Kreuzungspunkt aller Reize, welche von außen eindringen und von innen zurückwirken. Dieser Vorgang hinterläßt seine Merkzeichen in Form, Farbe und Spannung der Gewebe.

**2. Beweis**
Leben heißt sich betätigen. Die erste Betätigung besteht in der Aufnahme und Aneignung von Kräften und Stoffen aus der Umwelt. Die zweite dem Leben eigentümliche Tätigkeit ist die Betätigung von innen nach außen. Auch aus diesem Grunde muß sich das Innere im Äußeren bekunden.

**3. Beweis**
Bei der Zellteilung überträgt die Mutterzelle alle ihre Eigentümlichkeiten auf die Tochterzelle. Bei der Teilung der Tochterzelle erfolgt wiederum dasselbe usf., und so ergibt es sich, daß trotz differenzierter Fortentwicklung durch den gesamten Körper eines Lebewesens ein einheitliches Etwas verwoben ist, das mit der angeborenen, charakteristischen Individualität zusammenfällt. Daher ist auch aus diesem Grunde am Äußeren das Innere zu erkennen.

**Es ist Gesetz:** Die Peripherie der Lebewesen bringt die inneren Vorgänge und Zustände in anatomischer, biochemischer und psycho-physiologischer Hinsicht mit mathematischer Genauigkeit zum Ausdruck.

Die Hutersche Psycho-Physiognomik ist die Wissenschaft, die sich auf der Grundlage dieses Gesetzes mit dem Erfassen der inneren und äußeren Kräfte und der durch diese gebildeten Formen beschäftigt.

Das Grundgesetz der Psycho-Physiognomik ist zugleich das Grundgesetz aller Ausdruckskunde. Auf ihm basiert jede diagnostische Methode, die Graphologie, Mimik, Gestik, Körpersprache sowie jeder Test.

## Das Naturell oder der Körperbautypus

Innerhalb weniger Tage nach der Befruchtung bildet sich die Keimblase mit drei Zellschichten oder Keimblättern; vgl. Abb. 8. Aus jedem dieser Keimblätter – in den Einzelheiten

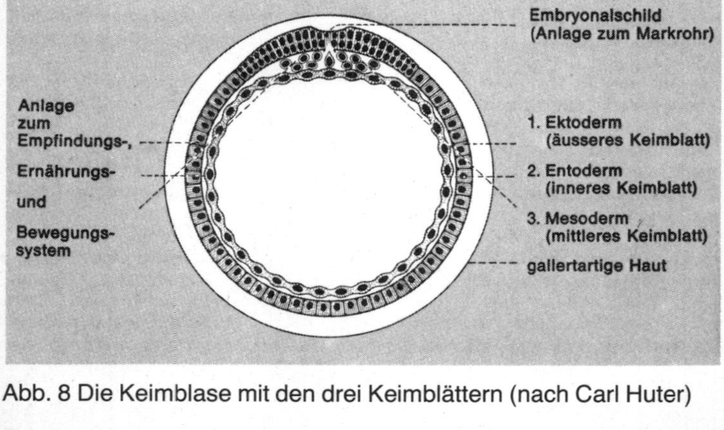


Abb. 8 Die Keimblase mit den drei Keimblättern (nach Carl Huter)

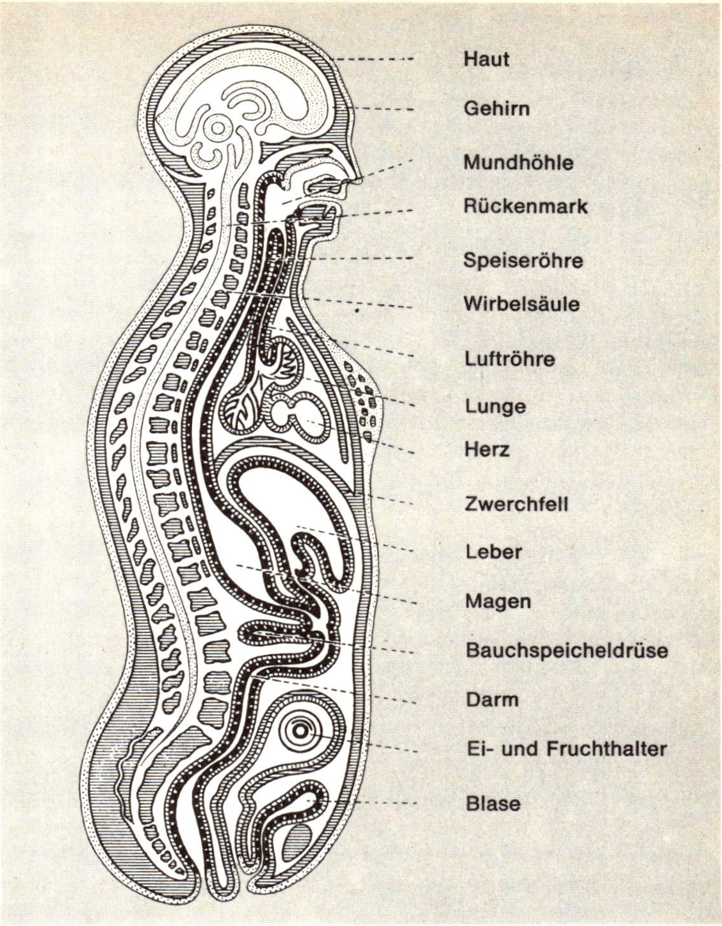


Abb. 9 Das Ernährungs-, Bewegungs- und Empfindungssystem im menschlichen Körper (nach Carl Huter)

mit komplizierten Entwicklungsabläufen und Verflechtungen – bilden sich die drei Hauptorgansysteme, das Ernährungs-, das Bewegungs- und das Empfindungssystem; vgl. Abb. 9. Die besondere Betonung und Energie eines der drei Keimblätter führt zur Ausbildung der sogenannten Grundkörperbautypen, den primären Naturellen. Diese werden nach dem dominanten Organsystem benannt als Empfindungs-, Ernährungs- und Bewegungsnaturell.

So wie beim Menschen diese dreigliedrige Entwicklung

und Differenzierung der Organsysteme und Körperbautypen eintritt, so ist das auch in der Pflanzen- und Tierwelt der Fall. Dort ist jedoch das Naturell von der Art oder Rasse nicht unterschieden, d. h. alle Tiere und Pflanzen einer Art oder Rasse haben dasselbe Naturell. Daher läßt sich dort auch eine Psychologie und Charakterologie auf den Art- und Rassebegriff aufbauen. Beim Menschen sind jedoch die Art- und Rasseneigentümlichkeiten als Grundlage für eine Persönlichkeitspsychologie völlig ungeeignet, denn sie umschließen nur das allen Gemeinsame, sie erkennen niemals das Individuelle – und das ist doch beim Menschen das Wesentliche. Immerhin haben die Begriffe Art und Rasse auch beim Menschen ihren, wenn auch begrenzten, Wert.

Das Naturell bzw. die Hutersche Naturell-Lehre lenkt die Aufmerksamkeit ganz auf das Individuelle. Das Naturell ist etwas Inneres, das aufgrund der angeborenen Organsystemanlage entsteht und im Laufe eines Lebens nur bedingt veränderbar ist.

Das Naturell repräsentiert die psycho-physiologische Einheit und Ganzheit. Es ist
1. der Formtypus des Gesamtkörpers,
2. der Strukturtypus nach a) anatomischer, b) physikalischer und c) biochemischer Richtung,
3. der physiologische und schließlich
4. der seelisch-geistige Grundtypus, der die Grundwesensart, die Grundbedürfnisse und -neigungen umfaßt und in dem alle individuellen Eigenarten nach der Hauptrichtung zusammengefaßtsind.

Eswerdenalsodreiprimäreoder Grundnaturelleunterschieden;vgl. Abb. 10:
1. Das chemische Ruhe- und Ernährungsnaturell, der breit-

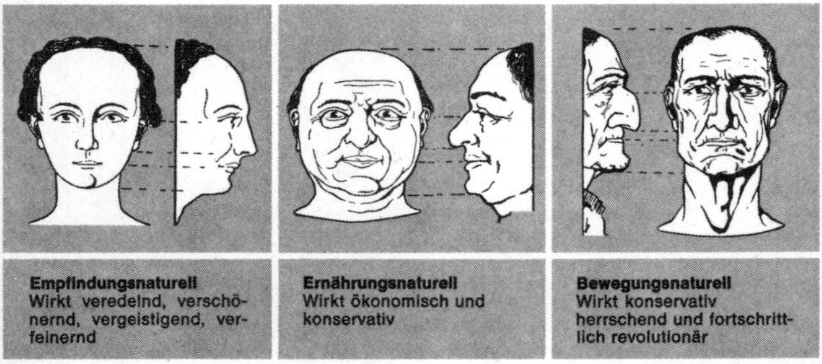


Abb. 10 Die drei primären oder Grundnaturelle (nach Carl Huter)

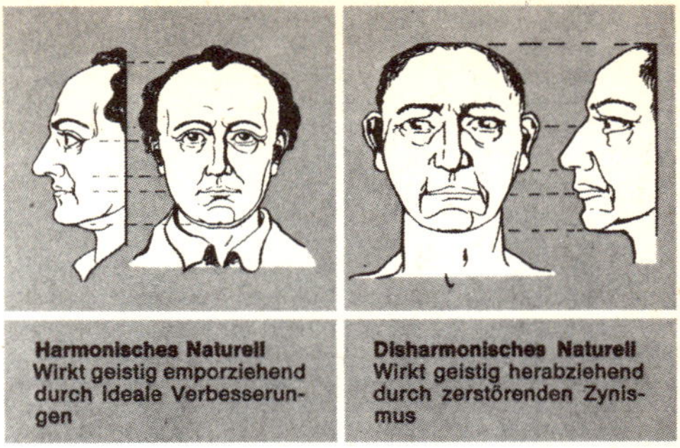


Abb. 11 Die zwei polaren Naturelle (nach Carl Huter)

und rundgesichtige Rumpf- und Bauchmensch mit dem starken Sinn für das praktische Ernährungs- und Wirtschaftsleben.

2. das physikalische Tat-, Energie- und Bewegungsnaturell, der langgesichtige Glieder- und Muskelmensch, dessen Lebensenergie sich ein bestimmtes Ziel sucht; um dieses zu erreichen, tritt bei ihm das Genußleben, die Ruhe, Zartheit und Empfindung zurück.

3. Das psychische Denk- und Empfindungsnaturell, der feinsinnige und kleingesichtige Feingeistmensch. Die Massigkeit der Form wie auch die Spannkraft treten bei ihm zurück, seine Lebensenergie drängt vorherrschend zur Verinnerlichung und Vergeistigung. Dieses Naturell hat bei der geringsten Körperoberfläche das tiefste und breiteste Empfindungsleben.

Außer diesen drei primären Naturellen gibt es zwei polare Naturelle; vgl. Abb. 11:

4. Das harmonische Naturell. Menschen in diesem Naturell sind universell und harmonisierend auf- und ausbauend sowie weise lenkend.

5. Das disharmonische Naturell mit der Neigung zum Intrigieren, Schädigen und Zerstören.

Sodann werden drei sekundäre oder Mischnaturelle, eine Anzahl tertiäre (zur Indifferenz hin abgetönte) und neutrale (indifferente) Naturelle sowie viele weitere Naturelltypen unterschieden.

Die Hutersche Naturell-Lehre ist das ABC der praktischen Menschenkenntnis sowie der psychologischen und medizinischen Diagnostik und Therapie. Sie ist eigentlich eine Wissenschaft für sich, die besonders von Bedeutung ist im praktischen, alltäglichen Leben, in der Heilkunde, in Schule und Erziehung, in der Berufs- und Partnerwahl, in der Kriminologie, in Politik, Geschichtsforschung, Friedensforschung und Völkerpsychologie.

## Impulsivität und Spontaneität

Gehen wir von der Typologie der Ganzheit, dem Naturell, zu einem Partialtypus über. Im Empfindungssystem wurzelt der Impuls, der zu spontanem Verhalten antreibt. Die Impulse des inneren Lebensgefühls haben zwei Hauptrichtungen: sie können über den motorischen Apparat zu physischen oder über das zentrale Nervensystem zu subjektiv-innerlichen Aktivitäten führen. Dementsprechend unterscheidet man Menschen mit dem starken physischen und Menschen mit dem starken geistigen Impuls sowie Menschen mit schwachen inneren Antrieben; vgl. Abb. 12.1–3.

Die Menschen mit dem starken Impuls drängen aus sich selbst zu geistiger (Abb. 12.1) oder körperlicher (Abb. 12.2) Aktivität; sie lassen sich durch die Meinung Dritter oder der Masse nur bedingt beinflussen.

Der indifferente Mensch mit dem schwachen Impuls (Abb. 12.3) verhält sich abwartend. Er wird entweder von der Masse oder von impulsiven Menschen bestimmt.

Diese drei Extremtypen treten in den unterschiedlichsten Varianten und Ausprägungsgraden auf.

Der Impuls liegt gewöhnlich der Naturellanlage parallel, nur bei manchen Formen des disharmonischen Naturelles nimmt der Impuls eine andere Richtung; es will dann beispielsweise ein Mensch mit starker Ruhe- und Ernährungsanlage sich wie ein Bewegungsnaturell betätigen.

Der Impuls drängt zu spontaner Aktivität. Manche Verhaltensweisen haben aber auch reaktiven Charakter. Das Reaktionsverhalten wird ebenfalls von spontanen Impulsen in charakteristischer Art geleitet.

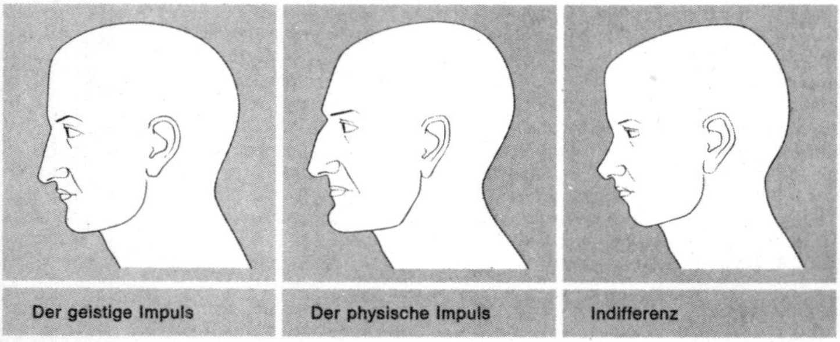


Abb. 12 1-3 Der starke geistige, der starke körperliche und der indifferente Impuls

1 Das phlegmatische Temperament. Langsam in der Bewegung und im Gefühl;
2 Das sanguinische Temperament. Heiter und lebensfroh, schnell in der Bewegung und im Gefühlsleben;
3 Das cholerische Temperament. Zeigt energische und willensbetonte Entäußerung des Innenlebens;
4 Das melancholische Temperament. Langsam, nachdenklerisch und grüblerisch; – 3 zeigt starken Willen, 4 gegenüber 3 Willenslosigkeit; 2 zeigt Entäußerung alles Inneren, 1 zeigt Absorbierung alles Äußeren ins eigene Innere.

Abb. 13 1-4 Die vier Temperamente (nach Carl Huter)

## Das Temperament

Schon in alten Zeiten versuchte man das Verhalten des Menschen in ein Typensystem zu bringen. Es entstand die sogenannte Temperamentslehre, die in ihrer Grundlegung vor Huter nicht zu genügen vermochte, der aber richtige Beobachtungen zugrunde liegen, weshalb man sie im Prinzip beibehalten kann. In der Psycho-Physiognomik unterscheidet man vier primäre Temperamente, das phlegmatische (Abb. 13.1), das sanguinische (Abb. 13.2), das cholerische (Abb. 13.3) und das melancholische (Abb. 13.4) Temperament sowie Misch- oder sekundäre und tertiäre Temperamente.

Im Unterschied zum Naturell, das die konstitutionelle Grundlage zeigt, und im Unterschied zum Impuls, der die im Geistigen wurzelnde Spontaneität zeigt, hat das Temperament rein mechanisch-physiologischen Charakter, wobei es jedoch sowohl auf die Konstitution wie den Charakter beeinflussend wirkt.

Das Temperament kennzeichnet also den Bewegungscharakter und die diesen begleitenden Gefühle, Stimmungen und Willensimpulse. Das Temperament kommt dementsprechend in erster Linie in der Mimik, Gestik, im Verhalten, in der Sprache und in der Schrift zum Ausdruck. Man vergleiche hierzu die Erläuterungen zu Abb. 4.1–4 (S. 119).

Innerhalb eines Naturelles können alle Temperamente vorkommen. Das Naturell ist relativ konstant, das Temperament relativ veränderlich. Es ist aber gleichwohl möglich und häufig vorkommend, daß bei einem Menschen eines oder zwei oder gar drei Temperamente auf anlage- oder gewohnheitsmäßiger Grundlage im Vordergrund stehen. Wird ein Temperament konstant, so wird der Mensch krank. Es ist Gesundheitsgebot, nacheinander unterschiedliche Temperamentsformen zu leben. Das Naturell gebietet dahingegen als Gesundheitsvorschrift, naturellgemäß zu leben, denken, arbeiten, genießen und ruhen.

## Introversion und Extraversion

Aufgrund anatomischer und psycho-physiologischer Besonderheiten unterscheidet Huter zwei weitere Hauptgruppen von Menschen, zwei neuropsychologische Typen; Abb. 14. Ausgehend von zwei Hauptteilen des Nervensystems im menschlichen Körper und ihren Sammelstellen und dem Faserverlauf im Gehirn zeigt die Psycho-Physiognomik das Wesen und die Physiognomie des Innerlichkeits- und Äußerlichkeitsmenschen bzw. den introvertierten und extravertierten Menschen[8].

Im menschlichen Körper sind folgende zwei Hauptteile des Nervensystems zu unterscheiden: das innere, vegetative oder Gefühlsnervensystem und das äußere, motorische oder Bewegungsnervensystem. Die Fasern des inneren Gefühlsnervensystems sammeln sich im verlängerten Mark, im Mittelhirn und den unmittelbar daran angrenzenden Gehirnteilen. Dahinein münden auch die Gehirnnerven, die sich hauptsächlich im Gesicht ausbreiten und die Sinnesorgane bedienen. Das Mittelhirn mit den unmittelbar angrenzenden Gehirnteilen ist das Lebensgefühlsgehirn. Die Fasern aus diesen Gehirnteilen bilden das obere und vordere Großhirn. Das äußere Bewegungsnervensystem sammelt sich hauptsächlich im Kleinhirn, von wo die Fasern besonders das hintere Großhirn bilden.

| Typus | Innerlichkeitsmensch | Äusserlichkeitsmensch |
|---|---|---|
| Physio-gnomie | 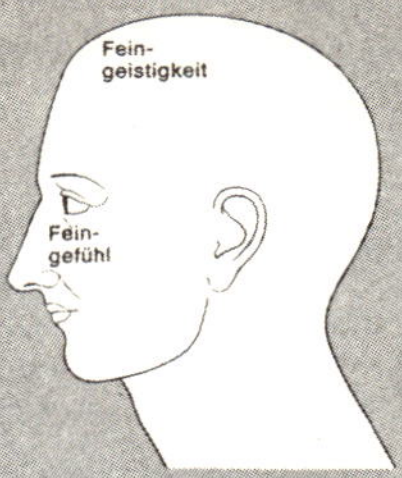<br>Das Ober- und Vorderhaupt ist stärker ausgebaut. Das Mittelgesicht ist klein und fein. Das Untergesicht ist schwach. | 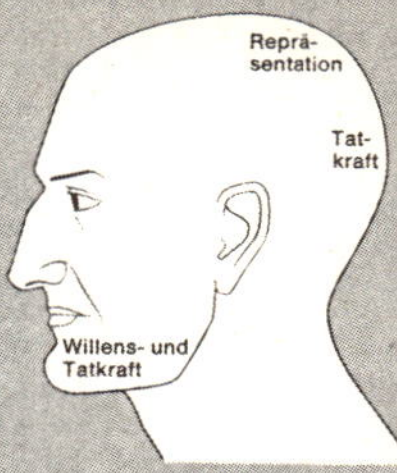<br>Das Hinterhaupt ist kräftig ausgebaut, dergleichen das Untergesicht. Das Mittelgesicht ist gross und derbförmig. |
| Neuro-physio-logische Grund-lage | <br>Das innere oder Gefühlsnervensystem (mit Sympathikus, Parasympathikus, Vagus, Mittelhirn und vorderem und oberem Grosshirn) ist dominant. | 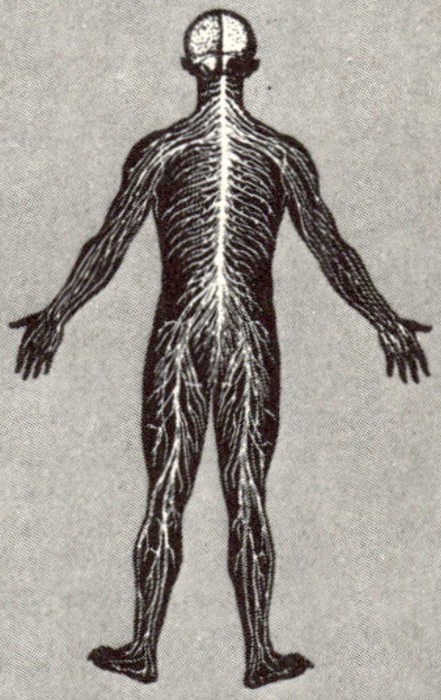<br>Das äussere oder motorische Nervensystem samt Rückenmark, Kleinhirn und hinterem Grosshirn ist dominant. |

Abb. 14 Die Physiognomie und die neurophysiologische Grundlage des introvertierten und extravertierten Menschen

Daraus folgt, daß Menschen mit dem starken Ober- und Vorderhirn und mit den sensiblen Sinnesorganen und dem feinen Mittelgesicht in konstitutioneller Weise Gefühls- und Innerlichkeitsmenschen sind, Menschen mit dem stärkeren Hinterhaupt und Untergesicht, mit dem größeren, weniger sensiblen Mittelgesicht sind dahingegen Tat-, Willens- und Repräsentations- oder Äußerlichkeitsmenschen. Abbildung 14 zeigt den Kopfbau wie auch die neurophysiologische Grundlage dieser beiden Menschentypen.

Unter strenger Berücksichtigung der formbildenden Evolutionsabläufe, der anatomisch-physiologischen Grundlagen und der Spannkräfte hat Huter in der Folge seine Neuphrenologie (Schädelausdruckskunde) und seine Gesichtsausdruckskunde auf- und ausgebaut, die hier nur punktuell und in vereinfachter Art vorgestellt werden kann.

Der anatomische Bau des Gehirns ist nicht aus den physiologischen Zentren seiner äußersten Schicht, der grauen Hirnrinde, zu erklären. Es sind die form- und wesensbildenden Natur- und Lebenskräfte und die evolutionären Abläufe, die in erster Linie die Gestalt- und Wesensbildung, den Aufbau der Körper-, Kopf- und Gesichtsformen in Verbindung mit den körperlichen, seelischen und geistigen Fähigkeiten verursachen.

Die Hirnzentrenlehre ist für die Psycho-Physiognomik daher nur ein geringer Gewinn. Hinzu kommt noch, daß die Anreize zur Gehirntätigkeit meist nicht aus dem Gehirn selbst kommen. Die Hirnzentren sind Sammelstationen der Ganglionennervenkräfte und -reize sowie der über die Sinnesorgane und das sensible Nervensystem anfallenden Impulse, die dort erst ins Bewußtsein treten und besondere psychische Neubildungen verursachen und auf die Körperorgane zurückwirken. In erster Ursache kommen die Impulse zur Gehirntätigkeit meist aus einzelnen Körperzellen. Die Anatomie als eine beschreibende Wissenschaft erklärt den Formbau des Gehirns noch weniger als die Physiologie. Sie ist eine bedienende Hilfswissenschaft. Daher kann der praktische Psychologe und Psycho-Physiognom anatomische Kenntnisse entbehren, der wissenschaftlich arbeitende jedoch nicht. Die Anatomie darf für die Psycho-Physiognomik weder über- noch unterschätzt werden. Wir wollen hier ganz auf weitere diesbezügliche Ausführungen verzichten. Zu einem ersten und grundlegenden Verständnis der großen Ausdrucksregionen am Kopf, Hinterhaupt, Oberhaupt, Seitenhaupt und Stirn, ist die Kenntnis des Aufbaus und des Faserverlaufs des Gehirns nützlich, aber im gegebenen Rahmen auch entbehrlich. Zur Begründung der einzelnen Ausdrucksregionen hat Huter fernerhin vergleichende entwicklungs- und geistesgeschichtliche sowie Verhaltensstudien vorgenommen. Schließlich sind es auch vergleichende, gewissermaßen differentialphysiognomische und -psychologische Studien an unterschiedlich begabten, gesunden, kranken und kriminellen Menschen, die die Kenntnis über die Ausdrucksregionen er-

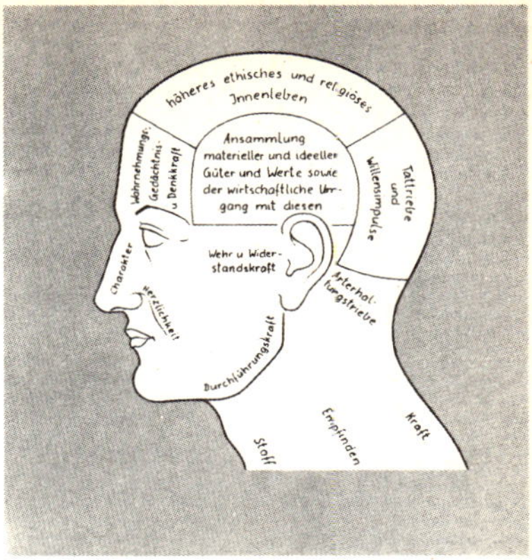

Abb. 15 Der Ausdruck der Hauptregionen des menschlichen Kopfes (nach Carl Huter)

weiterten und erhärteten. Was im folgenden vielleicht mit dem seelischen und geistigen Inneren als zusammenhanglos, der Physiognomie gewissermaßen aufgepfropft erscheinen mag, hat umfangreiche wissenschaftliche Grundlagen.

Abbildung 15 zeigt die Ausdruckswerte der Hauptteile des Schädels. Die Abbildungen 16 und 17 zeigen weitere Ausdrucksregionen an Kopf und Gesicht. Vgl. auch Abb. 21 und 22 (S. 138).

Aufgrund dieser schon recht vielfältigen Ausdrucksregionen und -werte lassen sich nun weitere Partialtypologien bilden. Vier solcher Typologien wollen wir uns zuwenden.

## Spannkraft und Veränderungsdrang

Die Quer- oder Breitenachse, die Stellen beidseits unmittelbar über den Ohren verbindet, zeigt den Grad der inneren Spannkraft. Diese erregt Impulse zu Vorgängen, die außerhalb des gewohnten und üblichen Denkens, Tuns und Fühlens liegen, die also Veränderungen bewirken.

Wird der impulsive Veränderungsdrang vom Verstand geleitet – das ist der Fall bei einem breiten Kopf mit stark vortretender Stirn wie in Abbildung 18 –, so wird er zur Quelle von Forschungen auf anderer als den bisherigen Gebieten oder mit anderen als den bisherigen Methoden. Der Mensch mit solchen Formen drängt zum Neuforschen, zum Erfinden und zur geistigen Neuarbeit. Er geht in seinem Denken neue, gewissermaßen seitwärts liegende Wege.

Abb. 16 Der Ausdruck der Kopf- und Gesichtsformen (von vorn) (nach Carl Huter)

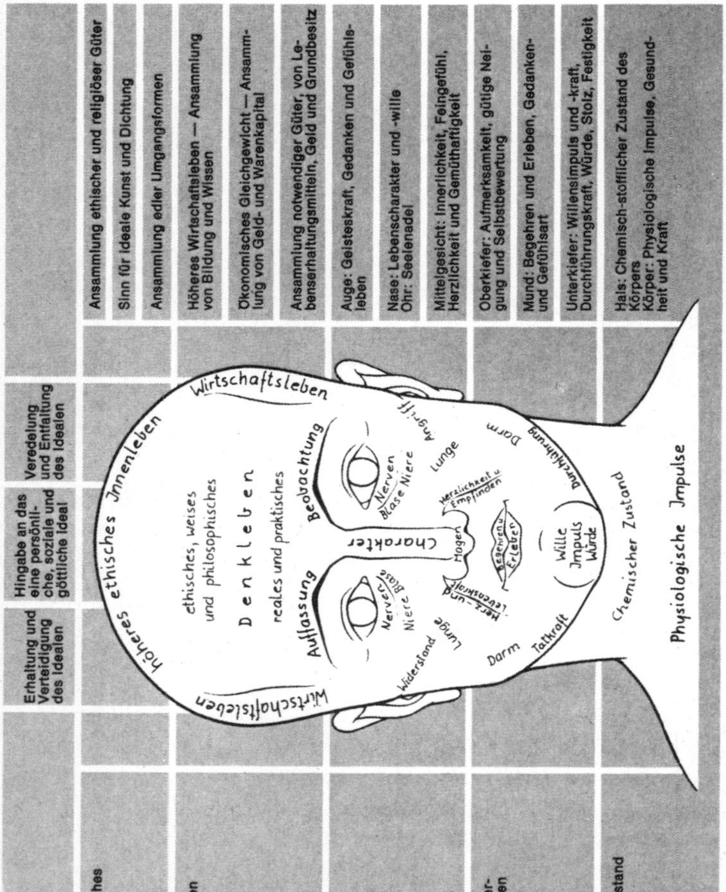

Abb. 17 Der Ausdruck der Kopf- und Gesichtsformen (Seite) (nach Carl Huter)

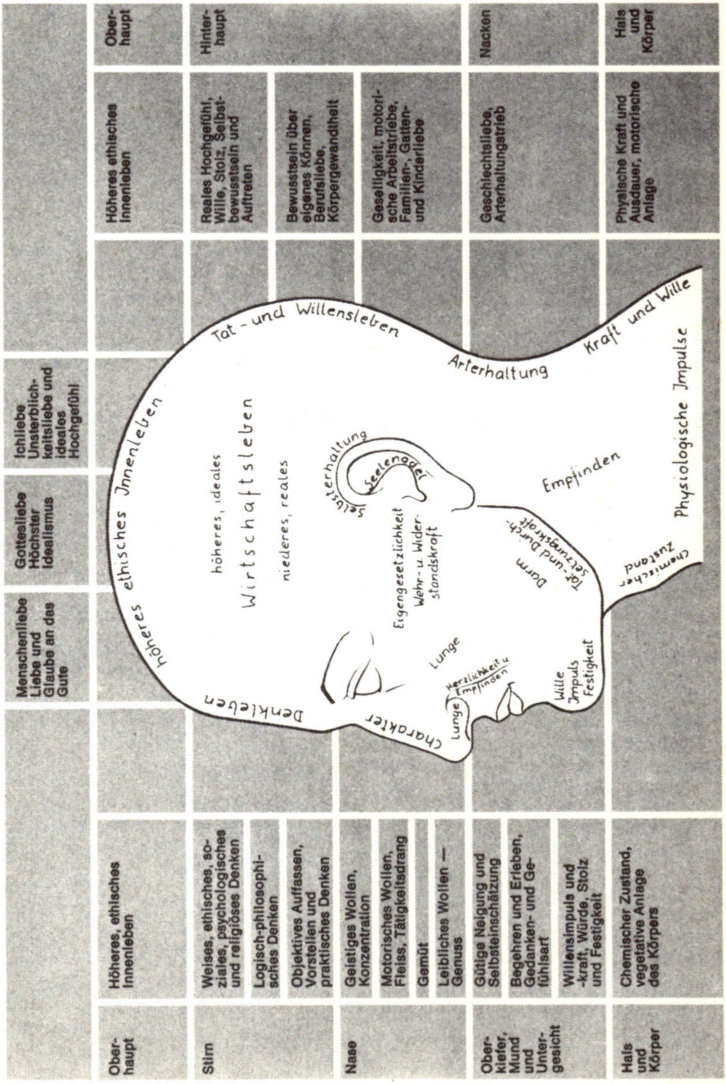

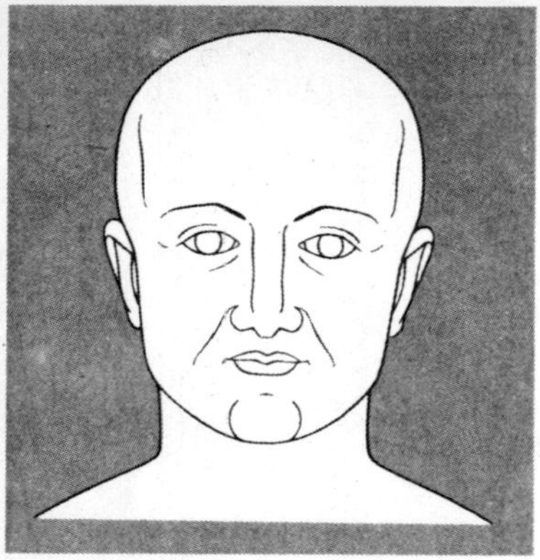

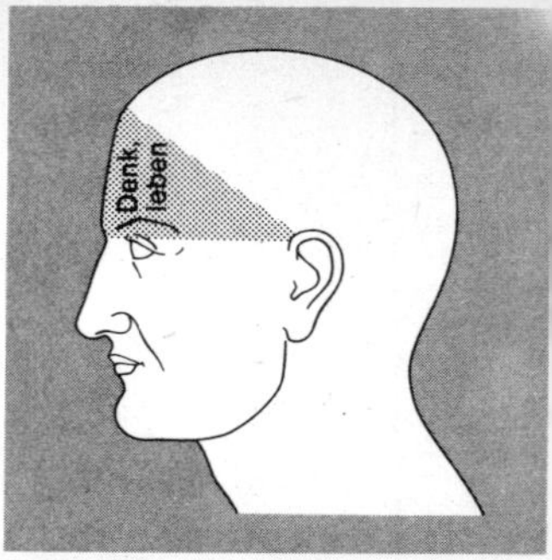


Verstandesmensch

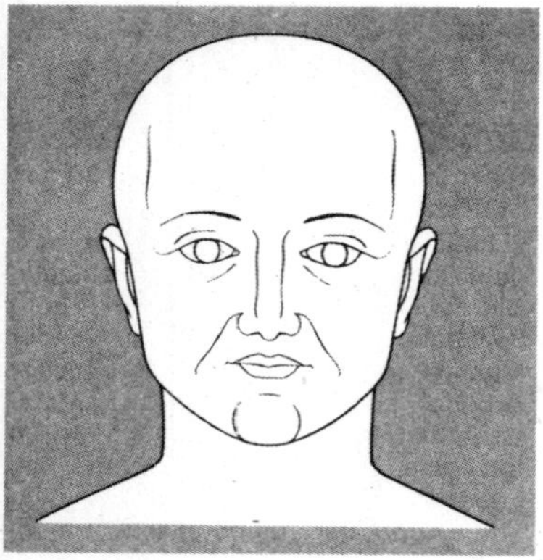

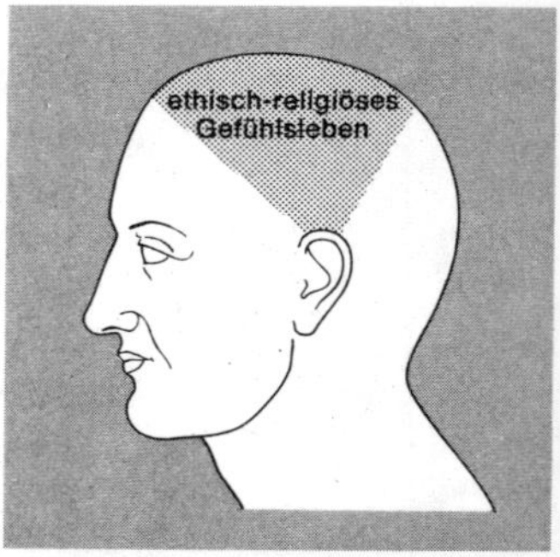


Gemütsmensch

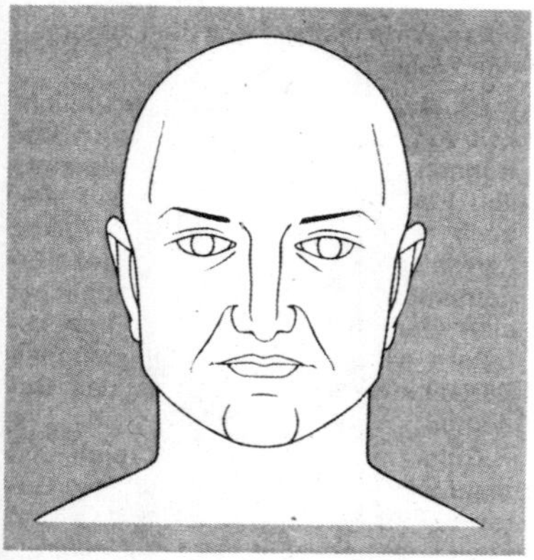

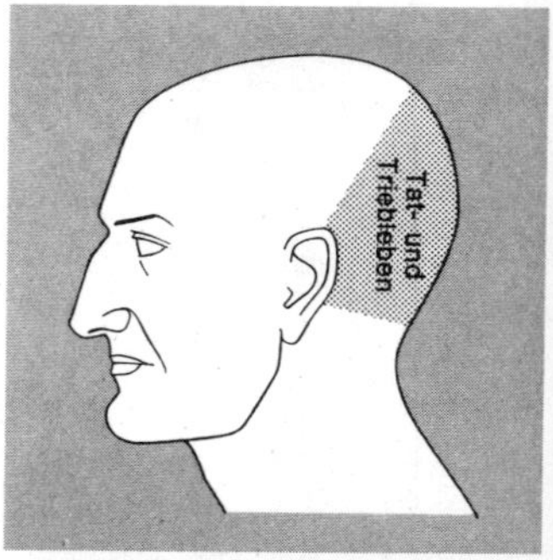


Tat- und Willensmensch

Wird der impulsive Veränderungsdrang vom Gefühl geleitet – das ist der Fall bei einem breiten Kopf mit kräftig ausgebildetem Oberhaupt wie in Abbildung 19 –, so drängt er zur Reform der bestehenden Religions-, Sitten- und Rechtseinrichtungen und zur Verbesserung der sozialen und staatlichen Institutionen.

Wird der impulsive Veränderungsdrang vom Tatleben beherrscht – das ist der Fall bei einem breiten Kopf mit kräftig ausgebildetem Hinterhaupt wie in Abbildung 20 –, so ist der Drang stark, die Umwelt durch Taten zu verändern.

Hat ein Mensch starke Tatimpulse und einen starken Veränderungsdrang bei dauernder Gefühlskälte und Härte, dann neigt er zu zerstörenden Taten. An der Stirn und am Oberhaupt, hier wieder besonders an der Oberstirn und am vorderen und mittleren Oberhaupt kommen die edelsten geistigen Anlagen zum Ausdruck, Mitgefühl, Ethik, Liebe, Glaube an das Gute, Sinn für Schönheit und Weisheit, für das höchste Geistige. Veränderung soll nun nicht destruktiven Charakter haben, sondern sie soll verbessern und höhere Werte schaffen als vordem da waren. Alle Veränderungsbestrebungen bekommen erst ihren Sinn und ihre Berechtigung, wenn sie sich von Mitgefühl, Liebe und hohen Idealen leiten lassen.

Ist der Kopf in der Ohrengegend schmal, dann ist der Selbsterhaltungstrieb und die zur Veränderung drängende Innenspannung schwach. Ein solcher Mensch fügt sich leichter ein, ist weniger kampfwillig und -stark und gibt sich im Kampf ums Dasein, im Kampf gegen Unbilden aller Art, gegen Krankheit und Feinde schneller auf. Er kann sich mit dem, was er denkt, fühlt und will kaum breitmachen und sich Platz und Gehör verschaffen.

Abb. 18 Der Verstandesmensch

Abb. 19 Der Gemütsmensch

Abb. 20 Der Tat- und Willensmensch

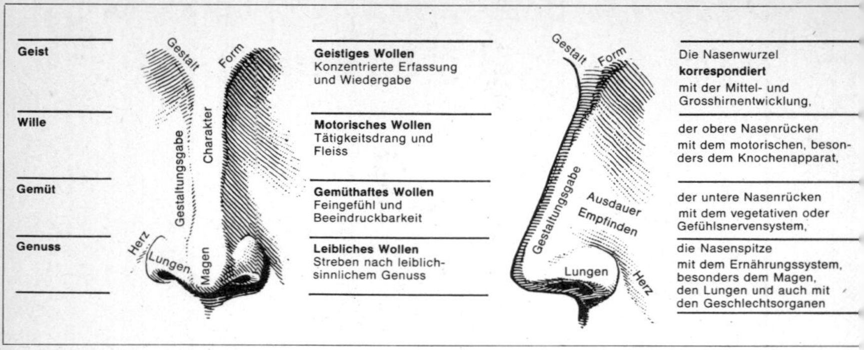


Abb. 21 Der Ausdruck der Nase

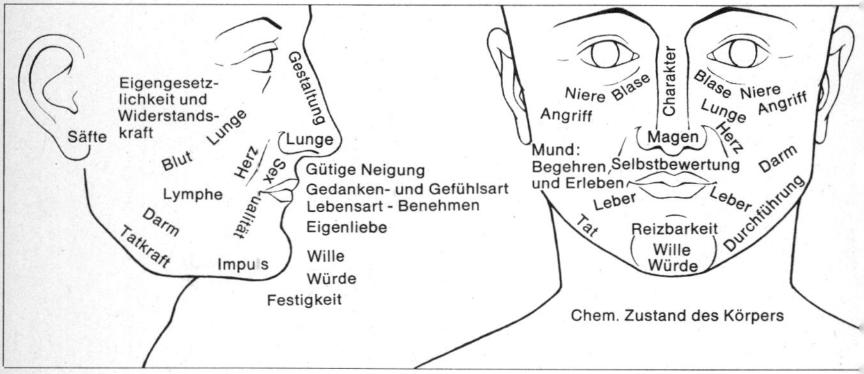


Abb. 22 Der Ausdruck des Mundes und des Untergesichtes.

Steht die Nase mehr mit der Mittel- und Großhirnentwicklung und -tätigkeit in Zusammenhang, so das Untergesicht mehr mit dem Kleinhirn, den Gliedern und den Rumpforganen. Der Mundausdruck steht speziell auch in Zusammenhang mit dem Geschmackssinn und dessen Funktionen. Das Gefühls- und das höhere geistige Leben wird stark vom Geschmackssinn modifiziert, gefärbt und beeinflußt. – Der Mund zeigt die Art des Begehrens und Erlebens, des Genießens und Prüfens, die Art der sprachlichen Äußerungsweise, die Art der Gefühle. Das Kinn zeigt die Willensimpulse, die Tat- und Durchführungskraft und die Ausdauer.

## Die Korrespondenzachsen

Eine weitere Partialtypologie entsteht durch die Variationsarten der Korrespondenzachsen. Es werden hauptsächlich fünf Korrespondenzachsen unterschieden, 1. die Liebes-; 2. die Willens-; 3. die Konzentrations-; 4. die Tätigkeits- und 5. die Festigkeitsachse; vgl. Abb. 23.

Die Korrespondenzachsen zeigen in ihrer Länge die Dominanz oder Schwäche von Anlagen oder mittlere, durchschnittliche Merkmale in einem besonderen abgegrenzten Bereich. An der Spannung und Qualität der Gewebe besonders an den im Gesicht liegenden Achsenenden sowie am Haarfall, der Frisur, der Kopfbedeckung, der Kopfhaltung usw. ist jedoch auch der aktuelle Ausdruckswert und die qualitative Ausprägung zu erkennen.

Die Liebesachse verbindet die Grenzpartie zwischen Hinterhaupt und Nacken mit der Grenzpartie zwischen Stirn und Oberhaupt. Ist sie im Verhältnis zu den übrigen Achsen lang,

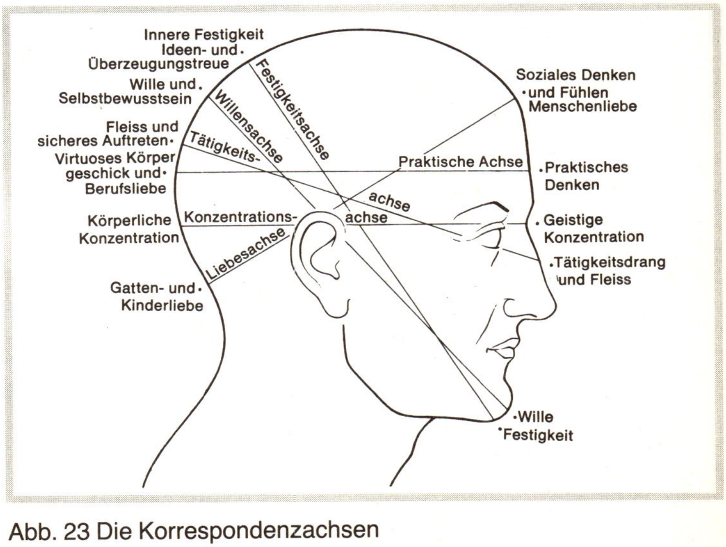


Abb. 23 Die Korrespondenzachsen

dann haben wir den von Liebegefühlen geleiteten Menschen vor uns; vgl. Abb. 24.2.

Am rückwärtigen Ende der Liebesachse finden zur körperlichen Liebe hindrängende Triebe Ausdruck, sodann die Gatten-, Kinder- und Freundesliebe sowie die Geselligkeit.

Am vorderen Ende der Liebesachse zeigen sich die allgemeine Menschenliebe, das Wohlwollen und Mitgefühl, die Humanität und Herzensgüte.

Diese Merkmale sind leitend, wenn die Liebesachse die proportional längste ist. Ist sie nur nach vorne oder nur nach hinten lang, dann sind auch nur die an dem entsprechenden Achsenende vermerkten Merkmale stark.

Eine Korrespondenzachse verbindet nicht nur Verwandtes, sondern sie verbindet miteinander in kausalem Entwicklungszusammenhang stehende Merkmale. So ist die Geschlechtsliebe nicht allein die Quelle für die Gatten- und Jun-

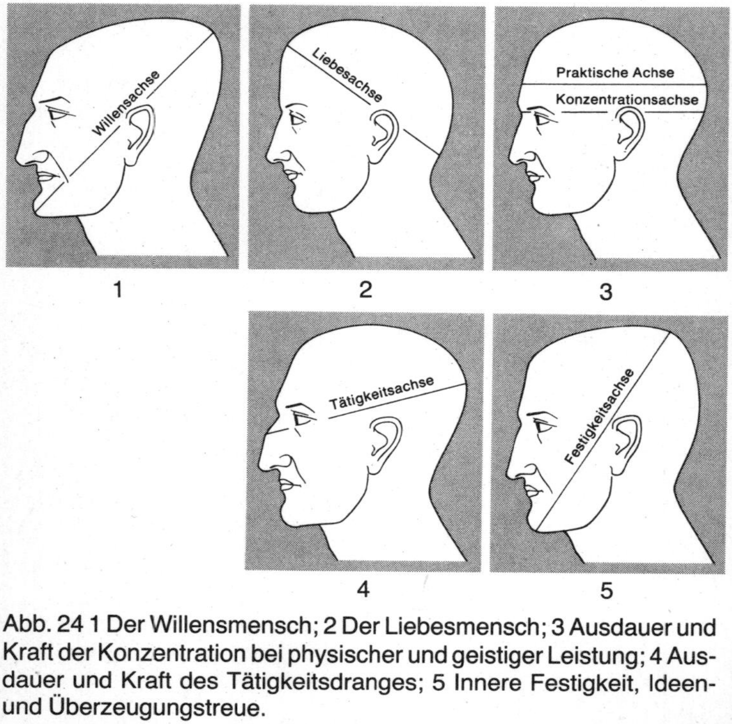


Abb. 24 1 Der Willensmensch; 2 Der Liebesmensch; 3 Ausdauer und Kraft der Konzentration bei physischer und geistiger Leistung; 4 Ausdauer und Kraft des Tätigkeitsdranges; 5 Innere Festigkeit, Ideen- und Überzeugungstreue.

genliebe, sondern auch für die allgemeine Menschenliebe. Im Geschlechtstrieb wurzelt jede soziale Liebe.

Die Willensachse verbindet die Grenzpartie zwischen Hinterhaupt und Oberhaupt mit der vordersten Partie des Kinns. Ist sie im Verhältnis zu den übrigen Achsen lang, dann haben wir den von Willensimpulsen geleiteten Menschen vor uns; vgl. Abb. 24.1.

Am rückwärtigen Ende der Willensachse finden zur Bein- und Fußtätigkeit hindrängende Triebe Ausdruck mit den Folgeeigenschaften wie Schneid, sicheres Auftreten, Stolz und Selbstbewußtsein. Es zeigt sich hier auch das Streben nach persönlicher Machtentfaltung, nach realer Erhöhung der eigenen Person.

Am vorderen Ende der Willensachse, am Kinn, spiegeln sich die Tatimpulse und die dauerhaften Kräfte des Willens.

Diese Wesensmerkmale sind leitend, wenn die Willensachse die proportional längste ist.

Die proportionale Länge der Konzentrationsachse zeigt den Grad der dauerhaften Aufmerksamkeit oder Konzentration für körperliche oder geistige Leistungen; vgl. Abb. 24.3.

Die Länge der Tätigkeitsachse (Abb. 24.4) zeigt den Grad des Aktivitätsdranges und die Länge der Festigkeitsachse (Abb. 24.5) den Grad der inneren Festigkeit und Ideen- oder Überzeugungstreue.

## Körper, Seele und Geist

Die Proportionen des menschlichen Gesichtes (vgl. Abb. 25) führen hin zum Verständnis des tragenden Grundwesens der Persönlichkeit. Sie zeigen, in welchem Spannungsfeld der Lebensgestaltungswille und das Bemühen um Selbsterziehung stehen: zwischen verstandesmäßiger, vernünftiger Einsicht und idealem Streben einerseits und sinnlich-triebhaften Impulsen und niederen Instinkten andererseits. Sie zeigen die Neigung zu Selbstdisziplin und Selbsterziehung, zu bewußter und beherrschter oder zu unbeherrscht-triebhafter und unbewußter Lebensgestaltung.

Wie ein Mensch die Umwelt wahrnimmt, ist zunächst abhängig vom Bau und der Funktion seiner äußeren Sinnesorgane, seiner Haut, der Augen und Ohren, der Nase und des Mundes.

Der Mensch nimmt aber nicht nur die Außenwelt wahr, er hat auch Sinne, die ihm Informationen über sein Innenleben vermitteln.

Beide, die inneren wie die äußeren Sinnesorgane wurzeln im Grundsinn aller Sinne, im Empfindungsvermögen. Das Empfinden ist nicht an ein bestimmtes Organsystem gebunden; es ist in allen Teilen des Organismus, in jeder einzelnen Zelle vorhanden. Erst da, wo es sich konzentriert und spezifische Aufgaben zu erfüllen hat, tritt es mit spezifischen Organen hervor, dem Zentralnervensystem und den Sinnesorganen. Das Empfinden jeder einzelnen Körperzelle wie auch das Zentralnervensystem bewertet die inneren und äußeren Reize nach ihrer Lebensförderlichkeit. Je feiner das Gewebe eines Organismus, um so feiner ist die Haut, sind die Gesichtsformen und die Sinnesorgane und um so feiner ist das Empfindungs- und Wahrnehmungsvermögen. Der Mensch mit derben, harten Geweben und Gesichtsformen hat ein entsprechend geringeres Empfindungsvermögen.

So wie die Sinnesorgane in innere und äußere unterschieden sind, so ist auch das Empfinden in ein inneres und äußeres zu unterscheiden. Das äußere oder rezeptive Empfinden richtet sich auf die Umwelt hin, das innere bildet und vertieft die Innenwelt durch Konzentration und qualitative Steigerung.

Die äußeren Sinnesorgane wandeln die Einwirkungen der Außenwelt, das Licht, den Schall, die Düfte usw., in physiologische Vorgänge um, die über das Leitungsnervensystem zu den Gehirnorganen gelangen. Es ist dies der sogenannte sinnengeistige Vorgang. Die Wirkungen, die von der Außenwelt her das Gehirn erreichen, werden von diesem verarbeitet, gewissermaßen verdaut. Das Gehirn verlangt nach Sinneseindrücken. Es ist auf diese angewiesen, denn es erhält und stärkt seine Kraft und Leistungsfähigkeit durch ihre Impulse. Erst wenn diese Sinnesnahrung zu spärlich, zu gleichförmig oder zu reichlich und wirr oder verdorben und vergiftet, d. h. andauernd disharmonisch ist, dann leidet das Gehirnleben Schaden.

Das »Material«, das von der Außen- zur Innenwelt fließt, gibt den »Stoff« für viele innere Vorgänge, Veränderungs-, Erkenntnis-, Wachstums-, Gestaltungs- und Reifungsprozesse.

Dem zentripetalen Ablauf folgt ein zentrifugaler von den Gehirnzentren zu den Sinnesorganen, zur gesamten Peripherie, nämlich dann, wenn die Außenreize ein inneres Echo, inneres Verstehen, Begreifen und Verarbeitungs- und Reaktionsprozesse ausgelöst hat. Diesen Vorgang nennen wir den verstandesgeistigen Vorgang.

Bemerkenswert und von besonderer praktischer Bedeutung ist in diesem Zusammenhang, daß Vorurteile, Suggestionen und Selbstsuggestionen die Hirnzentren lähmen. Der Mensch versteht dann nur, was in das Schema seiner Vorurteile und Suggestionen paßt. Das andere verdrängt er. Er sieht und hört vielleicht völlig normal, dabei erkennt er mitunter die einfachsten Dinge nicht. Er opfert die wahren Sachverhalte seinen Vorurteilen, Suggestionen und Lieblingsideen. Was sich ihm entgegen seinen Suggestionen doch sinnesfällig aufdrängt, das haßt er und sucht es – natürlich ohne bewußte Einsicht in die Verwerflichkeit seines Tuns –, »aus der Welt zu schaffen«.

Die Sinnesorgane zeigen also nicht nur die Art der Aufnahme der Umweltreize, sondern auch die Art innerer Verarbeitung, des Verstehens und der Reaktionen.

Es sind jedoch nicht alle Sinnesorgane gleichermaßen geeignet, die inneren Verarbeitungsvorgänge und Reaktionen auszudrücken. Wenn es stinkt, rümpft man die Nase. Bei Lärm muß man die Hände zu Hilfe nehmen und die Ohren zuhalten. Sieht man von der Durchblutung ab, so ist es dem Ohr weitgehend unmöglich, momentanes inneres Geschehen auszudrücken. Dahingegen nimmt das Auge außerordentlich regen Anteil an allem inneren Geschehen. Auch das übrige Mittelgesicht, in dem die Sinnesorgane in besonderer Konzentration und Nähe vorhanden sind, dann die Mimik der Stirn und des Untergesichtes, die Kopf- und Körperhaltung und -bewegungen zeigen, was sich momentan im Innern in bewußter oder unbewußter Form ereignet.

Reize, die auf die Sinnesorgane einwirken, die aber keine Ausdrucksbewegungen zur Folge haben, haben im Innern keine Verständnisvorgänge ausgelöst. Den Eindrücken nicht adäquate Ausdrucksbewegungen wurden falsch verstanden oder subjektiv verfälscht, z. B. durch Vorurteile.

Der vorurteilsbeladene Mensch ist ein geistig unfreier. Der geistig unfreie Mensch ist auch unfrei in seinem Willen, in seiner Selbstbestimmung und Selbstverantwortlichkeit. Erziehung und Bildung, die über die äußeren Sinne auf das Innere wirken, haben die geistige Freiheit zu fördern. Da wohl allen Menschen Vorurteile anerzogen werden, so sind es diese, die zuerst beseitigt werden müssen, um zu größerer geistiger und Willensfreiheit und zur Ausübung des souveränen Selbstverfügungsrechtes zu gelangen. Ansonsten helfen selbst die besten Geistesanlagen nicht weiter, ja, sie werden womöglich nur eingesetzt, um Vorurteile zu untermauern und damit die Wahrheit zu verdunkeln.

Die Differenz zwischen den Sinneseindrücken und den Reaktionen, die besonders an den Augen und dem Mittelgesicht zutage treten, zeigt die suggerierten oder vorurteilsbeladenen inneren Verarbeitungs- und Verständnisvorgänge, zeigt den Grad der Täuschungsabsicht, den Grad der Verdrängung und der Neurotisierung.

Die inneren Sinnesorgane registrieren Vorgänge im Körperinnern. Der zentripetale Vorgang ist hier von den Körperzellen zu den Ganglionen oder Nervenknoten und von da zu den Hirnzentren. Es ist dies der trieb- oder instinktgeistige Vorgang. Aus dem Leben der Körperzellen, dem Bau und der Funktion der Organe und der Organsysteme erfolgen die Impulse, die auf die zentralen Steuerungsfunktionen des Gehirns und – im Evolutionsablauf – auf die Form des Gehirns und Schädels Einfluß nehmen. Aus ihnen ergeben sich die Triebe und Instinkte, die in bestimmte Richtungen drängen. Der Schädel zeigt daher die Selbst- und Arterhaltungstriebe ebenso wie die höheren geistigen Triebe. Die Stirn, die zum menschlichen Gesicht gehört und das obere Drittel desselben bildet, zeigt die Art des Denklebens und der Denkkraft.

Der zentrifugale Vorgang von den Gehirnzentren zu den Ganglionen im Körper ist der tatgeistige Vorgang; das Gehirn wirkt steuernd auf die Vorgänge im Körper.

Die Kraft des Körpers und die Art der Impulse, die vom Gehirn zum Körper gehen, zeigt das untere Drittel des menschlichen Gesichtes, der Mund, das Kinn und der Kieferbogen.

Nun gibt es aber auch noch eine Verschränkung des inneren und äußeren Gefühls- und Erkenntnislebens, was wiederum zu besonderen Leistungen führt. Eindrücke auf die äußeren Sinnesorgane erreichen die Hirnzentren, von da wirken sie auf die Ganglionen und schließlich auf die Körperzellen. Dieser zentripetale Vorgang ist der gemütsgeistige Vorgang, wobei das gesamte Lebensgefühl betroffen ist. Der dazugehörige zentrifugale Ablauf ist der Gefühlsvorgang. Er kommt von den Körperzellen zu den Ganglionen, dann zu den Hirnzentren und von da einesteils zu den Sinnesorganen, andernteils zu bestimmten Gliedern. Die Qualität des allgemeinen Lebensempfindens zeigt, in welcher Tiefe ein Mensch erlebt, erkennt und gestaltet, wie fein seine Sinnesorgane registrieren und wie fein er innerlich physiologisch psychologisch verarbeitet. Aus der feinsten Qualität der inneren Verarbeitung in Verbindung mit dem gesamten Gefühlsleben entsteht die besondere, geniale Erkenntnis- und Gestaltungskraft. Auch diese Vorgänge finden ihren Abschluß wiederum im Gesicht des Menschen.

Das Gesicht steht nun nicht allein über die Gehirnnerven mit dem Innern in Verbindung, sondern auch über die Blutbahnen, die Lymphbahnen und andere chemisch-physiologische Wege und anatomische Grundbedingungen. Das Gesicht steht in der lebhaftesten Wechselwirkung mit dem gesamten Organismus. Es zeigt die bewußten und unbewußten Lebensempfindungs- und Lebensregulierungsvorgänge; es nimmt starken Anteil am Geistesleben und am Körper- und Genußleben.

Zusammenfassend halten wir fest, daß die Hauptteile des menschlichen Gesichtes folgendes zeigen:

1. Die Stirn zeigt die Art des Denklebens, des realen Verstandeslebens, der warmen Vernunftskräfte, des realen und idealen Wahrheitserkennens durch bewußte Verwertung der Sinneseindrücke.

2. Das Mittelgesicht zeigt den Grad des Gemüts- und Gefühlslebens, der seelischen Tiefe und Innerlichkeit. Das Auge und der Mund zeigen darüber hinaus auch das momentane und vorherrschende Denkleben, die Denkrichtung. Die Nase zeigt den Lebenswillen oder den dadurch bedingten Lebenscharakter. In Form und Ausdruck stark von der Stirnbildung und der Untergesichtsbildung beeinflußt, zeigt sie, wie über und aus dem Lebensgefühl sich der Lebenswille in gemütsgeistige, motorische oder sinnlich-genußvolle Richtung erhebt und die elementaren Triebe und Instinkte, die Emotionen und die geistigen Vorgänge beherrscht.

3. Das Untergesicht zeigt die motorische Kraft und die Tatimpulse im knöchernen und muskulösen Teil. Es zeigt aber auch die Ruhe- und die Ernährungskraft, die Genußliebe in der Fülle und Weichheit der Gewebe. Es zeigt die Kraft und den Genuß, die niederen Triebe, Instinkte und Impulse. Es zeigt die Eigennützigkeit und den Egoismus.

Bei der Stirn und dem Untergesicht zeigen die Größe und Breite Stärke, beim Mittelgesicht ist es umgekehrt, das Feingefühl und das zarte Gemüt, das Feinseelische zeigen sich am kleinen und feinen Mittelgesicht. Dahingegen zeigt das große Mittelgesicht den Repräsentations- und Persönlichkeitswillen, die Äußerlichkeit und das geringe Feingefühl.

Es gilt nun aber nicht allein die Form, sondern auch ihre qualitativen Merkmale zu beachten. Parallel mit der Verfeinerung und Differenzierung des Innenlebens verfeinern und beleben sich die entsprechenden Gesichtsteile und besonders das Mittelgesicht nahe den Augen, der Nase und dem Mund, diese mit eingeschlossen. Mit dem Verfall oder der Verrohung des Innenlebens verändern sich die Formen des Gesichtes ebenfalls.

Die angeborenen Formgrundlagen, die Proportionen des Gesichtes, die das Verhältnis zwischen Tat- und Triebleben, Gemütsleben und Geistesleben offenbaren, bleiben tragende Grundlagen der Persönlichkeit. Diesen Proportionen wollen wir systematisch geordnet und typologisiert und in knapper Form zunächst die Aufmerksamkeit schenken. Die Profile der Tafel 25 zeigen folgendes:

1. Stirn, Mittel- und Untergesicht haben gleiche Länge. Die ebenmäßige Verteilung der Hauptteile des Gesichtes bei diesem idealen harmonischen Naturell bringt das Gleichgewicht zwischen Körper, Seele und Geist zum Ausdruck. Die Betätigungs-, Genuß- und Lebensfreude ist durch ein warmes und feines Gemütsleben und ein waches Denkleben in edle Bahnen gelenkt und diszipliniert. Dieser Mensch zeigt starke Wahrheitsliebe, gepaart mit ebensolcher Lebens-, Schaffens- und Gestaltungsfreude. Er ist ungezwungen und doch beherrscht; er ist herzlich, lebendig und kontaktfreudig und doch würdevoll; er ist nicht versteift, sondern aus angeborener Disposition im harmonischen Gleichgewicht. Über aktuelle Lebensereignisse hinweg findet er immer wieder auf diese Grundlagen seiner Persönlichkeit zurück. Ist die Schrift des versteiften Menschen abrupt, schroff und im Fluß gehemmt, so hat diese bei ihm denselben Bildcharakter wie die Physiognomie.

2. Stirn und Untergesicht haben gleiche Länge, die Nase ist länger. Der Mensch mit dem langen Mittelgesicht und der langen Nasenform hat ein vorzügliches Darstellungs-, Gestaltungs- und Repräsentationstalent. Da hier durch die Länge der Nase die Harmonie der Formen nicht durchbrochen wird und da diese auch viel Feinheit aufweisen, ist die harmonische Lebensrichtung und das edle Empfindungsleben auch hier ge-

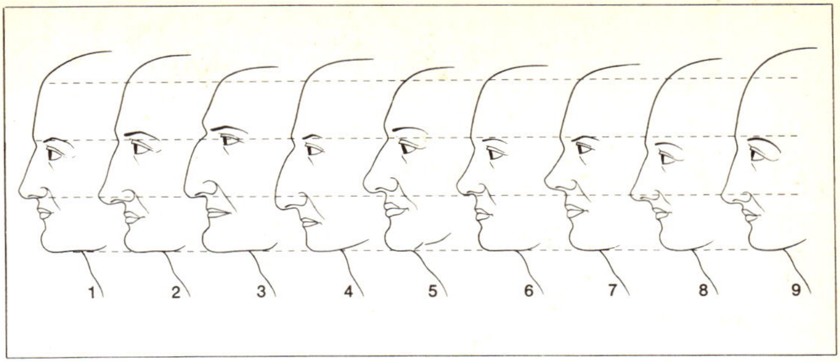


Abb. 25 Gesichtsproportionen.
Die Stirn zeigt die Art der Denkkräfte; das Mittelgesicht zeigt die Art des Gemüts- und Gefühlslebens; das Untergesicht zeigt die motorische Kraft, die Tatimpulse und den Ernährungszustand. Die Nase zeigt den Lebenswillen, den Charakter sowie den Geltungs- und Darstellungsdrang.

geben. Ausdauer und Talent in der Gestaltung und eine harmonisch edle Wesensart zeichnen solche Persönlichkeiten aus.

3. Stirn klein, Mittel- und Untergesicht groß. Der Drang zur Kraft- und Willensentfaltung dominiert das Gefühlsleben und die Vernunft. Dieser Mensch ist impulsiv, antriebsstark und robust. Er zeigt Zielstrebigkeit, Kühnheit, Mut und Forschheit. Er hat eine starke Angriffs- und Durchhaltekraft sowie eine starke Überzeugungskraft. Er neigt zur Selbstüberforderung, zum unvernünftigen und unökonomischen Einsatz aller Kräfte unter Hintanstellung des Gemüts- und Genußlebens.

4. Stirn und Mittelgesicht lang. Untergesicht klein. Das Denkleben und der Gestaltungs- und Darstellungswille, die Persönlichkeitskraft sind stark. Er neigt dazu, von sich mit starkem Willen, scharfem Intellekt und Gemütskälte mehr zu fordern als seine mäßigen physischen Kräfte gestatten. Er verbraucht sich zu stark, wird dabei pessimistisch und misanthropisch. Er versteift sich, lehnt weiche Gefühle ab und disponiert formalistisch. Er ist streng und pedantisch.

5. Untergesicht lang, Mittelgesicht etwas kürzer, Stirn noch kürzer. Das volle, weiche und große Untergesicht zeigt die starke Genußliebe. Das Denk- und Gemütsleben orientiert sich am körperlichen Wohlergehen und Genuß. Er ist

praktisch, lebensverbunden, seßhaft, zeigt solide, konservative Bürgerlichkeit. Er macht weder emotionale noch geistige Höhenflüge.

6. Nase klein, Stirn und Untergesicht groß. Das Ideen- und Denkleben ist ebenso wie die Genußfreude stark. Er ist beeindruckbar, weichherzig und gutmütig. Er zeigt seelische Wärme und eine starke emotionale Verbundenheit. Die Persönlichkeitskraft, der Gestaltungswille und die motorische Kraft sind geringer. Er bringt sich daher nur schwach zur Geltung.

7. Nase zu klein und hochgehend, Stirn und Untergesicht lang. Der Verstand und die sinnlichen Triebe sind stark, werden aber unbeherrscht ausgelebt. Er ist aggressiv, frech und voller innerer Unruhe. Er hat eine verpuffende Stoßkraft, eine Eruptivität und innere Anarchie. Das rege Gedanken- und Ideenleben läßt ihn als bedeutend erscheinen, doch fehlt es ihm an Disziplin und Ausdauer in der Arbeit. Er ist ein Dünnbrettbohrer, dabei voller Ideen, Witz und Zynismus. Er spürt wohl Probleme mit seinem hohen Intellekt auf, kritisiert keck, vermag aber selbst keine besseren Werte zu schaffen.

8. Unter- und Mittelgesicht klein, Stirn hoch. Diese Proportionen zeigen den Denk- und Empfindungsmenschen. Das Tat- und Genußleben stehen zurück. Er ist schlicht und bescheiden, intuitiv und zartfühlend. Er zeigt Selbstlosigkeit und Uneigennützigkeit, Opfermut und Treue gegenüber seinen Idealen. Die psychische Tiefe ist bei ihm mit einer selbstverständlichen Ehrlichkeit gepaart.

9. Stirn länger als Nase, Nase länger als Untergesicht. Diese Proportionen zeigen den höheren Geistesmenschen, der mit Vernunft das Gefühlsleben pflegt und reguliert und das Trieb- und Genußleben beherrscht und sich dabei ganz in den Dienst der höheren Lebensideale stellt.

Die Profile 1, 2 sowie 8 und 9 zeigen auf die Lebensideale gerichtete und entsprechend schöpferische Naturen. Sie garantieren den idealen Lebensfortschritt und eine glückliche Höherentwicklung. Die Profile 3 und 5 zeigen elementare, in der Tat- und Durchführungskraft sowie in der Ruhe und im Genuß starke Persönlichkeiten. Sie sind auf die realen Lebensbereiche gerichtet und fühlen sich in diesen wohl und leisten darin Gutes.

Ohne nun näher auf alle Einzelheiten der Körper-, Kopf- und Gesichtsausdruckskunde einzugehen, sondern beim

Zweck und Ziel dieses Beitrags zu bleiben, nämlich in die Hutersche Psycho-Physiognomik einzuführen und das Verständnis für die Individualität und das Charakteristische jedes Menschen zu fördern, möchte ich eine Person etwas ausführlicher beschreiben und so vorführen, wie eine psycho-physiognomische Charakteranalyse aussehen kann.

## Christine

Christines (Abb. 26 u. 27) Gesicht geben die Langformen das Gepräge. Sie hat daher auch das Tat-, Energie- und Bewegungsnaturell. Die Bewegungsnaturellanlage verleiht ihr ein starkes inneres Kraftgefühl und impulsive Tatkraft. Das ist eine wichtige Grundlage dafür, daß sie auch dann, wenn sie das Leben härter anfaßt, viel Lebens- und Überwindungsfreude zeigt. Dabei entwickelt sie eine starke innere Festigkeit (lange Festigkeitsachse) und Überzeugungstreue. Das Naturell verleiht ihr auch eine direkte, knappe und manchmal burschikose Ausdrucksweise. Sie liebt fortschrittliche, vielleicht sogar bahnbrechende Aktivitäten und kann mit viel Überzeugungskraft auf andere einwirken. Sie wird dabei nicht extrem.

Das große und wache Auge zeigt, daß sie größere Zusammenhänge ebenso klar zu fassen vermag wie Einzelheiten. Sie

Abb. 26 und Abb. 27 Christine

kann den letzteren den richtigen Stellenwert in größeren Zusammenhängen geben. Sie vermag auch Wesentliches von Unwesentlichem zu unterscheiden. Sie unterschätzt nicht Kleines und überschätzt nicht Großes.

Der Kopf ist bei Christine so gebildet, daß die Stirnpartie hinsichtlich der Formfülle alle anderen Partien dominiert. Es ist auch das hintere Oberhaupt bzw. das obere Hinterhaupt recht kräftig.

Die Stirnbildung zeigt, daß sie besonders durch Denkleistungen hervortritt. Die Unterstirn ist über der Nasenwurzel besonders kräftig; hier finden das Sachgedächtnis und das Wortgedächtnis Ausdruck. Das hervortretende Auge zeigt das besondere, das leichte und gewandte sprachliche Äußerungsvermögen, ein rhetorisches Talent. Die Partie seitlich über dem Auge, die Weichteile zwischen Auge und Unterstirnaußenpartie zeigen in der hier gegebenen Weise zudem ein vorzügliches Schriftausdrucksvermögen. Dahinzu kommt noch ein besonderes Feingehör (an der inneren Ohrmuschel zu erkennen) für den Klang der Sprache und auch der Musik sowie eine Einfühl- und Nachahmungsfreude (Mittelgesicht), weshalb sie eine überdurchschnittliche Begabung zum Lernen von Fremdsprachen in Wort und Schrift hat.

Die äußeren Teile der Unterstirn zeigen, daß sie auch eine gute Begabung für Mathematik aufweist. Überhaupt sind die reale Auffassungs- und Merkfähigkeit sowie das analytische (Unterstirn) und das logische (Mittelstirn) Denken besonders gut. Sie besitzt dank der zuverlässigen Erfassungsweise eine Fülle scharfer Gedächtnisinhalte, sodann einen regen Assoziationsbetrieb und die Fähigkeit des schnellen Analysierens und logischen Verknüpfens. Dies ist in der Feinheit und Spannung der Gewebe an der Stirn und der Nasenwurzel sowie am regen geistigen Impuls, wie er sich am Übergang vom Stirnbein zum Nasenbein äußert, zu ersehen.

Das Auge und die Nasenwurzel zusammen zeigen eine schnelle Auffassungs- und Wiedergabefähigkeit, Schlagfertigkeit und die Gabe schnellen Lernens.

Die Breite der Stirn zeigt die Vielfalt ihrer Interessen. Die breit und gut ausgewölbte Oberstirn zeigt starke philosophische, psychologische und pädagogische Interessen bzw. ein in diesen Bereichen qualifiziertes Denkvermögen. Sie hat ein gutes Talent für Menschenkenntnis.

Das mäßig quellende Mittelgesicht mit der mittellangen, feinen Nase sowie dem feingeformten Mund zeigt eine feinfühlige, subtile Regung in der Umwelt und bei Mitmenschen beachtende und kritisch prüfende Kontaktbereitschaft. Sie hat nicht nur ein reges Gedankenleben, sondern auch ein reges Gefühlsleben, das eine feinherbe Tönung aufweist. Die Nasenform zeigt nächst Neugierde und Wißbegierde den psychologischen Spürsinn sowie eine Wendigkeit und Anpassungsfähigkeit. So hat sie schließlich eine gute Möglichkeit, sich emotional und intellektuell an die Umwelt anzupassen, ohne dabei ordinär, alltagsgrau zu werden und in Banalität zu verfallen. Sie geht in ihrem Denkleben auf hohem Niveau eigene Wege, ohne sich aufdringlich zur Geltung zu bringen oder den Kontakt mit dem »gewöhnlichen« Leben zu verlieren. Sie kümmert sich nicht in selbstbelastender Art um das Urteil anderer, da sie schnell dessen relative Bedeutung erkennt. Sie ist im Denken sehr selbständig.

Das hintere Oberhaupt und das obere Hinterhaupt zeigen ein sicheres Auftreten in Verbindung mit einem starken Gerechtigkeits- und Verantwortungsgefühl. Es zeigt sich hier auch das ideale Hochgefühl der eigenen Person, weniger der Drang zum Repräsentieren in der Gesellschaft als vielmehr das Bedürfnis zur Erhöhung der inneren persönlichen Werte und ein damit in Zusammenhang stehendes Selbstwertgefühl.

Das Untergesicht zeigt lebhafte und kräftige Tatimpulse. Der Grad des Abstehens der Ohren zeigt ein gesundes Maß an Oppositions- und Widerspruchsfreude, auch die Neigung, eine Sache von ungewöhnlichen Seiten zu betrachten. Die Innenspannung, die sich ebenfalls am etwas abstehenden Ohr zeigt, in Verbindung mit dem regen Assoziationsleben und der Phantasie bringt eine freundlich-kritische und konstruktive Originalität mit sich.

Christine trägt ein eigenartiges Spannungsfeld zwischen oppositionsfreudiger Selbstbehauptung und liebender, verstehender und gefühlvoller Hingabe in sich. Das letztere ist bei ihr leitend, das erstere bewirkt Anregung, Veränderung, geistige Entwicklung und abwechslungsreiche Lebensereignisse.

*Anmerkungen*

1 Sigmund Freud, Bruchstücke einer Hysterieanalyse. *Ges. Werke Bd. 5,* Frankfurt am Main 1972
2 J. W. v. Goethe, *Faust*

3 Yehudi Menuhin, *Variationen – Betrachtungen zu Musik und Zeit,* München 1979
4 Carl Huter, *Menschenkenntnis durch Körper-, Lebens-, Seelen- und Gesichtsausdruckskunde,* 5 Bände 1904–1906
5 Konrad Lorenz, *Vergleichende Verhaltensforschung,* Wien/New York 1978
dto., *Der Abbau des Menschlichen,* München 1983
6 M. Eigen/R. Winkler, *Das Spiel – Naturgesetze steuern den Zufall,* München 1975
7 Vgl. Fritz Aerni, *Huter und Lavater – Von der Gefühlsphysiognomik zur Psychologie und Psycho-Physiognomik,* Zürich 1984
8 Vgl. Fritz Aerni, *Introversion und Extraversion – Eine neuropsychologische Typologie,* Zürich 1983

# Positive Lebensgestaltung

Warum wohl konnte Sallust, der römische Geschichtsschreiber bereits ca. 50 Jahre vor Christi Geburt sagen: »Jeder ist seines Glückes Schmied.«?

Warum heißt es im Schöpfungsbericht »der Mensch solle sein Brot im Schweiße seines Angesichtes essen!«?

Sehen wir uns um. In der Welt, in die wir geboren wurden, ist die Natur so eingerichtet, daß alles zerfällt. Nichts hat wirklich Bestand: Blumen vergehen, der Menschenleib zerfällt, Bauwerke stürzen mit der Zeit in sich zusammen, sogar Berge werden abgetragen. Was sich selbst überlassen wird, zerfällt. Die Materie strebt dem Tode zu, in jeder Hinsicht.

In dieser Welt des Zerfalls erscheint unser Streben nach Höherentwicklung, nach Vervollkommnung, Glück, Schönheit, völlig widernatürlich.

Unsere Höherentwicklung, die Verfeinerung beim Essen, beim Wohnen, in materiellen und geistigen Dingen wollen – bildlich gesprochen – »im Schweiße des Angesichtes« der Natur abgerungen werden und sie halten, soweit ersichtlich, nur solange an, als dieses Ringen weitergeführt wird.

Echtes Glück wird darum kaum aus einem untätigen Dahinvegetieren, einem sich Treibenlassen, entstehen können. Sich treiben lassen führt zum Zerfall. Echtes Glück will, ja, muß gestaltet sein. Dies zu übersehen käme einem Ungenutztlassen der Gnade Gottes gleich.

Darum haben zweifelsohne sowohl die Bibel als auch Sallust recht. Im Schweiße seines Angesichtes, also mit den entsprechenden Anstrengungen, ist jeder seines eigenen Glükkes Schmied. Und Schmieden kann man lernen.

Damit sei keineswegs dem Materialismus oder einer falsch verstandenen Leistungsgesellschaft das Wort geredet. Wir benötigen zwar unsere materielle Umwelt und sind im Schöpfungsbericht dazu aufgerufen, sie zu gestalten, aber »untertan«, uns zu Diensten, als Mittel zu höherem Zweck, nicht zum Selbstzweck!

Eine positive Lebensgestaltung nimmt alle diese Aspekte ernst, widmet sich ihnen bewußt. Sie durchdringt das ganze Leben, führt es aus der Enge des rein Materiellen hinaus zu wahrem Glück.

Positive Lebensgestaltung hat viele Seiten und Ansatzrichtungen. Von besonderer Wichtigkeit ist die Erhaltung der Gesundheit. Eine richtige Ernährung ist sehr oft wesentliches Mittel dazu. Bekanntlich lebt aber der Mensch nicht vom Brote allein. Der Mensch mit seiner Seele, seinem Geist, läßt sich in seiner Ganzheit nicht über den Körper allein erreichen. Auch sein Geist und seine Seele bedürfen der Nahrung und der Betätigung. Wer hat sie nicht schon gehört, die Erfolgs-Stichworte »Die Kraft positiven Denkens« oder »Die Macht Ihres Unterbewußtseins«, usw. – Millionen von Menschen kaufen sich Erfolgsbücher oder besuchen Kurse zu solchen Themen. Und wirklich, bei genauerem Hinsehen macht es schon Sinn, sich mit dem Denken zu befassen. Oder können wir irgend etwas Bewußtes tun, das nicht zuvor in unserer Gedankenwelt entstanden ist? Wir können es nicht! Also sind wir doch letztlich selbst das Ergebnis unserer eigenen Gedanken und Handlungen oder wieder: Schmied unseres Glückes.

Positive Lebensgestaltung wird in unseren Tagen durch Rezession, Arbeitslosigkeit, usw. sehr oft erschwert. Gerade in solchen Lebensphasen ist Hilfe zur positiven Lebensgestaltung besonders wichtig. Dasselbe gilt für einen Prozeß, den wir alle durchmachen, das Älterwerden.

Die folgenden sechs Beiträge gehen auf alle diese Fragen ein. Sie bilden unter dem Gesamttitel »Positive Lebensgestaltung« eine Brücke zwischen einer dem Zerfall geweihten materiellen Welt und einer diesem Zerfall entgegenlaufenden Höherentwicklung. Diese Höherentwicklung darf der Gläubige als Gnade Gottes verstehen. Sie braucht Anstrengung; darum ist jeder seines eigenen Glückes Schmied.

# Positive Lebensgestaltung

Paul Furger

## Positive Lebensgestaltung – ein Schlagwort

Positive Lebensgestaltung ist an sich ein Schlagwort, das wir beinahe jeden Tag irgendwo hören. Ich erfahre aber immer wieder, wie wenig wir damit anfangen können und wieviele Fragezeichen wir dahinter stellen. Ich bin der festen Überzeugung, ja, ich spüre jeden Tag aufs neue, daß wir dringend notwendig an unserer geistigen Entfaltung arbeiten müssen. Es ist jedoch nicht selbstverständlich, daß Menschen der heutigen Zeit sich einen Abend frei nehmen, um dies zu tun. Gerade im Bereich der Lebensgestaltung geht es darum, daß wir etwas tun, denn Wissen, das nicht in die Tat umgesetzt wird, kann uns sehr oft belasten.

Wollen wir von Lebensgestaltung sprechen, so ist es wichtig, daß wir uns zu Beginn die Fragen stellen: »Wer bin ich denn eigentlich? Wie sehe ich mich?« Ich weiß, es ist vermessen zu glauben, daß wir in wenigen Minuten auf diese Fragen gültige Antworten finden können. Nehmen Sie sich aber einmal Zeit, darüber nachzudenken, denn wir haben es vernachlässigt und vergessen, daß gerade der Mensch sich selber mehr beachten sollte.

## Gesetzmäßigkeiten im geistigen Bereich

In der vergangenen Zeit haben wir Menschen uns sehr stark mit der äußeren, der materiellen Welt beschäftigt, und auch hier vergessen, daß wir nicht nur im physikalischen sondern auch im geistigen Bereich Gesetzmäßigkeiten haben – Gesetzmäßigkeiten, die aus irgendwelchen Gründen zur Seite geschoben worden sind, vergessen wurden. Ich bin der Meinung, es lohnt sich, diesen Gesetzmäßigkeiten nachzugehen und wir erkennen immer mehr, Gott sei Dank, möchte ich sagen, daß die geistigen Gesetzmäßigkeiten ebenso wichtig sind, wenn nicht noch wichtiger.

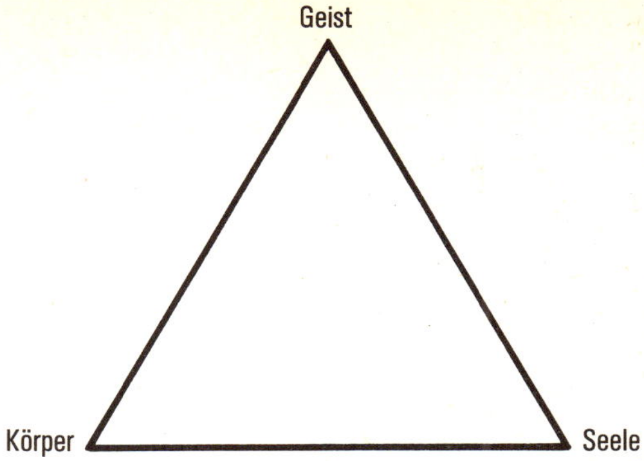


Abb. 28

## Körper – Seele – Geist

Dieses Dreieck von Körper, Seele und Geist ist für mich das Symbol des Individuums Mensch (Abb. 28).

Der Körper ist für uns etwas sehr Selbstverständliches. Wenn wir aber beobachten, was ein gesunder Körper leisten kann, welche Fähigkeiten er hat, wenn wir die Fähigkeiten einer Hand, eines Herzens oder Hirns betrachten, so haben wir allen Grund, jeden Tag neu zu staunen und dankbar zu sein.

Der Begriff »Seele« hat verschiedene Deutungen. Wenn ich die reine Psychologie nehme, die Wissenschaft der Seele, so heißt Seele der Bereich des Innenlebens des Menschen. Wir wissen heute immer besser, wie groß der Zusammenhang zwischen Seele und Körper ist. Die Ärzte sehen immer mehr, daß die meisten Ursachen der Krankheiten nicht im Körper als solchem liegen, sondern im gefühlsmäßigen, im seelischen Bereich (Psychosomatik). Ein älterer, praktischer Arzt gestand mir, daß im Minimum 50–60 % der Krankheiten seiner Patienten psychischen Ursprungs seien. Wichtig ist, daß wir uns der Zusammenhänge zwischen Körper und Seele bewußt werden. Die innere Verfassung, der innere Zustand, das innere Befinden, das innere Denken sind Ursachen von sehr vielen Krankheiten unseres Körpers.

Wir müssen uns fragen: »Wie stehe ich einerseits zu meinem Körper, kann ich Ja zu ihm sagen, und andererseits, wie stehe ich zu meiner Seele?«

Sprechen wir kurz vom 3. Punkt: Geist – Geistiges. Der Verstand ist für mich nur ein kleiner Teil dieses Bereiches. Für mich ist Geist vielmehr das, was wir nicht mehr fassen können, das, was wir als »Religion« bezeichnen, als Glaube. Ich stelle in meinem persönlichen Leben und im Leben vieler Menschen immer wieder fest, daß der Bereich der Religion, der Religio, eine viel größere Bedeutung hat, als wir annehmen. Religion kommt aus dem Wort Religio und heißt die Rückbindung an das Göttliche, von wo wir herkommen. Wir sind keine Staubkörnchen, die hier in dieser Welt ganz zufällig herumfliegen, sondern, wir haben hier eine Aufgabe und einen Sinn. Wenn ich weiß, daß ich gewollt und kein Zufallsprodukt bin, eine Aufgabe habe in meinem Leben, dann habe ich ein anderes Gefühl von Geborgenheit und habe eine andere Ausgangssituation für mein Leben.

Die Bereiche Körper – Seele – Geist bilden das Individuum Mensch. Früher behandelten wir, und wir tun es teilweise in der Medizin heute noch, ausschließlich den Körper. Das ist eine Realität. Dazu kam dann der Bereich der Psyche. Das ist eine weitere Realität. Später sah man, daß der Geist, der Bereich der Theologen, eine dritte Realität ist. Heute spüren wir immer mehr, daß dies eine Einheit ist, eine Einheit, die zu uns gehört, die wir sind. Nur in dieser Einheit haben wir eine Chance, daß wir uns entfalten und entwickeln können.

Zu dieser »Einheit Mensch« kommt ein weiterer Bereich: Wir sind nicht allein in dieser Welt. Wir haben alle eine Umwelt, und die besteht für mich aus einem Kreis (Abb. 29).

Abb. 29

Dieser Kreis hat für mich zwei Bedeutungen. Die eine Umwelt ist die Natur, die uns umgibt, das, worin wir stehen. Zu dieser Umwelt möchte ich nur eines bemerken:

Ich glaube, wir spüren inzwischen alle, daß wenn wir die Natur kaputt machen, so wird mit größter Sicherheit die Natur uns kaputt machen.

Die zweite Bedeutung dieses Kreises ist für mich der Mitmensch. Über diese zweite Umwelt möchte ich einen Satz von Professor Kielholz wiedergeben: »Das beste Medikament für den Menschen ist eine gute Beziehung zu einem Mitmenschen«. Wir dürfen immer wieder erfahren, wie wohl wir uns fühlen, wenn wir in der Harmonie, im Gleichgewicht sind, einerseits mit uns selber und andererseits mit den Mitmenschen. Sobald Spannungen und Disharmonie da sind, (auch sie gehören zum Leben – das Leben ist etwas Ganzheitliches) fühlen wir uns nicht mehr so wohl. Migräne, Bauchweh, Kreislaufstörungen können die Folgen sein.

Überlegen Sie sich bitte: »Wie stehe ich einerseits zur Natur und was bedeutet sie für mich, und andererseits, wie sind meine Beziehungen zu den Mitmenschen?«

## Die Ganzheit des Lebens und der Rhythmus

Meine sehr verehrten Damen und Herren, das Leben ist eine Ganzheit. Wir alle wissen, wo Sonne ist, ist auch Schatten. Die Sonne gehört zum Leben und der Schatten gehört zum Leben. Das Licht, der Tag, die Nacht gehören zum Leben. Die Freude, der Schmerz, die Geburt und der Tod gehören zum Leben. Das Leben ist eine Ganzheit und es ist unsere Aufgabe, daß wir mit beidem fertig werden.

Abb. 30

## Unsere Gedanken, eine der stärksten Kräfte

Wir leben in zwei Welten. Die eine ist die materielle, sinnliche Welt, die wir hier haben, die wir mit unseren Sinnen erfassen können. Die andere Welt, in der wir auch leben, ob wir wollen oder nicht, das ist unsere innere Welt, unsere Gedankenwelt. In dieser Gedankenwelt liegen die großen Ursachen für unsere Gestaltung des Lebens. Es ist eine uralte Tatsache, daß unsere Gedanken eine der stärksten Kräfte sind, die uns der Schöpfer überhaupt geschenkt hat. Es steht bereits seit 2000 Jahren geschrieben: »Wie du in deinem Herzen denkst, so bist du.« Es gibt viele solcher Aussprüche heute. Einer der aussagekräftigsten für mich ist: *»Deine Gedanken formen dein Schicksal.«* Es gibt Menschen, die immer wieder von den selben Situationen angezogen werden und davor Angst haben. Das sind dann jene Situationen, die sich sehr häufig verwirklichen. »Was du denkst, das bist du.«

Positives Denken ist nicht irgend ein rosarotes Denken, irgendwelche Illusionen, Abschweifen mit den Gedanken. Positiv denken heißt, die Welt so sehen, wie sie ist. Aus der Situation heraus, in der ich bin, in der ich stehe, das tun, was mich fördert. Erlauben Sie mir ein kleines Beispiel: Sie haben Ihre Skiferien gebucht und reisen am Samstag bei strahlend herrlichem Winterwetter an Ihrem Ferienort an. Am nächsten Tag schneit es und es hört nicht auf zu schneien, bis Sie am letzten Ferientag die Koffer packen. Da erst zeigt sich die Sonne wieder. Was tun Sie in dieser Situation? Hoteliers und Portiers haben mir bestätigt, daß dies Situationen sind, die viele Leute beinahe nicht überstehen. Sie werden unruhig, schlafen schlecht, sind schlecht gelaunt und dann gibt es solche, die abreisen. Was macht da der positiv denkende Mensch? Zuerst muß er die Situation akzeptieren. Er hat nun einmal schlechtes Wetter. Was aber kann er daraus machen? Er kann schlafen, Gespräche führen, jassen, schwimmen, in die Sauna gehen, die stille verschneite Landschaft genießen. Ein griechischer Philosoph sagte einmal: »Nie sind die Dinge an sich schlecht, nur wie der Mensch darüber denkt.«

Positive Lebensgestaltung heißt für mich aus dem allem als Schlußfolgerung: Ich muß darauf achten, wie ich in meinem Leben denke.

## Schulung unseres Denkens

Ich weiß, verschiedene Menschen, die tatsächlich in schwierigen Situationen sind, werden nun sagen: »Wie kann ich in der heutigen Welt noch positiv denken? Wie kann ich, wenn ich krank oder in einer schwierigen Lebenssituation bin, wenn ich unter Druck stehe im Leben, noch positiv denken?«

Gerade in schwierigen Situationen ist es außerordentlich wichtig, daß ich meine Gedanken nicht einfach fließen lasse. Es ist daher notwendig, daß ich sehr früh beginne, meine Gedanken unter Kontrolle zu nehmen. Mein Denken ist nicht nur einfach ein Zufallsprodukt. Es geht darum, daß ich mein Denken schule, es trainiere, daß ich beobachte, welche Gedanken vorhanden sind. Ich kann es nicht verhindern, daß dann und wann negative Gedanken kommen, Gedanken der Angst, des Mißtrauens, des Zweifels. Eines aber kann ich: Ich kann entscheiden, welche Gedanken sich in meinem Kopf festsetzen.

Positive Lebensgestaltung ist eine Fähigkeit, die gelernt werden kann, ist eine Fähigkeit, die geübt werden muß.

Positiv denken, positive Lebensgestaltung ist nicht nur eine Sache von Minuten, sondern es ist eine Sache, die ich immer und immer wieder üben muß, die ich in Zusammenarbeit mit Menschen gestalten kann. Einige unter ihnen werden mir vielleicht nun sagen: »Aber man kann doch nicht immer so positiv denken. Wenn ich die heutige Welt anschaue, wenn ich sehe, wie viele Kinder in Indien verhungern, wie es in Mittelamerika zugeht.« Was nützt es, wenn ich mich dauernd mit diesen negativen Bildern, mit diesen schwierigen Situationen auseinandersetze? Ändere ich etwas, wenn ich dauernd erkläre: »Das ist schlimm, das darf nicht sein?« So setze ich ja nur noch negative Gedanken in die Welt, anstatt mich zu fragen, was kann ich von hier aus materiell und geistig beitragen, damit sich dort etwas verändert. Da, wo ich hingestellt worden bin, da, wo ich jetzt in meinem Leben stehe, muß ich versuchen, das zu tun, damit ich mich und auch meine Umwelt sich entfalten kann. Entfalten heißt nicht, weiß Gott was werden, sondern, das, was in meinem Innern, in meinem Kern angelegt ist, zur Entfaltung zu bringen.

## Das Ja zu meinem Leben

Eine weitere Grundbedingung zur positiven Lebensgestaltung ist das große Ja zu meinem Leben, zu der Situation, in der ich stehe. Erst wenn ich ja gesagt habe, kann ich etwas verändern. Alles, was ich von mir wegstoße (das ist ein geistiges Grundgesetz), kommt mit wesentlich größerem Druck auf mich zurück. Druck erzeugt immer Gegendruck. Wenn ich etwas verändern möchte, heißt das zuallererst, daß ich ja sage zu der momentanen Situation und von da aus abkläre, was ich beitragen kann, daß in meinem Leben und im Leben meines Umkreises sich etwas entfalten oder verändern kann. Ob das bei mir privat, bei meinen Mitmenschen, im Betrieb oder in der Wirtschaft sei, dieses Gesetz gilt immer.

Einer der größten Schweizer Psychologen (Jean Piaget) hat gesagt: »Intelligenz ist die Fähigkeit, sich so rasch als möglich der Wirklichkeit anzupassen.« Wenn ich sage anpassen, oder die Wirklichkeit akzeptieren, so heißt das nicht, daß ich sie einfach so hinnehmen soll. Es geht darum, die Wirklichkeit, das Hier und Jetzt zu bejahen und von der jetzigen Situation aus zu suchen, wie ich sie verändern kann.

Positiv leben heißt, sich bewußt sein der Bedeutung unserer Gedanken. Erinnern Sie sich, es ist nicht unsere Erfindung, daß man die Kraft der Gedanken erkannt hat. »Wie du denkst, so bist du«, wurde vor 2000 Jahren im Buch der Bücher festgehalten. Eines müssen wir auch noch wissen: die östlichen Staaten sind uns in der Forschung in diesem Bereich von der Kraft der Gedanken, von der Übertragung der Gedanken (Telepathie) um Generationen voraus – und dies nicht zu unserem Vorteil. Sie betreiben diese Forschung ganz intensiv und haben sehr große Erfolge.

Wir müssen endlich einsehen, daß unsere Gedanken für uns ganz persönlich, aber auch für unsere Umwelt, Ursache ist, ob wir das Leben, in das wir hineingestellt wurden, bewältigen oder untergehen. Positiv leben heißt, die Aufgabe annehmen, da wo ich hingestellt worden bin. Es gibt dazu viele, einfache Hilfen: meine Gedanken kontrollieren, mich freuen an Kleinigkeiten, an einer Blume, an einem Lächeln, an einer Hand, die mir begegnet. Ich erlebe es sehr intensiv, daß gerade die Begegnung, der Kontakt von Menschen, die Zärtlichkeit eines der größten Defizite in der heutigen Welt sind.

## Und die Liebe ist das Größte

Positiv denken, positive Lebensgestaltung heißt, daß ich ja sage, das große Ja zu mir selbst. Je mehr ich zu mir ja sagen, mich selbst akzeptieren kann, je besser ich mit meinen Gedanken umgehe, mein Leben gestalte, umso besser kann ich den Mitmenschen annehmen, umso größer ist meine Toleranz und meine Liebe. Und die Liebe ist das Größte.

»Wer liebt, der lebt.«

# Eltern – Angstmacher – Angstbefreier?

Prof. Dr. Margit Erni

Es kann nicht das Ziel eines einzigen Beitrages sein, alle künftigen Ängste zu verhindern. Dies wäre Utopie. Vielleicht aber gelingt es uns mit diesen Zeilen, Ängste schneller wahrzunehmen beim Kind und beim Jugendlichen, die eigenen Ängste besser zu verstehen und die Angstsignale, die wir im Körper spüren, richtig zu deuten, hinzuhören auf das, was Angst uns sagen möchte. Angst ist zwar etwas sehr Unangenehmes, aber auch etwas Nützliches, denn sie warnt uns vor möglichen Gefahren. Mit der Angst richtig umgehen ist eine eigentliche Kunst, die wir lernen müssen.

Ängste haben ein doppeltes Gesicht: sie sind nicht nur eine Last, sie können uns auch reizen und in Spannung versetzen. Alles Neue macht uns Menschen Angst, weil wir ja nicht wissen, wie es weitergeht und endet. Andererseits lockt uns das Abenteuer, etwas Neues auszuprobieren. Wir genießen es z. B., in Freiheit über unser eigenes Leben entscheiden zu können. Freiheit kann dem Menschen aber auch Angst machen, nämlich dann, wenn er allein gelasssen wird.

## Wodurch können Eltern zu Angstmachern werden?

### Die Angst, alleinegelassen zu werden

Wie ich eben erwähnt habe, ist das Alleinelassen, ganz besonders des Kindes, angefangen bereits beim Säugling, ein entscheidender Angstfaktor. Wenn wir das Kleinkind zu lange sich selber überlassen, wenn wir auf sein Schreien hin nicht kommen, so ist es sehr schnell verzweifelt. Dieses Urangstgefühl, alleine gelassen zu werden, kann sich auch im späteren Leben wiederholen: wir treffen diese Angst häufig bei alten Leuten, die alleine leben und die wenig Kontakt mit anderen

Menschen haben. Beim Kind jedoch hat die Angst alleinegelassen zu werden, noch ganz andere Dimensionen. Das Kind ist ja darauf angewiesen, von uns Erwachsenen behütet und beschützt zu werden. Es ist schwach und hilflos bei seiner Geburt und braucht die Fürsorge der Menschen. Es braucht vor allem Zärtlichkeit, Wärme und das Gefühl, akzeptiert zu sein.

Wird das Kind größer und gehen die Eltern einmal vom Kind weg, oder geben sie es in die Ferien, so kann Trennungsangst sehr bedeutsam werden. Wir müssen das Kind auf jede Trennung vorbereiten. Dies kann am besten am Abend geschehen, wenn wir das Kind ins Bett legen. Geschieht dies ruhig und vertrauensvoll, haben wir Zeit, mit ihm und seinen Stofftierchen und Puppen zu sprechen, so spürt das Kind, daß es nicht einfach weggeschoben, sondern weiter behütet wird. Es wird später mit dem Einschlafenkönnen weniger Mühe haben und leichter lernen, allein zu sein und sich selber mehr zuzutrauen.

Selbst wir Erwachsenen haben die angeborene Angst vor plötzlichem Lärm, der uns erschreckt und uns sagt: »Achtung, da könnte etwas Gefährliches auf dich zukommen!« Wieviel empfindlicher ist da ein kleines Kind. Es spürt schon, ob wir es nervös und unsicher oder mit einer ruhigen Selbstverständlichkeit aufheben und in den Armen tragen.

## Die Dunkelangst

Wir Menschen haben eine angeborene Angst vor der Dunkelheit. Dunkelheit ist für uns gefährlich, weil wir uns in ihr nicht orientieren können. Der sehr schnelle Übergang von der Dunkelheit zur Helligkeit kann uns ebenfalls Angst verursachen. Es gibt Kinderpsychologen, die die Behauptung aufstellen, daß Kinder durch den Geburtsvorgang einen Schock erleiden.

Es ist sehr wichtig für die Eltern, das Kind ernst zu nehmen, wenn es Angst hat. Das Kind spürt, ob Vater oder Mutter es in seiner Situation verstehen. Die Dunkelangst ist ein Problem, mit dem sich die meisten Eltern auseinandersetzen müssen. Diese Angst kann sogar phobischen Charakter annehmen, denn das Kind kann diese Angstsituation durch seine Phantasie ganz gewaltig vergrößern. Ein grünes Nachtlämpchen, ein offener Türspalt können da schon sehr hilfreich sein.

## Reizüberflutung und Angst vor Neuem

Kinder können auch ängstlich gemacht werden durch das Überfüttern mit Eindrücken. Viele Kinder werden ganz verstört und schwierig, wenn wir sie zu lange dem Fernsehen, großem Lärm, Familienauseinandersetzungen, denen sie noch nicht gewachsen sind, oder zu langen sonntäglichen Autofahrten aussetzen. Dinge, die uns Erwachsenen Spaß und Freude machen, können die Kinder erschrecken. Es liegt an den Eltern, mit dem Kind zusammen, diese Reize langsam aufzunehmen und zu lernen, damit umzugehen. Kinder werden aber auch ängstlich, wenn wir zu wenig Zeit haben für sie, um etwas Neues zu lernen. Wir sollten dem Kind die Chance geben, etwas Neues ruhig ausprobieren zu dürfen. Wichtig dabei ist, daß die Eltern nicht nervös werden, sondern dem Kind helfen und Mut machen. Es ist ungeheuer wichtig, daß das Kind immer wieder zu hören bekommt: »Das wirst du schon noch lernen, das kannst du bald, versuch es nur.« Dies gilt übrigens auch für uns Erwachsene. Wir können uns dies nicht häufig genug sagen.

## Angstträume

Angstträume sind nicht nur ein Problem der kleinen sondern oft auch der größeren Kinder.

Bestimmt erinnern Sie sich noch an den Traum, verfolgt zu werden. Sie rennen davon und je schneller Sie rennen möchten, umso mehr kleben Ihre Füße am Boden. Zum Schluß fallen Sie dann in ein Loch. Sie fühlen keinen Boden mehr unter den Füßen. Diese Angstträume haben ganz verschiedene Bedeutungen beim Kind. Es kann in den Symbolbildern seiner Träume vieles ausleben, was es am Tag nicht verarbeiten konnte. Ein Angsttraum kann so helfen, daß das Kind nicht seelisch krank wird. Ungefähr im 9. Lebensjahr, wir nennen es das »Max-und-Moritz-Alter«, passieren bei den Kindern am meisten Unfälle. Die Statistiken können uns dies beweisen. Es ist also das Alter in dem die Kinder am meisten gefährdet sind, Unsinn machen, unvorsichtige Dinge tun, Streiche aushecken, von denen sie die Konsequenzen nicht absehen können. Wahrscheinlich würden noch viel mehr Kinder verunglücken, wenn sie in der Nacht nicht Angstträume hätten, die ihnen das gestörte Gleichgewicht wieder herstellen, wenn sie übermütig sind und keine Grenzen mehr sehen. Es tut dem Kind hin und wieder gut, durch eine gewisse Nachtangst hindurchgehen zu müssen. Wir Erwachsene dürfen sie aber nie auslachen oder nicht ernst nehmen.

## Angst als Dressurmittel

Wir können den Kindern aber auch unnötige Ängste beibringen. Wenn wir über das Kind lachen, uns über seine Mißerfolge lustig machen mit den Worten: »Das kannst du ja doch nicht, laß das besser liegen, du hast zwei linke Hände«, so bringen wir ihm systematisch Minderwertigkeitsgefühle bei und es traut sich selber nichts mehr zu. Eine weitere Gelegenheit, Kinder ängstlich zu machen ist, ihnen unsere eigenen Ängste zu übertragen. Ängstliche Mütter, ängstliche Väter können die eigenen Ängste, die ja Schwingungen sind, weil ein negativ geladenes Energiepotential vorhanden ist, auf ihre Kinder übertragen von einem Kraftfeld ins andere. Angst wirkt sehr ansteckend.

Angst kann aber auch als Dressurmittel gebraucht werden. Es beginnt häufig mit: »Paß nur auf, wenn…«

Ich habe ein schönes Beispiel an meinem Vater erlebt. Er hatte eine anerzogene Angst vor dem Gewitter. Sein Kindermädchen pflegte zu sagen: »Paß nur auf, jetzt kommt die Wetterhexe und nimmt alle bösen Buben mit. Sei also still!« Diese Kommentare gab sie ab, wenn es blitzte und donnerte, so daß er als kleiner Bub in ungeheuren Ängsten lebte. Als er dann erwachsen war, schwor er sich, daß seine Kinder nicht so leiden müßten. Er nahm uns auf die Arme, stand mit uns unter dem Fenster und betrachtete mit uns das Gewitter. Wir begannen nach jedem Blitz zu zählen, bis es donnerte, um die Entfernung des Gewitters abzuschätzen. So lernten wir Kinder, das Gewitter als ein natürliches Phänomen anzuschauen und wir mußten keine Angst aufbauen.

Das schlimmste meiner Meinung nach aber ist, wenn wir sagen: »Paß nur auf, der Herrgott sieht alles. Der wird dich schon strafen. Der weiß alles und vergißt nichts. Jede Kleinigkeit, ob gut oder böse, wird aufgeschrieben.« Später staunt man dann, wenn die Kinder von diesem Herrgott nichts mehr wissen wollen. Er wurde systematisch zu einem Polizisten gemacht. Wie oft wird den Kindern Strafe angedroht, die nicht realisiert werden kann. Warum eigentlich drohen? Dies scheint mir sehr unglücklich zu sein in der Erziehung.

Erlauben Sie mir auch hier ein Beispiel: Ich hatte vor kurzer Zeit eine Frau in meiner Praxis. Sie hätte den Sohn des parteipolitischen Gegners ihres Vaters heiraten wollen. Der Vater aber erklärte ihr: »Wenn du mir dies antust, dann werde ich dich verfluchen. Du wirst kein normales Kind haben.« Als der Vater spürte, daß dies noch nicht genug war, drohte er sogar mit Selbstmord. Die Tochter verzichtete schließlich auf diese Beziehung und heiratete einen anderen. Nach zehn Jahren traf sie den früheren Freund wieder, der auch verheiratet ist und eine Familie hat. Beide verliebten sich wieder ineinander. Die Beziehung zu ihrem Ehemann kam ins Wanken und sie selber machte Tage der Not und der Verzweiflung durch. Es gibt heute noch Menschen, die magisch denken, die sehr rasch einen Fluch des Vaters z.B. der sie damit erpressen möchte, ernst nehmen. Mit Fluch und Segen darf nicht so leichtfertig umgegangen werden. Dies sind zu ernste, und letztlich auch zu heilige Dinge.

## Wie können wir Eltern angstbefreiend wirken?

Es wäre geheuchelt, wenn wir unseren Mitmenschen vormachen würden, wir selber hätten keine Angst. Jeder Mensch ist angstanfällig. Wenn wir genau hinschauen, so sehen wir, daß nur der mutig sein kann, der seine Angst überwunden hat. Wer nichts spürt, eine dicke Haut hat, der spürt auch manches Schöne nicht, an dem er sich im Leben erfreuen könnte.

### Zuverlässig sein

Ein äußerst wichtiger Punkt ist die Zuverlässigkeit. Nichts kann uns die Angst besser wegnehmen, als neben uns einen Menschen zu wissen, der einen festen Standpunkt hat. Ich muß wissen, woran ich bin, ich muß diesem Menschen voll vertrauen können. Kinder sind besonders darauf angewiesen, weil ihr Selbstbewußtsein noch nicht so stark ist wie bei einem normal entwickelten Erwachsenen.

### Uns Zeit nehmen

Ein weiterer wichtiger Gesichtspunkt: Wir als Erzieher müssen uns Zeit nehmen, um mit den Kindern ein wirkliches

Gespräch zu führen: Die Kinder erzählen lassen, was sie fühlen, hie und da sollten wir uns auch Zeit nehmen für etwas, das nicht absolut notwendig, das aber schön oder lustig ist, das gefällt, sei es ein Spiel in der Familie oder etwas, das uns gemeinsam entspannt. Wenn das Kind weiß, daß die Eltern alle Probleme, die die ganze Familie betreffen, ernstnehmen, und mit ihm besprechen, so wirkt dies angstbefreiend für das Kind. Selbst kleine Knirpse müssen dazu angehört werden. Es wird nicht nur vom hohen Roß herunter kommandiert, sondern die Kinder dürfen auch ihre Wünsche anbringen. Kinder, die nie gelernt haben, daß man einen Wunsch äußern darf, haben im Erwachsenenleben viel Mühe, sich durchzusetzen, denn sie denken: Was ich möchte, was für mich wichtig ist, das interessiert doch niemanden! Sie werden zu Menschen, die später gerne in Depressionen fallen, große Minderwertigkeitskomplexe haben, Menschen, die sich aufstacheln lassen, weil sie nie gelernt haben, daß auch sie wichtig sind und daß sie auch eine Meinung haben, die ernst genommen wird.

## Nehmen wir es mit Humor

Nehmen wir nicht oft vieles zu tragisch? Wäre ein Umgang mit Humor bei den Kindern nicht viel wertvoller? Wir investieren zu große Sorgen und Beängstigungen. Wie schön, wenn ein Vater oder eine Mutter sagt: »Nimm es nicht zu tragisch, es ist nicht so schlimm.« Vielleicht weiß sie sogar irgend etwas Lustiges dazu zu erzählen. Mit Humor können viele Situationen entspannt werden. Besonders schön ist es, wenn ein Kind lernen darf, daß auch nach Mißerfolg und Unsinn, selbst wenn es die Eltern geärgert hat, sich immer wieder eine Lösung findet und sie einem immer wieder die Hand geben.

## Angstabbau üben

Ängste abbauen braucht oft viel Zeit und dazu bedarf es eines ganz bewußten Trainings. Wir müssen versuchen, ganz langsam an die Angstquellen heranzugehen. Ein kurzes Beispiel: Wenn ein Kind Angst vor Hunden hat, dann dürfen wir nicht einfach sagen, der Hund tut dir nichts, geh nur hin! Das genügt nicht. Wenn das Kind klein ist, nehmen wir es bei der Hand und gehen ein paar Schritte auf den Hund zu. Für den Anfang genügt das. Später werden wir einige Schritte näher an den Hund herangehen. Vielleicht lassen wir das Kind den Hund zeichnen oder wir lassen es selber einen Hund spielen.

Viele Ängste können dadurch entladen werden, daß wir sie darstellen. Wir müssen das darstellen, was uns Angst macht.

## Friede ist die beste Prophylaxe gegen Angst

Wenn wir möglichst angstgelöst durchs Leben gehen wollen, so gilt für uns Erwachsene wie für die Kinder, daß wir am Abend nie schlafen gehen sollten, ohne Frieden miteinander gemacht zu haben. Der Friede untereinander, zwischen Eltern und Kindern, zwischen den Ehepartnern gibt eine Gelöstheit, gibt immer wieder die Chance eines Neuanfanges, die auch die kleinen Knirpse mitbekommen. Sie spüren, wie Vater und Mutter sich zueinander verhalten, ob sie entspannt oder in einer gegenseitigen Ablehnung, im Zorn sind. Das Geschenk des Friedens ist eine der besten Prophylaxen gegen jede Angst.

# »Mit 80 noch lachen«

Prof. Dr. med. Kurt Biener

## 1. Altersumschichtung

Seit dem Beginn des 20. Jahrhunderts sind in den meisten hochentwickelten Ländern typische Veränderungen der Altersverteilung der Bevölkerung eingetreten. Der Anteil Jugendlicher bis zum 15. Lebensjahr ist von rund einem Drittel im Jahre 1900 auf gegenwärtig rund ein Fünftel gesunken, der Anteil über 65-jähriger Menschen jedoch von 6 % auf rund 12 % der Gesamtbevölkerung gestiegen. Die Zahlen betagter Menschen nehmen relativ und absolut ständig zu. In Schweden haben ungefähr 10 % der Einwohnerschaft von 7 Millionen das Alter von 67 Jahren überschritten. Jeder 4. Wiener Bürger ist heute über 60, 18 % sind über 65 Jahre alt. Es gibt gegenwärtig in Deutschland viermal so viele Menschen mit 65 und mehr Jahren als Mitte des letzten Jahrhunderts. In der Schweiz ist jeder 6. Bürger über 60 Jahre alt.

## 2. Lebenserwartung

Die mittlere Lebenserwartung steigt vorerst weiterhin. Die rapide Steigerung der Produktivkraft moderner Industriestaaten ist zu einem großen Teil auf diese Tatsache zurückzuführen, wenn auch das Altern der aktiven Bevölkerung heute weitgehend abgeschlossen sein dürfte. Binnen 100 Jahren hat sich die Lebenserwartung in den meisten hochentwickelten Staaten bei den Männern um fast 30, bei den Frauen um über 30 Jahre erhöht. Skandinavien und Holland verzeichnen die höchsten Lebenserwartungen. Allerdings zeigt sich in der letzten Zeit eine verlangsamte Zunahme der Lebensdauer oder sogar ein Stillstand bzw. eine rückläufige Tendenz wie in Norwegen. Als mittlere Lebenserwartung gilt für Männer in der Schweiz 71, für Frauen 76 Jahre. Als biologische Lebensgrenze ist der Zeitraum des 75. bis 100. Altersjahres, also im Mittel das 85. Altersjahr anzusehen.

## 3. Altersforschung

Das Ziel der Altersforschung besteht darin, ein gesundes und schmerzfreies Altern zu ermöglichen. Der Vorgang des Alterns verläuft unterschiedlich rasch. Zuerst erfolgt eine Abnahme der Muskelkraft, später der Funktionen endokriner Drüsen, dann der Sinnesorganleistungen, schließlich psychischer Funktionen wie Gedächtnis oder Konzentrationsfähigkeit. Individuell sind große Variationsbreiten altersabhängiger Leistungsmöglichkeiten vorhanden. Wissen und Lebenserfahrung schaffen jene psychische Überlegenheit des reifen Menschen, die einen körperlichen Leistungsverlust kompensieren. Krankheiten beschleunigen das Altern. Die klinische Altersforschung sucht u.a. das Wesen der Alterungsprozesse zu ergründen und entsprechende praktische Anwendungen für die Gesunderhaltung zu finden. Unter Geriatrie versteht man die ärztliche Betreuung des alternden Menschen. Als Gerontologie ist die Wissenschaft vom Alter zu bezeichnen.

## 4. Gesundheit im Alter

In Großbritannien entfallen 3 von 4 Hausbesuchen durch den praktischen Arzt und 8 von 9 Hausbesuchen durch Krankenpflegerinnen auf Personen, welche über 65 Jahre alt sind. In den USA ist seit 1956 regelmäßig das Morbiditätsgeschehen älterer Menschen von 65–74 Jahren verfolgt worden; u.a. zeigen 43 % Herzkreislaufschäden, 22 % Gelenkerkrankungen und rheumatische Erkrankungen, 16 % Bewegungseinschränkungen bzw. Lähmungen, 10 % Sehstörungen. Ohne chronische Krankheiten finden sich im Alter von 45 bis 54 noch 43 %, im Alter von 55 bis 64 noch 36 %, im Alter von 65 bis 74 noch 26 % und mit 75 und mehr Jahren noch lediglich 17 %. Eine Studie in Holland besagt, daß 55 % der über 55-jährigen Frauen regelmäßig den Arzt besuchen und 65 % regelmäßig Medikamente einnehmen. Bei den Männern waren es je 15 % weniger. Aus diesem Morbiditäts- und Mortalitätsgeschehen ergeben sich die Grundlagen für eine Prävention.

## 5. Präventive Probleme

Eine primäre Prävention kommt im Alter meist zu spät. Als sekundäre Prävention müssen jedoch in Kontrolluntersuchungen prämorbide, von der Norm abweichende Befunde erfaßt und durch die Frühbehandlung beherrscht werden, beispielsweise erhöhte Blutdruckwerte und/oder erhöhte Blutfettspiegel (Herzinfarktgefahr), pathologische Urinbefunde (Zucker, Tumorzellen, Blutspuren), Präkanzerosen (Haut, Mund, Genitalbereich bzw. Gebärmuttermund, Schilddrüsen, Brust, Lymphknoten, Polypenbildung z.B. im Kehlkopf), Augendrucksteigerung (Starbildung), Sputum- und Stuhlveränderungen (Lungen-, Magen-, Mastdarmkrebs, Darmpolypen), Durchblutungsstörungen, Knöchel- und Prätibialödeme (Herzmuskelstörungen), Belastungsdyspnoe und Zyanose (Kreislauf- oder Lungenfunktionsschädigung), Hautverfärbung (Leberschäden), Gleichgewichtsstörungen.

## 6. Soziale Probleme

Aus der Altersumschichtung ergeben sich soziale Folgerungen von großer Tragweite. In der Schweiz z.B. wird eine Basisrente der Alters- und Hinterbliebenenversicherung rechtlich gewährleistet, wobei zusätzliche Altersbeihilfen kantonal ausgerichtet werden können. Die Krankenversicherung übernimmt entsprechende Behandlungs- und Medikamentenkosten im Krankheitsfall. Ähnliche gesetzliche Regelungen, die eine umfassende Existenzsicherung anstreben, sind auch in Deutschland sowie in den nordischen Staaten getroffen worden. In Schweden kennt man die vom ganzen Volk mitfinanzierte Volkspension ab 67. Lebensjahr. Den sozialen Problemen alter Menschen ist u.a. durch Altersberatungsstellen, durch Altersklubs, durch Stiftungen für das Alter, durch Arbeitsvermittlungsstellen, Tageshorte, Wärmestuben und Ferienheime begegnet worden. Nationale und Internationale Organisationen nehmen sich der sozialen Altersfragen an.

## 7. Psychologische Probleme

Der jüngeren Generation obliegt in Dankbarkeit und Achtung die Pflicht des Schutzes der Gesunderhaltung und der Betreuung des alten Menschen. Bei fremden Völkern, in bäuerlichen Großfamilien brachte und bringt man dem alten Menschen noch meist die traditionelle Verehrung zu, die ihm aufgrund seiner Lebenserfahrung und seines Wissens und seines weisen Rates zukommt. Erst in der industriellen Urbanisationsgesellschaft wurde der alte Mensch nach seinem produktiven Nutzwert eingeschätzt und dabei zuweilen in Frage gestellt; die rasche Maschinenperfektion ersetzte die langsame Altershand. Die Pensionierung stößt den Menschen nicht selten in das Gefühl der Nutzlosigkeit; es kann zum schlagartigen psychischen Zusammenbruch kommen (Pensionierungstod). Daher ist ein freiwilliger Abbau der Arbeitsstunden sinnvoll, eine progressive Pensionierung, die wertvolles Erfahrungswissen als Arbeitspotential erhalten kann. Sind die Kinder weggezogen oder ist der Ehepartner verstorben, so kann zusammen mit einer gewissen Hilflosigkeit eine Vereinsamung entstehen, aus der besonders Witwer zuweilen den Tod durch die eigene Hand suchen. Die Bildung von Altengruppen bei verlorenen Familienpflichten, Kinderbetreuung in Parks oder Haushalten, Heimberatung oder Horthilfe, Förderung des Alterssportes, Pflege und Entwicklung von Hobbies, zweckgerichtete Teilaufträge aus Handwerk und Gewerbe (Heimarbeit) sollen Zukunftsorientierung und Optimismus fördern. Speziell der Kontakt mit Kindergartenkindern soll die Desintegrierung der Betagten aus der Gesellschaft verhüten durch Gemeinschaftspflichten, die ihnen einst die Großfamilie gegeben hatte.

## 8. Wohnung im Alter

Altersheime kommen in der Regel für Pflegebedürftige, aber nicht für Chronisch-Kranke in Betracht. Dabei haben sich Altersheime früheren Stils nicht allerorts bewährt, selbst wenn sie den Bedingungen der Hygiene und Bequemlichkeit entsprechen. Der alte Mensch zieht es meist vor, in seiner »gewohnten« Wohnungsumgebung zu bleiben; auch sollten Frauen und Männer nicht ganz voneinander getrennt leben. Laut einer Umfrage in der Nordschweiz wünschten 67 % der über 65-jährigen Personen nicht, in eine Alterssiedlung zu ziehen. Allerdings ergibt sich daraus, daß alleinstehende alte Menschen dann oft in Großwohnungen leben, z.B. in der Schweiz 23 % in Fünf- und Mehrzimmerwohnungen und 55 % in Drei- bis Vierzimmerwohnungen. International gebräuchlich sind Alterswohnungen in Erdgeschossen (England), Kleinstwohnungen mit Kochnischen in Alterssiedlungen (Holland), moderne Pavillonsysteme mit Freizeitanlagen, Bungalowanlagen neben Kindergärten mit Grünflächen (Österreich). Telefon besaßen 48 % der im Züricher Oberland befragten Betagten, 91 % ein Radio- und 11 % ein Televisionsgerät.

### 9. Unfall im Alter

Eine wichtige Aufgabe besteht in der Ausschaltung von Unfallgefahren im Lebensbereich der Betagten. Drei von vier tödlichen Heimunfällen ereigneten sich laut einer englischen Untersuchung bei Menschen über 65 Jahren, wobei rund 80 % aller Unfälle dieser Personen Heimunfälle und nur 20 % Verkehrsunfälle waren. Die meisten Unfallursachen sind dabei Verbrennungen/Verbrühungen und besonders Stürze auf Treppen, unnötigen Türschwellen oder nicht fixierten Bodenbelägen; präventivmedizinisch sind dann oft sichtgerechte Brillen, Hörgeräte, intaktes Schuhwerk, Gehhilfen erforderlich. Weiterhin ist eine Unfallverhütung im Alter u.a. möglich durch Handläufe in der Wohnung, niedrige Bettstellen, rutschsichere Badewanneneinlagen und -haltegriffe, Umstellung von Gas- auf Elektroherde, Heißwasserregulatoren, Plastikgeschirr, Rauhfußböden, Rundeckenbildung. Wichtig ist eine Klingelverbindung zum Nachbarn.

### 10. Ernährung im Alter

Nicht selten erleidet der alleinstehende Betagte infolge einer Gebißinsuffizienz Magenstörungen oder infolge einseitiger Kost Mangelerscheinungen an Vitamin C/D, an Calcium, Eisen und Proteinen. Dabei sind meist nicht Armut, sondern Vorurteile und Unwissenheit bzw. Gleichgültigkeit Hauptursachen einer falschen Altersernährung, welche oft zu fett, zu unregelmäßig oder zu kalt ist. Eine Eiweißmangelkost leistet beispielsweise einer raschen Ermüdung, einem vorzeitigen Kräfteverfall Vorschub und erhöht die Infektanfälligkeit; Fleischeiweiß soll wesentlich zugunsten des purinfreien Milcheiweißes in jeder Form reduziert werden. Laut einer rumänischen Studie schienen neben anderen Faktoren Milch- und Fischkost die Langlebigkeit begünstigt zu haben; hundertjährige Greise waren besonders unter Hirten und Fischern zu finden. Infolge altersbedingter Fermentschwäche mit entsprechenden Verdauungsschwierigkeiten sind Fette in einer Tagesmenge von 40 bis 50 gr. vom 65. und von 30 bis 40 gr. vom 75. Lebensjahr an ratsam; diese Fettanteile der Nahrung sollen cholesterinarm sein, also weitgehend aus Pflanzenölen bestehen. Kochsalzarmut bis täglich höchstens 5–8 gr. soll eine unnötige kreislaufbelastende Wasserretention vermeiden; pflanzliche Gewürze gleichen aus. Die Alterskost ist im wesentlichen eine Entlastungskost. Ambulante Essensversorgungen haben sich z.B. als regelmäßig angelieferte »Mahlzeiten auf Rädern« (Schweden, England, Schweiz) gut bewährt.

## 11. Fürsorgeprobleme

Fürsorgerische Aufgaben bestehen unter anderem in Korrespondenzhilfe und Rechtsauskunft, Testament- und Finanzberatung, Vermittlung von Patenschaftsbetrieben und Nachbarschaftshilfen, Haushalt- und Einkaufsbesorgungen, Hobbyanregungen, Literaturaustausch, Organisation von kirchlichen und kulturellen Besuchen, von Fernsehzirkeln oder Autoexkursionen sowie in Ferien- und Urlaubsvermittlung. Im Vordergrund steht die einfache pflegerische Hilfe nach Abstimmung mit dem Hausarzt und mit den Angehörigen. Daß auch die hygienische und kosmetische Pflege in die Betreuung einbezogen werden können, zeigt das Beispiel aus Stockholm, wo 45 Fußpflegerinnen teilweise mit staatlicher Finanzhilfe alten Bürgern entsprechende hygienische Dienste erweisen. In vielen Städten existieren spezielle Beratungsstellen für betagte Menschen, Altershorte, spezielle Seniorengruppen, Alterssportgruppen, Alterspflegedienste (z.B. Zürcher stadtärztlicher Pflegedienst) unter Mitwirkung von Gemeindeschwestern bzw. Hauspflegerinnen.

## 12. Pflege Chronischkranker

Einer vorzeitigen Hospitalisierung alter Menschen ist durch Erhaltung der Selbständigkeit mit fürsorgerischer Hilfe zu wehren. Trotz weitgehender Hausbetreuung rechnet man mit 5 % aller über 65-jährigen Personen, die in Spitalbetten gepflegt werden müssen. Damit besteht international ein steigender Bettenbedarf auf diesem Sektor. Beispielsweise waren in der Schweiz 1950 noch 19 Betten pro 10.000 Einwohner für Chronischkranke notwendig, heute sind es bereits 30. Dabei ist bekannt, daß der betagte Chronischkranke meist über mehrere Leiden klagt (Polymorbidität). Bei jeder Behandlung wird versucht, die vorhandenen Leistungsreserven zu aktivieren und somit eine Teil-Rehabilitation anzustreben. Erst wenn alle Leistungsreserven erschöpft sind, wird der Chronischkranke zum Pflegebedürftigen mit notwendiger Dauerüberwachung.

# »Gesünder Essen«

Prof. Dr. med. Meinrad Schär

In der Präambel der Statuten der Weltgesundheitsorganisation (WHO) wird die Gesundheit als »Zustand vollkommenen körperlichen, seelischen und sozialen Wohlbefindens« definiert. Gesundheit ist aber nicht ein Zustand, den man – durch nichts tun – erhalten kann, sondern Gesundheit ist ein optimales Verhältnis zwischen einem Individuum und seiner Umwelt. Das heißt mit anderen Worten, daß wir die Gesundheit beeinflussen können, entweder durch unser Verhalten oder aber durch die Gestaltung unserer Umwelt. Beides trifft zu. Wir müssen für unsere Gesundheit Sorge tragen, sie erhalten und fördern und Krankheiten verhüten. Andererseits aber müssen wir dafür besorgt sein, daß unsere Umwelt unsere Gesundheit nicht gefährden kann oder gefährden wird.

Über die Jahrhunderte war die Menschheit verschiedenen gesundheitlichen Gefahren ausgesetzt: in diesem Zusammenhang seien lediglich die Hungersnöte und die Epidemien genannt. Noch um die Jahrhundertwende starben in der Schweiz rund 30 % der Menschen – meistens in jugendlichem Alter – an übertragbaren Krankheiten. Heute verursachen die übertragbaren Krankheiten nur noch rund 1,5 % sämtlicher Sterbefälle. Die Menschen werden heute älter (ein neugeborenes Mädchen hat heute eine Lebenserwartung von rund 78 Jahren und ein neugeborener Knabe sieht einem Leben von 72 Jahren Dauer entgegen).

Wenn viel mehr Leute ein hohes Alter erreichen (»Das Leben des Menschen währet 70 Jahre und wenn es hoch kommt, sind es 80«), muß man in Kauf nehmen, daß eben die Krankheiten und Todesursachen des höheren Alters überhandnehmen.

Die chronisch-degenerativen Krankheiten (Herz-Kreislaufleiden) und der Krebs stellen heute die Haupttodesursachen dar. Diese beiden Gruppen von Krankheiten führen aber auch häufig zu vorzeitigem Tod. Wir möchten wissen, welches die Ursachen von Krankheiten und vorzeitigen Sterbefällen sind, damit wir gezielte Maßnahmen zur Verhütung dieser Krankheiten treffen können.

Viele epidemiologische Studien, die in industrialisierten Ländern durchgeführt wurden, haben ergeben, daß an erster Stelle der »Gesundheitsschädigung« die Ernährung steht. Es folgt dann der Genußmittelmißbrauch (Tabak, Alkohol, Drogen); an dritter Stelle der Bewegungsmangel und das Fehlverhalten und zuletzt die Summe aller umweltschädlichen Einwirkungen auf den Menschen. Wir tun also gut daran, der Ernährung unsere größte Aufmerksamkeit zu schenken. Die Nahrung kann – wie gesagt – gesundheitsfördernd, aber auch gesundheitsschädigend sein. Gesundheitsfördernd ist sie dann, wenn sie genügend Aufbaustoffe (Eiweiß), Mineralstoffe und Vitamine enthält. Fehlt es an diesen Stoffen, so kommt es zu Mangelernährung; das kann Unterernährung bedeuten oder aber Mangel an spezifischen Schutzstoffen (Vitaminen und Mineralstoffen).

In Mitteleuropa gibt es praktisch keine Mangelernährung. Seit einem Jahrhundert hat es z.B., in der Schweiz, auch keine Hungersnöte mehr gegeben. Was uns gesundheitlich schadet, das ist die Überernährung: Wir essen zu viel, zu fett, und zu süß; wir nehmen aber auch zu wenig Ballaststoffe auf.

Nun zu den einzelnen Punkten. Zu viel heißt: zu viel Kalorien mit der Folgeerscheinung des Übergewichtes. Zu fett heißt: ein zu großer Anteil an Fett in unserer Nahrung. Statt rund 30 % des täglichen Kalorienbedarfs in Form von Fett zu decken, nehmen wir täglich ungefähr 40–45 % Fett als Kalorienlieferant auf. Zu süß bedeutet: Zu viel Zucker. Wir sollten unseren Bedarf an Kohlehydraten nicht in Form von Zukker, sondern in Form von pflanzlicher Stärke decken. (Also Weizenstärke, Brot, Reis, Kartoffeln etc.). Der Zucker, wie er beispielsweise in Form von Süßigkeiten (Patisserie, Pralinen und gesüßte Getränke) aufgenommen wird, geht innerhalb von wenigen Minuten ins Blut und führt zu einer sogenannten Hyperglykämie (Überzuckerung des Blutes). Diese Hyperglykämie hat zur Folge, daß die Bauchspeicheldrüse vermehrt Insulin ausscheiden muß, um dadurch den Blutzukkerspiegel wieder zu normalisieren. Die dauernde Überbelastung der Bauchspeicheldrüse führt mit der Zeit (bei erblich disponierten Personen), zur Zuckerkrankheit (zum Diabetes mellitus). Eine übermäßige Zufuhr von Zucker, aber auch das Übergewicht, haben nicht nur den Diabetes, sondern auch viele andere Krankheiten zur Folge. Die bei Übergewichtigen gehäuft auftretenden Krankheiten sind in einer Tabelle zusammengefaßt.

**Tab. 1: Gesundheitsrisiken bei Übergewicht:**

Zuckerkrankheit (Altersdiabetes)
Gicht
Herzinfarkt und Hirnschlag, hoher Blutdruck und hoher Blutfettgehalt
Gallensteine und
Arthrosen (degenerative Erkrankungen der Hüft- und Kniegelenke).

Wenn wir diese hier aufgezählten Krankheiten verhüten wollen, müssen wir u.a. folgendes tun: 1. weniger Kalorien aufnehmen, d.h. weniger als 2500 Kalorien pro Tag essen; weniger Zucker essen; und auch weniger Fett konsumieren. Für eine normale und geregelte Darmtätigkeit bedarf es außerdem der Zufuhr von genügend Ballaststoffen (Pectine, Zellulose und andere Faserstoffe).

Diese sind in Obst und Gemüse reichlich enthalten.

In der nächsten Tabelle ist zusammengestellt, wie unsere tägliche Nahrung zusammengesetzt sein sollte.

**Tab. 2: Gesunde Ernährung:**

Ein ca. 70 kg schwerer Mann, der rund 175 cm groß ist und mittelschwere Arbeit verrichtet, sollte täglich folgende Nahrungsmengen zu sich nehmen:

| | |
|---|---|
| Kalorien: | 2.500 |
| Eiweiß: | 70–90 g, etwa die Hälfte davon in Form von »tierischem Eiweiß« (Fleisch, Fisch, Milch, Käse, Yoghurt und Eier). |
| Fett: | 55–80 g; zur Hälfte in Form von pflanzlichen Ölen (Sonnenblumenöl, Erdnußöl, Rapsöl) |
| Kohlenhydrate: | 240–430 g in erster Linie in Form von pflanzlicher Stärke (Kartoffeln, Vollkornbrot, Reis und Teigwaren); Zucker meiden! |

Die sechs Hauptgruppen von Nahrungsmitteln sind also: 1. Milch und Milchprodukte; 2. Fleisch, Fisch, Eier und Hülsenfrüchte; 3. Früchte; 4. Gemüse; 5. Butter, Öle und Fette; ferner 6. Kartoffeln, Getreideprodukte und Brot. Wenn wir bei der Gestaltung des täglichen Speiseplanes diese sechs Nahrungsgruppen einigermaßen gleichmäßig berücksichtigen, dann haben wir die Gewißheit, daß weder wichtige Vitamine, Spurenelemente, Mineralsalze oder unentbehrliche Aminosäuren und Fettsäuren in unserer Nahrung fehlen.

Nicht zuletzt sei auch erwähnt, daß der Alkohol ein »ungeheurer« Energielieferant ist, der sich sehr leicht »in flüssiger Form« einverleiben läßt. Ein Gramm Alkohol beinhaltet nicht weniger als sieben Kalorien. Die süßen Liköre sind besonders gefährlich, denn sie enthalten nicht nur viel Zucker sondern auch rund 20 % Alkohol.

Was die Wunderdiäten zur Abmagerung betrifft, sei lediglich festgehalten, daß es sich in den allermeisten Fällen um – auf die Dauer – gesundheitsgefährliche Ernährungspraktiken handelt. Es gibt keine Wunderdiäten und auch keine Diätwunder!

Das beste Rezept bei Übergewicht ist immer noch: »FDH« (Friß die Hälfte). In extremen Fällen von Übergewicht, bzw. Fettsucht könnte man auch sagen: »EVG« (Ein Viertel genügt).

# Strukturwandel: Arbeitslos – hoffnungslos?

Claus D. Eck

In jedes Leben treten plötzlich Veränderungen ein, welche einen Menschen – und seine nächste Umgebung – vor mehr oder weniger einschneidende Probleme stellen. Es sind dies Ereignisse, welche mindestens aus dem augenblicklichen Erleben heraus beurteilt, die ganze Lebenssituation auf den Kopf stellen können, so daß von dem berühmten Stein »keiner mehr auf dem anderen bleibt«. Diese überraschenden Veränderungen können in irgendeinem zentralen Bereich des Lebens auftreten: Gesundheit, persönliche Beziehung, Familienleben, Arbeit und Beruf oder auch eine plötzliche Änderung des politisch-kulturellen Lebens, wie sie in Zeiten politischer Umwälzungen vorkommen. Es kann sogar sein, daß gleich mehrere Bereiche tangiert sind oder die Krise in dem einen Lebensbereich Krisen in anderen Bereichen auslösen.

Nun stellt sich aber auch die Frage, wie es zu erklären ist, daß die einen solche Einbrüche in das Lebensniveau als Herausforderung erleben und mit allen Kräften die Situation zu meistern versuchen, während andere durch die gleichen Ereignisse wie »aus der Bahn geworfen« sind und sich lange oder gar überhaupt nicht mit der Veränderung positiv auseinandersetzen können. Allein schon die Tatsache, daß trotz äußerer Ähnlichkeit eines Ereignisses nur in einem sehr statistischen Sinne von Gleichheit gesprochen werden kann, in Wirklichkeit aber die konkrete Situation und vor allem das subjektive Erleben sehr unterschiedlich ist, verbietet den Schluß, daß sich die »Tüchtigen« eben auch in einer Krise bewähren, während die »Schwächeren« dies zu leisten eben nicht im Stande seien. Ganz im Gegenteil müßte die Überlegung Platz haben, wieviel Tüchtigkeit und Robustheit, welche die Wechselfälle des Lebens und unser gesellschaftliches Funktionieren dem Einzelnen abfordern, noch tatsächlich eine erhöhte Lebenschance sind. Könnte es nicht auch sein, daß die unverwüstlichen »Optimisten« und »Stehaufmännchen« nicht eine der zahlreichen Spielarten der Verleugnung und Verdrängung, der Gefühlslosigkeit und Überforderung sind? So oder so, es soll aber hier überhaupt nicht geurteilt werden, sondern vielmehr zu verstehen gesucht werden, was einen Menschen bewegt, wenn er in eine Krise gerät und welche Wege aus der Gefahr herausführen können.

Am Beispiel der Personalentlassung, der Arbeitslosigkeit im Gefolge dieser Maßnahme sollen eine solche Krisensituation und die Möglichkeiten ihrer Bewältigung dargestellt werden. In der Fachsprache des Personalwesens hat sich für die Maßnahmen der Personalentlassungen in ihren verschiedenen Formen der Ausdruck »Freisetzung« eingebürgert. Ein eher verschleiernder Ausdruck, als daß er präzise erfaßt, was Ursache und/oder Wirkung dieser Personalmaßnahmen sind. Wir möchten unsere Überlegungen zu diesem Thema entlang drei Thesen entwickeln:

1. Der unfreiwillige Verlust der Stelle ist ein Einbruch in die eigene stabilisierte Lebenswelt.

2. Sofern Stellenabbau gehäuft vorkommt, ist eine *Labilisierung* von *Unternehmung* und *Gesellschaft*, insbesondere ihres *Verhältnisses* zueinander, die Folge.

3. Die Ansätze zur *Bewältigung* dieser Form der Lebenskrise müssen gleicherweise vom Individuum und der diese Krise auslösenden Unternehmung (bzw. Verwaltung) ausgehen.

## 1. Der Einbruch in die Lebenswelt

Die Lebenswelt des Erwachsenen, dem es gelungen ist, seine verschiedenen Rollen in einer Vielfalt von Situationen zu gestalten, kann einem Schaubild von Max Moser (1983) zufolge in einem Mobile (Abb. 31) dargestellt und verstanden werden.

Dieses hier nur angedeutete Mobile versinnbildlicht die wichtigsten Aspekte der Lebenswelt des Erwachsenen, welche durch folgende Sachverhalte gekennzeichnet sind. Der Gedanke des Mobiles drückt den Zustand eines *labilen Gleichgewichtes* aus. Viele Einflüsse halten das Mobile in Bewegung, mal ruhiger, mal heftiger; auch langfristige Entwicklungen und Veränderungen können Beschaffenheit und Bewegung des Mobiles nachhaltig beeinflussen. Alles spielt sich aber im Rahmen eines labilen Gleichgewichtes ab. Ein Gleichgewicht, welches einerseits

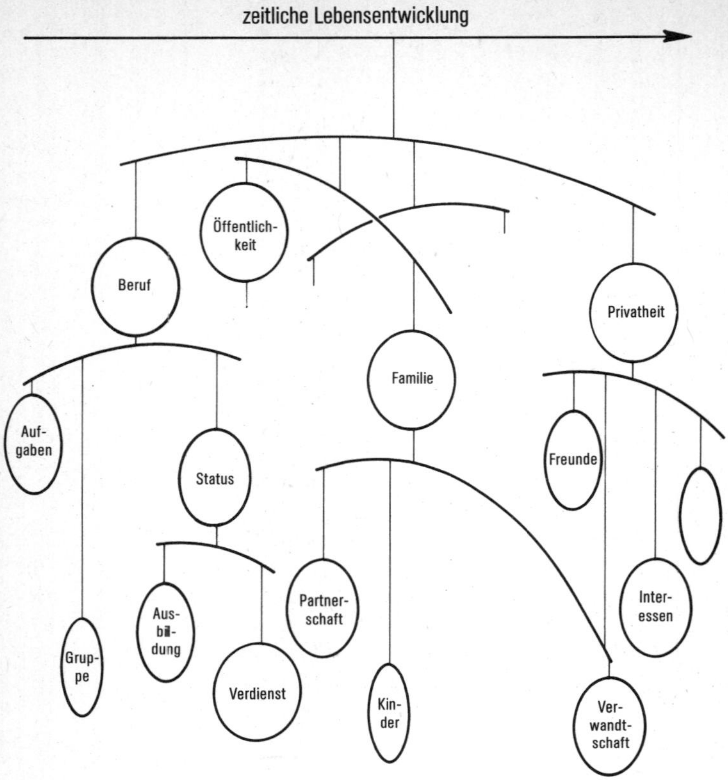


Abb. 31 Mobile (nach Max Moser)

- auf einer Balance von *individueller Gestaltung* und Einflußnahme der *Umwelt* beruht und andererseits
- ein individualpsychologisches Arrangement von persönlichen *Fähigkeiten/Stärken* und den *Schwächen* bzw. *Ängsten* darstellt.

Im Rahmen dieses Konzeptes bewegt sich das Leben der Erwachsenen, entfaltet sich die individuelle Lebensgestaltung und wirken sich die schicksalshaften Einflüsse der konstanten geschichtlichen und gesellschaftlichen Konstellationen aus.

Der Gedanke des Mobiles veranschaulicht aber auch die Gefährdetheit der Lebenswelt. Krisenhafte Einbrüche in einem der angedeuteten Lebensbereiche führen zu einer *Destabilisierung*, welche meistens nicht auf den betroffenen

Lebensbereich eingedämmt werden können, sondern andere Lebensbereiche tangieren und u.U. die ganze Lebenswelt in zusammenbruchsähnliche Zustände hineinführen kann.

Die Destabilisierung ist durch drei Aspekte gekennzeichnet:

- Es handelt sich um eine *Krise*. Eine Krise ist immer eine radikale Beeinträchtigung des *Selbstgefühls* und damit eine Identitätsbedrohung.
- Es werden durch die Destabilisierung *negative Kräfte* freigesetzt. Eben jene Kräfte, welche in dem stabilisierten Arrangement integriert bzw. latent gehalten sind. Je mehr schlecht verarbeitete Frustrationen, ungelebtes Leben, eine vermischte Affektdynamik gleichsam als Bodensatz hochgewirbelt werden, desto wuchtiger können die negativen Kräfte sich auswirken. Der gängige Ausdruck, jemand sei »völlig aus der Bahn geworfen« stellt diesen Sachverhalt dar.
- Eine Neuorientierung ist erforderlich. Nach einer Destabilisierung erfolgt idealerweise eine neue Stabilisierung. Diese ist aber nicht eine Rückkehr zum Status ante quo, sondern ist, sofern es sich wirklich um eine echte Stabilisierung handelt, eine neue, ganzheitliche Gestaltung und Ausbalancierung auf neuem Niveau. Bildlich gesprochen: das innere und äußere Mobile sieht anders aus.

In bezug auf die notwendige Stabilisierung sind folgende Möglichkeiten offen:

- die Stabilisierung gelingt vollumfänglich: kognitiv, verhaltensmäßig, emotional, sozial;
- die Stabilisierung gelingt nur teilweise, z.B. nur kognitiv. D.h. intellektuell wird z.B. der Stellenverlust zwar verarbeitet, aber es bleiben Ängste, Unsicherheit, Mißtrauen oder das wirtschaftlich-soziale Lebensniveau sinkt definitiv ab;
- die Stabilisierung gelingt überhaupt nicht. Die Lebenswelt bleibt katastrophal (= griechisch und meint wörtlich »durcheinandergeworfen«). Eine Pseudostabilisierung findet statt, in dem ein psychosomatisches Schicksal gewählt wird oder eine negative, selbst- und allenfalls fremdschädigende Einstellung aufgebaut wird, welche, weil chronifiziert, eine wirkliche Neuorientierung verhindert.

Eine besondere Anfälligkeit für nachhaltige Destabilisierungserscheinungen im Zusammenhang von Stellenverlust haben folgende Personengruppen:

- Personen ohne besondere Qualifikationen; ihre berufliche Identitätsbildung läuft in der Regel nicht über einen *Beruf*, sondern *lokal*, d. h. der Ort, an dem sie arbeiten. Gerät der Ort der Identitätsbildung in eine Krise, ist auch die eigene Identität bedroht. Dazu kommt noch die mangels spezifischer Qualifikationen herabgesetzte Chance auf dem Arbeitsmarkt.
- Personen über 40 Jahre; sie gelten als »schwer vermittelbar«, obwohl dies oft auf Vorurteilen beruht. Nach 40 Jahren hat die Lebensqualität ein gewisses Niveau erreicht. Abstriche an beruflicher Selbständigkeit, Einflußchancen, Ansprüchen sind evtl. erforderlich und können nicht immer in relativ kurzer Zeit wieder aufgeholt werden.
- Langjährige Mitarbeiter, deren schicksalshafte, oft auch affektive Bindung an die Organisation, den Verlust der Stelle lange Zeit als unwahrscheinlich erscheinen lassen. Tritt er dann dennoch ein, wird er besonders als hart und ungerecht erlebt. Das Bild der Organisation wandelt sich radikal von dem Sicherheit und Geborgenheit gebenden Rahmen zur kalten, unpersönlichen, undankbaren, Verdienste mißachtenden Organisation.
- Höheres Kader und Hochqualifizierte. Auch ihre Identifikation mit der Firma ist so stark, daß eine unfreiwillige Trennung gleichsam als Verrat erlebt wird. Oft sind vergleichbare Positionen oder Funktionen nicht mehr erreichbar, so daß nachhaltige Umstellungen im Lebenszuschnitt des Betroffenen und seiner Familie zugemutet werden. Dazu kommt häufig die Tatsache, daß gerade in diesen Positionen eine *Überidentifikation* implizit gefordert und aufgrund einseitiger Lebensorientierung auch bereitwillig geleistet wird. Umsomehr stehen solche Menschen dann plötzlich vor einem emotionalen-sinngebenden Nichts.

Diese Kategorien können sich kumulieren, d. h. ein Mitarbeiter ohne besondere Qualifikation ist weit über 40 und langjähriger Mitarbeiter bei der Firma, welche ihn nun entläßt.

## 2. Die Labilisierung von Unternehmung und Gesellschaft

In vielen Fällen sind Personalentlassungen partiell, d. h. sie betreffen einzelne Abteilungen, Zweige oder Werke und nicht die Organisation in ihrer Gesamtheit. Dadurch erfolgt aber immer auch eine Labilisierung der Gesamtorganisation; Personalentlassungen sind nie nur lokal in ihrer Wirkung. Eine Organisation – so wird sie meistens, wenn auch einseitig und verkürzt gesehen und gestaltet – ist ein zweckrationales Gebilde. Die Personalentlassungen mögen sogar als Ausdruck des zweckrationalen Denkens erscheinen. Vollzug und Wirkung solcher Personalmaßnahmen sind aber immer ein Einbruch des Emotionalen-Affektiven in das zweckrationale Gefüge.

Partielle Personalentlassungen verändern das Beziehungsgefüge in *Arbeits- und Funktionsgruppen*. Neben objektiven Einschränkungen (weniger Mitarbeiter) löst dies zahlreiche subjektive Wirkungen aus. *Angst:* Wann der nächste? *Schuldgefühle:* Warum gerade der/die und nicht ich/wir? Daß solche und andere Reaktionen meistens nicht zur Sprache kommen, heißt natürlich nicht, daß sie nicht voll wirksam sind. Oft werden sie noch dadurch verstärkt, daß die außerbetrieblichen Beziehungen durch Nachbarschaft, Freizeitaktivitäten, Freundschaften etc. weitergehen.

Personalentlassungen größeren Ausmaßes bedeuten eine regelmäßige *Vertrauenskrise* und *Motivationskrise*. Hat das Management versagt? Konnten die Einflüsse, welche nun zu diesen Maßnahmen führen nicht früher erkannt werden? Ist das die einzig mögliche oder nur die »günstigste« Lösung? Wie stehen diese Maßnahmen jetzt zu früheren Äußerungen des Managements? Solche und viele andere Fragen werden gestellt, offen und verdeckt. Sie werden auch beantwortet, vielleicht durch jeden auf seine Weise. Eine Vertrauenskrise ist auch eine Motivationskrise. Lohnt sich der Einsatz noch? Hat die Firma/Branche überhaupt eine Zukunft? Eigener Einsatz und Tüchtigkeit nützen offensichtlich im entscheidenden Moment doch nichts, also wozu? Die Erfahrung zeigt, daß in Krisenzeiten einer Organisation oft mehr Mitarbeiter wechseln als notwendig oder erwünscht wären. Je mehr sich ein Mitarbeiter faire Chancen auf dem Arbeitsmarkt ausrechnet, umsomehr neigt er dazu, das »Gesetz des Handelns« selbst zu behalten, um nicht eines Tages von einer Maßnahme der Personalentlassung betroffen zu werden.

Spektakuläre Personalentlassungen, d. h. Personalentlassungen, welche als besonders einschneidend oder exemplarisch angesehen werden, von der Zahl der Betroffenen, dem Prestige der Firma oder den Begleitumständen her, führen zu einer Labilisierung vom Typus Verlust an Goodwill, was sich auf die Nachfrageseite der Produkte bzw. Dienstleistungen, auf die Beschaffungssituation oder die notwendige Kooperation der Öffentlichkeit mit der Firma negativ auswirken wird. Gesamthaft gesehen kann dies langfristig eine Klimaverschlechterung in der Beziehung Wirtschaft – Öffentlichkeit bedeuten.

Ist die Resorbtionsfähigkeit der Gemeinden, Regionen, Branchen, stellensuchende Arbeitslose aufzunehmen, erschöpft, so entstehen gravierende volkswirtschaftliche und gesellschaftspolitische Probleme. Demokratie und Rechtsstaatlichkeit beruhen, und das unterscheidet sie gerade von totalitären Systemen, auf *Konsens*. Wie soll aber ein Konsens noch wirklich entstehen, bestehen bleiben und nicht aufgekündigt werden, wenn eine bestimmte Menschengruppe sich in einer Dauerfrustration befindet? Politische Apathie, Anfälligkeit für Radikalismen aller Art, Kleinkriminalität und damit auch ein Absinken der allgemeinen Lebensqualität sind die Folgen. Gesamthaft gesehen eine gefährliche Labilisierung in der wirtschaftliche und/oder politische Kampfmaßnahmen eine gute Konjunktur haben und der Staat sich leicht sehr interventionistisch geben muß.

## 3. Ansätze zur Bewältigung der krisenhaften Herausforderung

Firmen, Öffentlichkeit und einzelne Betroffene unternehmen viele Aktivitäten zur Bewältigung dieser Herausforderung. (Die Notwendigkeit und die Möglichkeit, insbesondere der Firmen, hier konzeptuelle Arbeit zu leisten wurden dargestellt von C. D. Eck: Beratung und Schulung bei Personalfreisetzung in: *Die Unternehmung* 37. Jahrgang, Heft 1, S. 83–94.)

Im Rahmen dieses Beitrages sollen für Unternehmungen und Öffentlichkeit sowie die direkt Betroffenen selbst nur einige *Kriterien* des Handelns aufgezeigt werden.

*Unternehmungen* und Öffentlichkeit, d. h. vor allem die *Behörden*, müssen sich in ihren *Konzepten* – damit nicht nur rasch verpuffende Einzelmaßnahmen produziert werden – an folgenden Kriterien orientieren:

– Ihr Handeln muß ein *systemisches* Handeln sein. Zunehmend wird bewußt, wie stark und intensiv die Zusammen-

hänge in der modernen Gesellschaft sind. Aus der Technik ist uns das Denken in Systemen geläufig. Von dorther wissen wir, daß Veränderungen in einem Teil des Systems, Auswirkungen – oft unvorhergesehene – in und auf andere Elemente des Systems hat. Es fällt uns aber häufig schwer, diese technisch plausiblen Vorgänge auf soziotechnische Systeme zu übertragen, also z. B. auf Unternehmungen. Das hängt u. a. auch damit zusammen, daß die Betrachtung eines Systems als soziotechnisches System dessen *Komplexität* enorm vergrößert. Die willkürliche Reduktion von Komplexität durch einseitige, verkürzende Betrachtungsweise dient aber nur kurzfristig der Entlastung des Handelnden. Spätestens bei der Bewältigung der *Folgen* und Auswirkungen ist der Handelnde wieder mit der Komplexität konfrontiert.
Systemgerecht handeln heißt also primär die *Auswirkungen* von Handlungen voraussehen und angemessen steuern und sie nicht ignorieren oder abschieben. Wirklich abgeschoben können sie ja nicht werden, sondern nur auf eine andere Systemebene verlagert werden. Dort sind sie aber nicht weg, sondern wirken als Störfaktoren oder Veränderung der Systembedingungen auf die anderen Ebenen wieder ein.

– Ihr Handeln muß *ethisch begründbar* sein. Ethisches Handeln meint in diesem Zusammenhang nicht eine Vorschrift, sich für ein bestimmtes Verhalten oder eine feststehende Lösung zu entscheiden. Die Anerkennung der ethischen Dimension bedeutet, daß jedes Handeln, und vor allem ein Handeln von so weittragenden Folgen, in jedem Fall einen Wertentscheid oder, anders formuliert, ein Entscheiden im Hinblick auf bestimmte Werte darstellt. Das Handeln muß begründet werden, wobei es letztlich unerheblich ist, ob diese Begründungen im Namen einer Zuständigkeit gefordert werden können oder ob das Handeln selbst innerlich begründet ist. Die Frage dabei ist, welche Werte, Anliegen, Interessen in einem Handeln zum Ausdruck kommen und im Konfliktfall gegeneinander abgewogen werden. Insofern ist Handeln offenbarend, »Farbebekennend«. Folgerichtiges Handeln allein ist noch keine Begründung, sondern sagt höchstens etwas über den Ausgangspunkt aus. Die ethische Frage, nicht zu verwechseln mit einer bestimmten Moral, ist also die, wie sich ein Einzelner oder eine Gruppe entscheidet und aus welchen Motiven heraus,

wenn auf die letztlich zynischen Legitimationen der Machtposition, der Machbarkeit oder logischen Folgerichtigkeit verzichtet wird.
Einem ethisch begründeten Verhalten wird selbst dann der Respekt nicht versagt, wenn ein anderes Verhalten denkbar oder gar wünschenswerter wäre.

- Das Handeln der Unternehmungen und der Öffentlichkeit im Rahmen unserer Themenstellung muß drittens ein *innovatives* Handeln sein. Liquidieren ist oft eine im Grunde simple Lösung, auch wenn sie technisch und in der Kostenfolge aufwendig gestaltet ist.
Erinnern wir uns: *Neuorientierung* ist der Ausweg aus der Destabilisierung. Die individuelle Neuorientierung wird enorm erleichtert und gefördert durch einen innovativen Rahmen. D. h., so wichtig die materiell-finanzielle Absicherung ist, genügen kann das in den meisten Fällen nicht. Ohne von dieser wichtigen Grundlage der Existenz gering denken zu wollen, ist doch zu sagen, daß gerade die finanzielle Entschädigung, die man sich wirklich großzügig gehandhabt wünscht, aber gerade keine Neuorientierung, sondern eine Orientierung am Verlust, am Ver- oder Entgangenen ist. Neuorientierung heißt demgegenüber Impulse zu Neubewertungen, alternativen Lebensentwürfen, berufliche Neuorientierung, eine andere Rollenverteilung in Partnerschaft und Familie, ebenso aber auch eine Revision unserer gängigen Vorstellungen über Laufbahnentwicklung, »Unterstützung« etc. Hilfe zur Selbsthilfe im persönlichen, beruflichen, wirtschaftlichen und politisch-kulturellen Bereich ist klassisch innovatives Handeln.

Durch eine Kombination von direkten und indirekten Maßnahmen des Personalwesens, von Berufsverbänden und öffentlichen Institutionen können Beratungs- und Schulungsansätze entwickelt werden, welche dem Kreis der unmittelbar und mittelbar Betroffenen ermöglicht:

- *mutig* zu handeln, Resignation zu überwinden, keine Anpassung an den geringsten Schwierigkeitsgrad, Neuentdekkung von Fähigkeiten und Kräften, kein Verbergen der Schwierigkeiten, sondern offene Kommunikation mit der Familie und Freunden; Ermutigung, Ziele zu setzen und diese auch zu erreichen;
- *konsequent* zu handeln. Oft wird zu früh aufgegeben bzw. die Neuorientierung erfolgt zufällig und unsystematisch. Vage Projekte haben die vordergründig tröstende Funk-

tion von Illusionen. Realistisch und konsequent die eigene Situation wahrzunehmen und entsprechend zu handeln und aus den Erfahrungen zu *lernen* sind Anzeichen von Ermutigung und Kreativität, weil in Krisensituationen die Fähigkeit zur *Versachlichung* – nicht zu verwechseln mit Intellektualisieren – die Neuorientierung ermöglicht;

- *kreatives* Handeln. Kreativität heißt mit neuen Wegen und Verhaltensweisen anstehende, bisher nicht oder nicht befriedigend gelöste Probleme anzugehen und sie schrittweise meistern. Kreatives Handeln ist inhaltlich nicht festgelegt und ist selten spektakulär. Ein Verzicht kann kreativ sein, ein beharrliches sich Durchsetzen ebenfalls; das Nächstliegende, quasi Selbstverständliche zu tun, ist u. U. ebenso kreativ wie der kühne Entwurf. Letztlich ist in einem menschlichen Leben, welches in eine Krisensituation geraten ist, all das kreativ, was nicht rezepthaft, rezeptiv-angepaßt unternommen wird, sondern aus persönlicher Auseinandersetzung zu einem eigenen Entschluß gereift ist.

Ein untrügliches Kennzeichen einer erfolgreich gemeisterten Krisensituation ist, daß *nachher*, aus dem zeitlichen Abstand, die Krise als Herausforderung und Chance bewertet wird. Insofern sind Krisen ein Zeichen von Lebendigkeit und ein kräftiger Motor persönlicher und gesellschaftlicher Entwicklungen.

# In Freuden älter werden

Claus D. Eck

## I. Das Dritte Alter in unserer Gesellschaft

1. Zahlreiche Befragungen von Personen *vor* bzw. *nach* der Pensionierung zeigen, daß *Vorstellung* und *Wirklichkeit* bezüglich des Alterns bzw. der Pensionierung oft stark abweichend sind. Welches können dafür die Gründe sein? Welche Faktoren beeinflussen die Lebensqualität und das Lebensgefühl des älter werdenden Menschen?

Die Einstellung der Gesellschaft (d. h. wir alle) zum Alter und zum Vorgang des Alterns bestimmt
a) die Einstellung des Einzelnen zu seinem Altern;
b) die Lebensqualität des Dritten Alters.

Die in unserer Gesellschaft *vorherrschende Einstellung* zum Alter ist noch wesentlich geprägt von Vorstellungen wie

| Defizit-Modell | Disengagement-Theorie |
|---|---|
| *Annahme:* Mit zunehmendem Alter bauen sich die verschiedenen Funktionen und Leistungen ab. | *Annahme:* Es sei natürlich und entspreche den Bedürfnissen des älterwerdenden Menschen, sich zurückzuziehen, seine »Ruhe-zu-haben.« |
| *Kritik:* – neben den Abbauprozessen gibt es zahlreiche gleichbleibende oder sog. zunehmende Leistungen.<br>– Training und anregende Umgebung erhalten die geistigen, sozialen und physischen Fähigkeiten fit. | *Kritik:* Wohl geschehen im Alter zahlreiche Rollenwechsel; auch treten Verluste ein. Aber sowohl die Bedürfnisse wie die Möglichkeiten sozialer Kontakte bleiben bestehen und sollen voll befriedigt werden. Neue Rollen (z. B. Großeltern) treten neben aufgegebene Rollen (z. B. Berufsrollen) |

| Überbetonung des biologischen Alterns | Vernachlässigung des sozialen Alterns |
|---|---|
| Das Defizit-Modell u. a. unzureichende Auffassungen über das Alter gehen zu stark von den biologisch-physiologischen Prozessen aus. Altern ist heute primär soziales Schicksal. D. h. die Wechselwirkungen zwischen dem Individuum mit seinen geistigen-seelischen und sozialen Fähigkeiten und den Gegebenheiten der näheren und allgemeinen Umwelt bestimmen die Lebensqualität sehr nachhaltig. | Mangelnde soziale Integration kann als Hauptproblem des alten Menschen in unserer Gesellschaft angesehen werden. Die Ursachen können sein: – *Emotionale* Isolation durch Rückzug, Apathie und Gefühlsverarmung; – *Soziale* Isolation durch Trennung von Kontaktpersonen durch Pensionierung, Umzug, Tod etc.; – *physiologische* Isolation durch mangelnde körperliche Mobilität oder geringere Sinnesleistung; |

Die bisherigen Lebensbedingungen bestimmen weitgehend die Lebensqualität des Dritten Alters. So gibt es gesicherte Zusammenhänge wie z. B.

a) Die Lebenserwartung steigt mit der sozialen Schicht;
b) untere Einkommensschichten haben tendenziell größere Schwierigkeiten bei der Anpassung an die Pensionierung und erleben diese als unbefriedigender;
c) mit steigendem Berufsniveau (Bildungsfaktor und berufliche Qualifikation) wird die Anpassung an die Pensionierung leichter erlebt bei tendenziell größerer subjektiver Zufriedenheit.

Die in diesen Zusammenhängen zutage tretenden sozialen Ungleich- und Ungerechtigkeiten können teilweise durch eine rechtzeitige Vorbereitung auf die Pensionierung ausgeglichen werden.

## II. Die Pensionierung

1. Ob die *Erwartungshaltung* gegenüber der Pensionierung eher *positiv* (zuversichtlich, gelassen) oder eher *negativ* (unangenehm, ängstlich) ist, ist abhängig von der:

a) Zugehörigkeit zu bestimmten Berufs- bzw. Funktionsgruppen;
b) Zufriedenheit mit der Berufssituation (= bei subjektiver Zufriedenheit Tendenz zu positiver Erwartungshal-

tung, bei subjektiver Unzufriedenheit Tendenz zu negativer Erwartungshaltung);
c) finanziellen Sicherheit;
d) Lebenssituation im privaten Bereich (z. B. Partnerschaft, Familienprobleme etc.);
e) vom Alter, d. h. zwischen 50 und 55 gibt es eine tendenziell positive Sicht der Pensionierung, zwischen 60 und 65 eine tendenziell negative Sicht, zwischen 70 und 75 wieder eine mehrheitlich positive Sicht;
f) Wohnortgröße (bzw. Grad der Verstädterung) und Wohnverhältnisse, welche auf die Bedürfnisse älterer Menschen zugeschnitten sind.

2. Hat eine eigentliche *Vorbereitung auf die Pensionierung* stattgefunden, so hat dies tendenziell positive Auswirkung auf die Anpassung an die Pensionierungssituation. Vor allem die Faktoren *»orientiert-sein«* und *»Vorplanung in die Zukunft«* zeigen positive Auswirkungen. Mit anderen Worten, man ist besser informiert, kennt sich besser aus, ist weniger überrascht und kann die notwendigen Veränderungen rechtzeitiger in die Wege leiten bzw. sich damit auseinandersetzen.

3. Die eigene Vorbereitung knüpft am besten an den bisherigen Lebensstil an: »Es gibt zahllose Belege dafür, daß auch der alternde Mensch geistig und schöpferisch sein und sich damit wesentliche Voraussetzungen für ein positives Altern sichern kann. Die Aktivität des Menschen in jedem Zeitraum ist aber sowohl allgemein als auch im geistigen Bereich proportional zur Summe der Aktivität in vergangenen Zeiträumen, d. h. letztlich im ganzen bisherigen Leben... Der größte Teil der Menschen lebt mit fortschreitendem Lebensalter vorzugsweise von der Substanz, die in den vorangegangenen Lebensjahren angelegt wurde, eine Substanz, die sehr häufig lange vor Beginn des eigentlichen Alterungsprozesses im Verlauf des grauen Alltages und der zunehmenden Einschränkung des Horizontes schrumpfte. Die Aufgeschlossenheit des alternden Menschen ist eine direkte Funktion des geistigen Bemühens während des ganzen Lebens«.

4. Kernpunkt der Vorbereitung auf das Dritte Alter bzw. die Pensionierung ist das sog. *individuelle Pensionierungskonzept*. Dies ist eine Methode um zur konkreten, aktionsbezogenen Auseinandersetzung mit den eigenen Verhältnissen zu

kommen. Erst in zweiter Linie ergibt sich daraus ein detaillierter Programmplan. Der Prozeß der gemeinsamen (Partner, Familie) Erarbeitung hat das Primat vor dem Ergebnis eines eventuellen Detailplanes. Immerhin sollen, ausgehend von verschiedenen angenommenen Situationen (...was soll geschehen, wenn...), rechtzeitig konkrete Maßnahmen in die Wege geleitet werden. Größten Wert ist auf die gemeinsame Erarbeitung mit Partner und – so möglich – der Familie gelegt. Die Prozesse, welche die Erarbeitung des individuellen Pensionierungskonzeptes auslöst, bedeuten für den Einzelnen und die Gruppe (Familie bzw. Freundeskreis) eine optimale Aktivierung, Schwierigkeiten und Probleme werden bewußt, Auseinandersetzungen finden statt, Lösungsvarianten müssen gesucht werden.

5. In bezug auf die Pensionierungsgrenzen, die Übertrittsmodalitäten und Vorbereitung soll eine möglichst große *Individualisierung* erstrebt werden. Eine gleitende Pensionierung (z. B. zwischen 60 und 68 Jahren) hat immense Vorteile gegenüber einer starren Pensionierungsgrenze.

## III. Das Phasen-Modell des Dritten Alters

In der allgemeinen Vorstellung ist das Dritte Alter ein linear verlaufender Lebensabschnitt, der natürlich möglichst lange dauern soll und dessen Ende sich in einer Grauzone von zeitlicher Ferne, Verdrängung und Hoffnungen verliert. In psychologischer Betrachtung erscheint das Dritte Alter – idealtypisch gesehen – als ein Lebensabschnitt von vier charakteristischen Phasen mit je eigenen Chancen und Problemen. Die zeitliche Ausdehnung und der individuelle Verlauf ist aber ganz unterschiedlich. Immerhin lassen sich charakteristische Akzente der jeweiligen Phase aufzeigen.

1. Phase: *Übertritt und Anpassung;*
Dauer: einige Monate bis zwei Jahre.

Diese Phase ist vor allem durch die Anpassung an eine völlig veränderte Lebenssituation gekennzeichnet. Neben der Anpassung ist es vor allem der Aspekt des Nachholens, der Intensivierung des bisher zu-kurz-gekommenen, welcher diese erste Phase kennzeichnet. Die Vorteile einer gleitenden Pensionierung machen sich hier am deutlichsten erkennbar. Bei einer fixen Pensionierungsgrenze können sich erhebliche

Übertrittsprobleme etwa in bezug auf Aktivitäten, Kontakte, Ehe, Gesundheit etc. ergeben. Andererseits zielt die individuelle Vorbereitung besonders auf diese Phase. Programme und Projekte sind gemacht worden, welche vor allem die erste Zeit ausfüllen sollen. Oft zeigt sich dann jedoch, daß diese Vorhaben entweder nicht den erhofften Befriedigungswert haben oder nicht beliebig wiederholbar sind (z. B. Reisen, größere Reparatur- oder Umbauarbeiten in Wohnung/Haus und Garten etc.). In den meisten Fällen gelingt es im Wesentlichen die Übertritts- und Anpassungsprobleme zu meistern, so daß sich fast nahtlos die zweite Phase anschließen kann.

2. Phase: *Ausbildung eines neuen individuellen Lebensstiles in der Pensionierung;*
Dauer: von einigen Jahren bis 15 Jahre.

Die verschiedensten Nachholbedürfnisse einmal abgedeckt, beginnt ein Abschnitt, in welchem eine der neuen Lebenssituation angemessene Strukturierung und Kontinuität erforderlich ist. Ein neuer, jetzt auf Dauer und nicht nur auf die Ausnahmesituation ferienähnlicher Verhältnisse angelegter Rhythmus muß gefunden werden. Die verschiedenen Altersrollen werden gelernt und im glücklichen Fall gemeistert. Dabei stellt sich die Notwendigkeit, eine neue *Aufgabe* bzw. Aufgabenverteilung zu finden. Aufgabe ist nicht identisch mit beruflicher oder auch erwerbs-orientierter Tätigkeit. Geldverdienen und Leistungsverpflichtung sollen im Dritten Alter keine oder eine gänzlich untergeordnete Rolle spielen. Hingegen ist es für jeden Menschen ein Bedürfnis, eine seinen Voraussetzungen und Verhältnissen angemessene Aufgabe zu finden. Die Befriedigung wichtiger Bedürfnisse, von mehr physisch ausgerichteten Bedürfnissen über Kontaktbedürfnisse bis zu den Bedürfniskategorien der Selbstverwirklichung und Sinngebung können über eine wie immer geartete Aufgabe positiv beeinflußt werden. Häusliche, hauswirtschaftliche, politische, soziale, kirchliche, lern- und bildungsorientierte, technische u.v.a. Aufgabenbereiche können diesem Bedürfnis nach Gestaltung und Erfüllung des Alltags der Pensionierung dienen. Diese Phase der Pensionierung kann zu den schönsten Jahren des Lebens gehören, aber auch u. U. überschattet sein vom Allein-sein-lernen durch den Tod des Lebenspartners.

Für alleinstehende Personen oder die nicht-berufstätige Ehefrau scheint sich auf den ersten Blick die Frage nach der

Aufgabe in der 2. Phase nicht so zu stellen, da die häuslichen Aufgaben eine Kontinuität und Auslastung bedeuten. Aber gerade für die Ehefrau und alleinstehende Personen ist es wichtig eine neue Aufgabe bzw. eine neue Aufgabenverteilung zu finden, welche neue Erfahrungen und Erlebnisse vermitteln. Es könnte sonst leicht sein, daß sich diese Personen um die Chancen der Pensionierung betrogen fühlen.

3. Phase: *Reduktion der äußeren Selbständigkeit durch Inanspruchnahme notwendiger Dienstleistungen;*

Dauer: wenige bis einige Jahre.

Diese Phase hat zahlreiche Varianten und auslösende Faktoren. Ihnen allen gemeinsam aber ist die Tatsache, daß bedingt durch verschiedenste Faktoren die Selbständigkeit und Beweglichkeit langsam oder in erheblichem Ausmaß reduziert wird. Alterswohnung, Altersheim oder auch nur Aufgabe einer größeren Wohnung bzw. Aufnahme einer Pflegeperson in den eigenen Haushalt, Inanspruchnahme des Mahlzeitendienstes oder anderer Hilfestellungen etc. die Ursache ist prinzipiell die gleiche: Abnahme der eigenen Kräfte oder die des Partners. Auch die Wirkung ist zunächst eine ähnliche: unmittelbare Entlastung, aber auch Angewöhnungsprozesse an die neue Situation. Gerade wenn diese 3. Phase nicht verdrängt wird, sondern rechtzeitig in die Wege geleitet wird, bleiben Selbständigkeit und Beweglichkeit stark erhalten. Vor allem wird durch diesbezügliche Eigeninitiativen verhindert, daß durch plötzliche Entwicklungen die Eigeninitiative abgegeben werden muß und Fremdinitiative an deren Stelle tritt.

4. Phase: *Wachsende Abhängigkeit durch Pflegebedürftigkeit bis Tod;*

Dauer: von einigen Monaten bis Jahre;

gehört zu den am ehesten verdrängten Aspekten des 3. Alters und kann am wenigsten durch direkte Dispositionen beeinflußt werden. Trotzdem ist es keine Frage, daß auch dieser Lebensabschnitt äußerster Reduktion eine bestimmte Lebensqualität haben soll, welche nicht nur von der Qualität der geriatrischen Pflegeleistungen, sondern auch durch eine in persönlicher Auseinandersetzung gewonnenen Einstellung abhängt. Diese Phase stellt viele Werte, denen wir ein ganzes Leben größte (vielleicht zu große) Bedeutung zugemessen haben in Frage: Aktivität – Selbständigkeit – Leistungsfähigkeit – Starksein etc. Je mehr im bisherigen Leben Erfahrungen der Passivität, des Geschehenlassens und auf-andere-angewiesen-sein positiv getönt waren, desto leichter können die mutmaßlichen Verhältnisse dieser Phase akzeptiert werden. Auch ist darauf hinzuweisen, daß die geistige Wachheit und bei starker physischer Pflegebedürftigkeit gegeben sein kann. In der geistig-seelischen Auseinandersetzung mit dieser Phase sind wir auch konfrontiert mit der Perspektive des Todes und des Sterbens. Vieles wehrt sich im Menschen gegen die Beschäftigung mit seinem eigenen Tod. Trotzdem ist es gerade für die Lebensqualität von großer Bedeutung, sich der Fragen der Endlichkeit (Begrenztheit) unseres Lebens, der Erfahrung äußerster Ohnmacht und der Sinnhaftigkeit unseres Lebens angesichts der Wechselfälle unseres Lebens zu stellen.

So individuell unterschiedlich diese vier Phasen auch ablaufen und sich gestalten, sie gehören strukturell zum Dritten Alter und müssen voll in die sog. Vorbereitung auf die Pensionierung einbezogen werden. Bekannt ist einerseits der Zusammenhang von Vorbereitung auf Pensionierung (beispielsweise durch Kurse) und dem Zufriedenheitsgrad in der Pensionierung andererseits aber auch die Tatsache, daß die individuelle Vorbereitung oft nur die erste, allenfalls zweite Phase nach unserer idealtypischen Skizze umfaßt.

## IV. Partnerschaft im Dritten Alter

1. Die Probleme der *Isolation* bzw. des mangelnden Austausches werden durch die Lebensdimension Partnerschaft bewältigt. Aspekte der Partnerschaft sind:
- Beziehung zum Ehe- bzw. Lebenspartner;
- Kontakt zu den eigenen Kindern und Enkeln;
- Kontakt zu Gleichaltrigen (Freundschaften);
- Kontakt zur jüngeren Generation (Bekanntenkreis);
- Kontakt zur Gesellschaft und Öffentlichkeit.

Nicht immer sind alle Kontaktbereiche gegeben. Wichtig ist, daß die Verschiedenartigkeit und Kontinuität der Kontakte gepflegt wird.

2. a) Die *Lebensgemeinschaft* verändert sich in der Pensionierung durch die größere zeitliche Disponibilität, was zu

mehr gemeinsamen Unternehmungen, aber auch zu Spannungen führen kann. Die nichtberufstätige Ehefrau hat die Kontinuität ihres Haushaltes, den berufstätigen Ehemann trifft die Veränderung der Pensionierung unmittelbarer. Das bisherige Leben zu zweit war in der Regel durch eine bestimmte *äußere* Rollenverteilung (Trennung Beruf-Haushalt etc.) und *innere* Rollenverteilung (der eine Partner übernahm vorwiegend die Initiative) gekennzeichnet. Es könnte sein und wäre vielleicht eine Chance, daß sowohl die äußere wie die innere Rollenverteilung verändert wird. Neue Bedürfnisse und neue Wege sie zu befriedigen definieren auch die Beziehung der Partner neu und können zur Vertiefung und Intensivierung der Partnerschaft beitragen.

b) Die *Alterssexualität* ist kein Tabu mehr. Die Sexualität kann auch bis in das hohe Alter eine Quelle von Intimität, Befriedigung, Selbstbestätigung und Glück sein. Vielleicht werden neue Formen der Zärtlichkeit entdeckt bzw. wiederentdeckt. Wie gut und befriedigend sich dieses wichtige Feld gemeinsamer Erfahrungen gestaltet, hängt, neben einer relativ guten körperlichen Verfassung, von folgenden Faktoren ab:

– Qualität der Partnerbeziehung als innige Sympathie und Wille, gemeinsam glücklich zu sein;
– positive grundsätzliche Einstellung zur Sexualität und bisherige positive sexuelle Erfahrungen mit dem Partner;
– kein Leistungs- oder Erfolgsdruck. Die Partner sollen die ihnen gemäße Form der sexuellen Aktivitäten finden unabhängig von gängigen Auffassungen über »richtig«, »falsch«, »normal« etc.;
– Regelmäßigkeit im Rahmen der beidseitigen individuellen Bedürfnisse und Möglichkeiten.

c) Die Beziehung zu den eigenen Kindern ist stark beeinflußt durch

– die bisherige Beziehungsqualität;
– die Lebensumstände (z. B. Mobilität) der nun erwachsenen Kinder.

Sind Enkel vorhanden, so ergeben sich Chancen des *Großelternseins*. Außerdem verwirklicht sich hier ansatzweise etwas von der viel natürlicheren »Drei-Generationen-Familie«, welche für die eigene Entwicklung und die der Kinder von großer Bedeutung ist. Die Beziehungen zu den Kindern und vor allem den Enkeln sind idealerweise gekennzeichnet durch Disponibilität aber auch Distanz. Kontakte können um so intensiver gestaltet und genossen werden, als sie auch begrenzt sind. Dauerverpflichtungen wirken mit der Zeit belastend. Gleichzeitig läßt die Distanz vieles objektiver und gelassener sehen.

d) Wichtig ist auch der Kontakt zur jüngeren Generation überhaupt. Die gegenseitige schiefe Beurteilung der »Jugend von heute« und der »Alten« kann nur durch regelmäßige Kontakte zur jungen Generation überwunden werden. Außerdem zeichnen sich hier mögliche Aufgabenbereiche für ältere Menschen ab. Die Teilnahme am politisch-geistigen Leben der Gesellschaft erfordert der Kontakt zu allen Generationen, quer durch die Bevölkerungsstruktur. Die nicht immer geglückte Integration der Jugendlichen und der älteren Menschen zeigt auch, daß zwischen diesen altersmäßig auseinanderliegenden Generationen objektiv gemeinsame Interessen vorhanden sind.

e) Von zentraler Bedeutung ist die Pflege eines Freundeskreises; zumal durch den Tod des Lebenspartners plötzliche Vereinsamung auftreten kann. Eine Einseitigkeit der modernen Lebensgestaltung und Rollenverteilung der Geschlechter zeigt sich u. a. darin, daß bei verheirateten Paaren der Freundes- bzw. Bekanntenkreis vorwiegend durch den Mann und dessen beruflichen Kontakt bestimmt ist. Durch die Pensionierung reduziert sich der so gestaltete Bekanntenkreis erheblich, und bei einem allfälligen Ableben des Gatten ist die Witwe in stärkerem Maße vereinsamt.

Im Zusammenhang mit der Frage der Kontakte bzw. der Vermeidung von Isolation stellt sich auch die Frage von Wohngemeinschaften älterer Menschen. Es scheint wahrscheinlich, daß die künstliche Isolation durch die gegenwärtigen Wohnformen, welche den Akzent zu sehr auf Abschirmung und Abgrenzung legen, überwunden wird zugunsten von Wohnformen, welche gleicherweise Privatheit und Rückzug ermöglichen als auch Gemeinsamkeit, gegenseitige Hilfestellung und bessere Nutzung der Infra-Struktur.

f) Ob »jung bleiben« ein wirklich erstrebenswertes Ziel darstellt, ist eher zu bezweifeln. Hingegen unbestritten ist, daß die Lebensqualität durch Teilnahme (Partizipation) am politischen, sozialen (gesellschaftlichen) und kulturellen Leben entscheidend positiv beeinflußt wird. Neben den damit verbundenen zwischenmenschlichen Kontakten ermöglicht diese Teilnahme – in ihren verschiedensten Formen – ein besseres Verstehen der eigenen Situation in einer sich wandelnden Welt und vermeidet das Gefühl der Marginalität (Randsiedler-Existenz). Die größere zeitliche Disponibilität, zahlreiche Vergünstigungen für Pensionierte im kulturellen Bereich, erlauben eine sinnvolle Teilnahme am »Leben der Gesellschaft«, welche auch ganz auf die individuellen Interessen und Bedürfnisse abgestimmt ist.

Wichtig scheint vor allem, daß der Teufelskreis des sozialen Zusammenbruchs (H. D. Schneider (1980) nach Kuypers und Bengtson (1973)) verhindert werden kann:

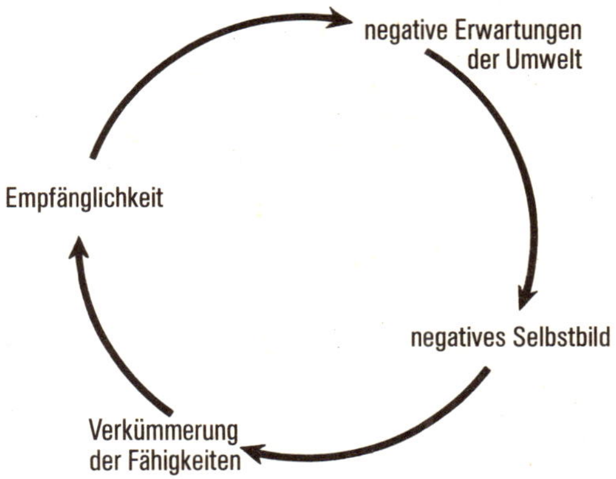


Abb. 32: Teufelskreis des sozialen Zusammenbruchs

## V. Krisenerscheinungen in der Pensionierung

Wie alle Lebensabschnitte hat auch das Dritte Alter seine besonderen Gefährdungen des seelischen Gleichgewichtes. Keinesfalls aber kann man sagen, daß das Dritte Alter besonders anfällig sei für psychische Störungen.

1. Neurotische oder psychotische Entwicklungen haben ihre Ursache selten nur in den Lebensbedingungen der Pensionierung, sondern sind Ausdruck der lebensgeschichtlichen Entwicklungen. Ausdrücke wie »Pensionierungsschock«, »Pensionierungsbankrott«, »Pensionierungstod« legen eine falsche Ursache – Wirkungs-Beziehung nahe und sollten deshalb nur sehr zurückhaltend gebraucht werden. Verarbeitungsdefizite von existenziellen Fragen oder stark einseitige Lebensgestaltung können sich im Dritten Alter vehement melden und bedürfen dann einer entsprechenden psychologischen Hilfestellung.

2. Neben gesundheitlichen und finanziellen Sorgen sind es vor allem folgende Faktoren, welche zu Belastungen führen, die, wenn nicht angemessen verarbeitet, zu Krisen oder einer Beeinträchtigung des seelischen Gleichgewichtes führen können:

a) »Funktionsverlust« und damit verbundener bzw. subjektiv erlebter Schwund an innerer Sicherheit, Ansehen und Autorität;

b) Probleme der Isolierung bzw. mangelnde Kommunikation; in akutem Stadium durch Verlust des Lebenspartners;

c) Bilanzkrisen. Auseinandersetzung mit den eigenen Kriterien erfolgreichen bzw. unbefriedigenden Lebens. Die Frage nach dem Sinn bzw. der Sinngebung. Depressive Stimmungen im Alter können häufiger auftreten aber durch geeignete Hilfen und eine positive Einstellung zur Normalität von Stimmungsschwankungen auch überwunden werden.

Die Vorbereitung auf das Dritte Alter kann diese Belastungsmomente zwar nicht ausschalten, aber sie kann auf einen angemessenen Umgang mit diesen Schwierigkeiten vorbereiten.

3. Eigentlich altersbedingte seelische Erkrankungen sind statistisch gesehen nicht sehr häufig (gemessen an der Gesamtpopulation älterer Menschen). In der Reihenfolge ihrer Häufigkeit sind zu nennen:

– die Altersdepression mit ausgeprägter Antriebsarmut, Entschlußlosigkeit, Angstzuständen, Schlaflosigkeit etc. haben eine gute Prognose hinsichtlich medikamentöser und psychotherapeutischer Hilfe.

– Altersbedingte Versagenszustände und Hirnarteriosklerose werden heute wie folgt behandelt:

| | |
|---|---|
| milieutherapeutisch: | schaffen einer gleicherweise stabilen, verständnisvollen und anregenden wie anleitenden Umgebung; |
| psychotherapeutisch: | stützende und verstehende Gespräche; |
| medikamentös: | Kombinationen anregender und dämpfender Mittel |

Für die unmittelbar Betroffenen wie auch deren Angehörige ist es wichtig, sich nicht zu überfordern, sondern rechtzeitig Hilfe anzunehmen.

Ärzte, Seelsorger, spitalexterne Krankenpflege, spezialisierte Beratungsstellen, u. a. sind geeignete Kontaktadressen, um für aufgeworfene Probleme oder Fragen, welche einen zu einem gegebenen Zeitpunkt bedrücken können, erste Anworten zu erhalten bzw. Hinweise, auf welche Weise eine kompetente Hilfe in Anspruch genommen werden kann.

# Zukunft – nicht nur negativ!

Wieviele Ängste liegen doch darin begründet, daß wir uns nicht vorstellen können, welche Lösungen in der Zukunft für unsere Probleme möglich sein werden.

So war es schon im späten 18. Jahrhundert, als Fabriken mit Maschinen ausgerüstet wurden. Die Arbeiter sahen weitverbreitet Arbeitslosigkeit und Elend auf sich zukommen. Um dies abzuwenden, drangen sie in die Werkstätten ein und schlugen die existenzbedrohenden Maschinen kurz und klein. Als »Maschinenstürmer« sind sie in die Geschichte eingegangen. Sie glaubten, durch Zerstörung den Fortschritt aufhalten zu können.

Wie sie sich täuschten! Erstens war der Fortschritt nicht zu stoppen; zweitens trat genau das Gegenteil von dem ein, was sie befürchtet hatten.

Es wäre zu billig, immer wieder anzunehmen, daß sich unsere Zukunftsprobleme stets von selbst lösen. Zeugt es aber von Ideenreichtum und Weitblick, wenn wir immer nur Schwarz, nur den Untergang sehen?

Gegenwärtig gibt es genügend Schwarzmaler, sodaß es sich an dieser Stelle erübrigt, diesen Farbton zu verwenden. Nicht wenige betreiben ihre diesbezügliche »Malkunst« professionell und verdienen nicht schlecht dabei. Was uns hingegen weitgehend fehlt, sind Mitmenschen, die bei den positiven Seiten unserer Zukunft ansetzen wollen. Unsere Zukunft ist nicht nur negativ, sie hat unzählige positive Aspekte. Warum nicht in erster Linie bei ihnen beginnen?

Die folgenden fünf Beiträge machen auf positiv gestaltbare Entwicklungsmöglichkeiten aufmerksam. Der durchscheinende Grundtenor ist dabei der folgende: Zukunft ist nicht einfach schicksalhaft vorgegeben. Sie wird sich schwergewichtig so ergeben, wie wir Menschen sie *gestalten*. Der innere Zusammenhang zum Problemkreis »Positive Lebensgestaltung« ist aus dieser Sicht augenfällig. Nichts ist schlimmer, als zu resignieren. Das vor vielen Jahren erschienene Plakat, damals zum Thema Entwicklungshilfe, ist auch hier hochaktuell. Es trug dem Sinne nach folgende Aufschrift:

*»Was kann denn ich als Einzelner dazu beitragen? Wenn alle so denken ...!«*

Wir müssen unsere Zukunft positiv gestalten *wollen*, dann wird sie positiv herauskommen.

Der erste Beitrag stammt aus dem Bereich Wirtschaft. Er kommt zum Schluß, daß positiv verlaufende Weiterentwicklungen möglich sind. Sie würden die Lebensqualität auf hohem Wohlstandsniveau erhöhen. Als Bedingung wird allerdings ein gewisses »Umdenken« genannt. Dieses Ergebnis wurde mit Hilfe der Szenarientechnik gefunden. Es handelt sich dabei *nicht* um ein Prognoseverfahren, sondern um ein Verfahren, das die Auswirkungen verschiedener Handlungsalternativen untersuchen kann. Praktisch sieht dies – natürlich stark vereinfacht erklärt – wie folgt aus: Man nimmt einen Computer, versehen mit einem umfangreichen Rechenprogramm. Das Programm handelt so, wie eine Volkswirtschaft funktioniert, nur viel, viel schneller. Gibt man dem Computer nun die im Rahmen eines bestimmten Szenariums gewählten Handlungsweisen ein, z. B.: »Wir verkürzen die Arbeitszeit auf 40 Stunden, verzichten auf Bau weiterer Kraftwerke, reduzieren die Fahrgeschwindigkeit der Autos auf 80 km/h, usw.«, so rechnet er uns aus, was dann passiert. Durch Vergleichen verschiedener Szenarien läßt sich so die insgesamt vernünftigste Handlungsweise ermitteln, wobei natürlich auch nichtrechenbare Aspekte, die unsere Lebensqualität mitbestimmen, berücksichtigt werden müssen.

Im zweiten Beitrag kommt ein begeisterter Vertreter der Technik zu Wort. Technik ist mit dem Menschen untrennbar verbunden, seit je. Sie hat sich von den primitiven Möglichkeiten des vorgeschichtlichen Menschen zu einer unerhörten Vielfalt und Perfektion weiterentwickelt. Es ist hochinteressant, den Zukunftsvisionen kompetenter Ingenieure zu lauschen. Die Technik ist noch lange nicht am Rande ihrer Möglichkeiten zur Lösung unserer Zukunftsprobleme angelangt.

Das wichtigste sind aber nicht diese Visionen, sie wecken zwar Hoffnungen und Zuversicht, sondern der Boden, auf dem diese Visionen sich verwirklichen können. Bruno Stanek geht vor allem auf diesen Aspekt ein. Er weist darauf hin, daß hier, bei den Voraussetzungen, sich Fehlentwicklungen ergeben haben, die es zu korrigieren gilt.

Ähnliche Überlegungen wären natürlich auch zur Anwendungsethik von Wissenschaft und Technik anzustellen. Ob Technik letztlich zu unserem Wohl oder Schaden gereicht, ist keine technische, sondern eine ethische, philosophische oder religiöse Frage. Nicht alles, was machbar ist, ist auch wünschbar und damit gut. Technik ist Mittel zum Zweck, nicht Selbstzweck.

In den letzten Jahren ist unser Umweltbewußtsein deutlich erweitert worden. Für die einen ist es lediglich eine Reaktion auf die Umweltverschmutzung. Für andere hingegen ist es mehr – eine höhere, kultiviertere, ethischere Form des Denkens. Der Mensch löst sich hier langsam vom allzu engen, ichbezogenen Denken. Er gewinnt mehr Verständnis für größere Zusammenhänge, entwickelt mehr Ehrfurcht vor der ganzen Schöpfung. Utopie? Vielleicht! Aber sicher eine der ganz großen Chancen der Zukunft. Der Beitrag über Ökologie versucht an diese zukunftsweisende Denkweise heranzuführen.

Große Sorgen bereitet vielen Menschen die laufende Gegenwart größerer und kleinerer Kriegswirren in aller Welt. Wie schnell könnte sich ein solcher Konflikt ausweiten, zum Weltbrand werden. Begreiflich, daß viele sich mit der Frage nach den Möglichkeiten einer Kriegsverhinderung auseinandersetzen. Von Natur aus dazu neigend, Probleme eindimensional zu betrachten, laufen wir Gefahr, hierzu nur jeweils eine Möglichkeit zu sehen. So kommt es dann zu, unseres Erachtens, tragischen Frontenbildungen wie z. B. hier Militärdienst, da Friedensdienst (Zivildienst). Der Beitrag »Elemente der Friedenssicherung« möchte dazu anregen, die Vielfalt der Möglichkeiten der Friedenssicherung zu erkennen, zu erschließen und lagegerecht einzusetzen.

Im letzten Beitrag schließen wir den Kreis wieder mit den Grundlagen unseres Handelns. Den Eingang zur Thematik bilden Gedanken über unsere gesellschaftliche Entwicklung. Nur zu deutlich merken wir, daß wir Zeitgenossen eines großen Umbruchs sind. Veränderungen sind stets mit Verunsicherungen verbunden. Veränderungen durchmachen bedeutet aber ebenso, neue Chancen zu nutzen. Sich bei der Wahl neuer Wege, bei der Entwicklung neuer Gesellschaftsformen, beim Vorbereiten des »new age«, des neuen Zeitalters, wiederum auf die Grundlagen unseres Handelns zu besinnen, ist Gebot der Stunde.

# Mögliche Entwicklungen Europas bis zum Jahr 2020

Prof. Dr. Hans G. Graf

## 1. Gegenstand und Aussage

Im vorliegenden Beitrag werden vier längerfristige Entwicklungsszenarien der europäischen Volkswirtschaften dargestellt, in deren Rahmen die Entwicklung unserer Volkswirtschaft zu sehen ist. Die den Szenarien zugrundeliegenden Annahmen können in diesem kurzen Artikel allerdings nur sehr summarisch wiedergegeben werden. Die ausführliche Darstellung der Annahmen auf allen Ebenen sowie methodische Anmerkungen und quantitative Resultate sind in Dokument Nr. 5 des SGZZ zu finden[1]. Szenarien beschreiben hypothetisch eine Abfolge von Ereignissen mit dem Ziel, die Aufmerksamkeit für Kausalbeziehungen zu wecken und auf Entscheidungen hinzuwirken (H. Kahn). Diese Definition beinhaltet einerseits, daß Szenarien *multidimensional* angelegt sein müssen, d. h. die politischen, gesellschaftlichen, technologischen, ökologischen, demographischen und wirtschaftlichen Rahmenbedingungen zu berücksichtigen haben. Andererseits handelt es sich insoweit um *Hypothesen*, als sich die denkbaren zukünftigen Entwicklungspfade vor allem aus verschiedenartigen gesellschaftlichen und politischen Wert- und Zielvorstellungen ergeben, deren endgültige Richtung heute noch nicht klar erkennbar ist. Daraus ist abzuleiten, daß bezüglich der Eintretenswahrscheinlichkeit des einen oder anderen Szenarios keine Aussage gemacht werden kann und soll: eine langfristige Vorhersage (im Sinne einer Wetterprognose) über das Verhalten der Menschen und ihrer sozialen Gebilde kann grundsätzlich nicht gemacht werden. Dennoch sind solche Szenarien in der unternehmungs- und wirtschaftspolitischen Entscheidungsfindung von grundlegender Bedeutung, weil sie alle möglichen *Probleme*, die auf uns zukommen können, klar umreißen und daher auch den Weg für Strategien zur Bewältigung dieser Probleme offenlegen.

1 H. G. Graf: Gesamtwirtschaftliche Entwicklungsszenarien für Europa bis zum Jahr 2000, St. Gallen, Mai 1983

## 2. Ausgangspunkt

Eine Analyse der derzeitigen Lage der westlichen Industrieländer läßt den Schluß zu, daß sich Rahmenbedingungen des wirtschaftlichen Geschehens im Vergleich zu den 50er und 60er Jahren wesentlich verändert haben, ja, daß in vielen Bereichen von einer eindeutigen Verschlechterung gesprochen werden muß. Diese Veränderungen haben vor allem bewirkt, daß in den westlichen Industrieländern eine ausgesprochene Investitionsunlust ausgebrochen ist. Diese betrifft weniger die *Rationalisierungsinvestitionen* (Rationalisierung arbeitsintensiver Prozesse mit den bekannten Effekten auf dem Arbeitsmarkt), sondern vor allem *Investitionen in innovativen (neuen) Produkten oder Prozessen.* Gerade aufgrund dieser Entwicklung verlieren die Industrieländer Westeuropas zunehmend an Dynamik – bei gleichzeitig wachsendem Anpassungsdruck auf den Weltmärkten. *Populär formuliert sind die westlichen Industrieländer in wachsendem Maß unflexibel, bequem, weniger leistungsbezogen geworden. Die Überwindung ihrer heutigen Probleme setzt indessen eine erhöhte Flexibilität, Mobilität, Anpassungs- und Leistungsbereitschaft voraus,* welche es erst gestatten, die kurz angeschnittenen Probleme einer Lösung zuzuführen.

## 3. Gemeinsame Annahmen

Den nachfolgenden Szenarien der Entwicklung der Weltwirtschaft und vor allem Europas sind einige Annahmen gemeinsam, welche zunächst umschrieben werden sollen. Eine der wesentlichsten Annahmen liegt darin, daß das Streben des Menschen nach Wohlstand und Wohlfahrt weiterhin eine zentrale Triebkraft seiner Aktivitäten darstellt. Dies gilt vorab für die Entwicklungsländer, in welchen das rasche Bevölkerungswachstum ein ebenso rasches Wachstum der Produktion voraussetzt, nur um das erreichte – teilweise völlig unbefriedigende – »Wohlstands«-Niveau zu erhalten. Dies gilt aber auch für die industrialisierten Länder, denn die Bedarfe an Gütern und (zunehmend) Dienstleistungen sind auch dort noch keineswegs gesättigt. Eine »Sättigung« ist ja allgemein an bestimmte Wertvorstellungen über das gewünschte Maß an Bedürfnisbefriedigung gebunden. Untersuchungen über die Konsumfunktionen im OECD-Raum deuten jedoch eher auf ein erneutes Ansteigen der Konsumquote im letzten Jahrzehnt hin als auf deren Reduktion. Das würde aber heißen, daß – trotz gelegentlicher Lippenbekenntnisse – keine grundlegende Änderung der Wertvorstellungen stattgefunden hat. Die Bedarfsentwicklung bleibt weiterhin ein maßgeblicher Anreiz zur Produktionsausweitung.

In Funktion der Verfügbarkeit und der Kosten der Produktionsfaktoren (Arbeitskräfte, Ressourcen, Technologie, Kapital) ergeben sich für die verschiedenen Länder *komparative Vorteile als Produktionsstandort*, die Außenhandelsströme auslösen. Die wachsende Zahl neu in das weltweite Produktions- und Handelsgeschehen »eingreifender« Länder führt dazu, daß sich die *komparativen Vorteile laufend verschieben* und damit die Außenhandelsstrukturen ständig ändern. Der Prozeß der internationalen Arbeitsteilung vor allem zwischen den Industrie- und Entwicklungsländern, in wachsendem Maß aber auch zwischen den Entwicklungsländern findet somit seine Fortsetzung und bleibt ein Motor der weltweiten Wirtschaftsentwicklung. In dieser Annahme inhärent ist auch, daß die *Wettbewerbsfähigkeit Europas* in allen Szenarien *langfristig* in genügendem Maße wiedererlangt werden kann, wenn auch auf jeweils unterschiedlichen (Länder- und Waren-) Märkten. Besondere Bedeutung kommt in diesem Zusammenhang der Arbeitsproduktivität zu, welche ja die Entwicklung der Kosten mitbestimmt und so die preisliche Konkurrenzfähigkeit einer Volkswirtschaft – vorab im Vergleich zur Entwicklung der Produktivität der Konkurrenten auf den Weltmärkten – widerspiegelt. Ist diese Annahme aber realistisch?

Jede Lageanalyse zeigt, daß in den westeuropäischen Industrieländern das Bewußtsein um die Zusammenhänge zwischen Ansprüchen und Leistung vielfach verloren gegangen ist. Der Leistungswille stellt eine entscheidende Komponente der Produktivitätsentwicklung dar. Wenn das verlorengegangene Gleich*gewicht* zwischen den *Ansprüchen* einerseits, die vom Einzelnen an Wirtschaft und Staat in Form von Einkommen bzw. Sozialleistungen gestellt werden und seiner *Bereitschaft* andererseits, einen entsprechenden Produktionsbeitrag zu erbringen, wiederhergestellt werden soll, so setzt das einen sozialen und politischen *Lernprozeß* voraus, der nicht reibungslos über die Bühne gehen wird. Wir sind der Ansicht, daß schließlich die *Einsicht* in diese Zusammenhänge – vor allem mit wachsenden Krisenerscheinungen – wachsen wird. Darum unterstellen wir, daß es in den Szenarien 1, 3 und 4 mit der Zeit – allerdings über unterschiedliche Mechanismen – zu einer *Anpassung* der *Einkommensforderungen* an die produktiven Möglichkeiten der einzelnen Volkswirtschaften kommen wird, ja kommen muß.

## 4. Alternativszenario 1: Krise und Anpassung

In diesem Szenario wird davon ausgegangen, daß die gesellschaftlichen und (wirtschafts-)politischen Verhaltensweisen innerhalb der einzelnen Länder und in den zwischenstaatlichen Beziehungen sich vorerst in ähnlichem Rahmen bewegen und verändern, wie dies in letzter Zeit beobachtet werden konnte. Auch die Einstellungen und Verhaltensweisen der Unternehmer sollen keine grundlegende Änderung in Richtung vermehrter Dynamik erfahren.

Diese »lethargische«, defensive, kurzfristig ausgerichtete Grundhaltung würde dazu führen, daß in den westeuropäischen Industrieländern die Probleme immer größer würden, die schlagwortartig wie folgt charakterisiert werden können:

- Verlust an weltpolitischer Bedeutung;
- Zunehmende soziale Spannungen;
- Wachsende Umweltbelastung;
- Verlust der weltwirtschaftlichen Konkurrenzfähigkeit aus technologischen und Kostengründen;
- Steigende Arbeitsmarktgleichgewichte, Arbeitslosigkeit als langfristiges soziales Problem.

Nun ist anzunehmen, daß im Maße der Verschlechterung dieser Rahmenbedingungen sukzessive auch die Einsicht vorab auf gesellschaftlicher und schließlich auch auf politischer Ebene wächst, daß etwas gegen diese Tendenzen unternommen werden sollte. Bis zur wirtschaftspolitischen Verwirklichung solcher Maßnahmen bedarf es, wie bereits bemerkt, eines *Lernprozesses*, welcher in den einzelnen Ländern verschieden lange dauern dürfte. Möglicherweise bedarf es einer eigentlichen Krise, bis wieder die erforderliche Konsensfähigkeit unserer Gesellschaften möglich wird, bis wieder ein ausreichendes Maß an *kollektiver* Vernunft einkehrt. Die zentrale Annahme für eine solche Entwicklung ist somit, daß die *Demokratien letztlich die Kraft haben, diese Krise zu überwinden.* Nach einer weiteren Verschlechterung der Situation kommt also vor allem im Verlaufe der 90er Jahre die *Einsicht zum Tragen, daß eine Überwindung der Krisensituation eine deutliche Reduktion der Kostenbelastung der Volkswirtschaften, d. h. einen Verzicht auf unverhältnismäßige Einkommensforderungen und damit Konsumverzicht, sowie (wieder) vermehrte eigene Anstrengungen voraussetzt.* Damit kommt ein Prozeß der qualitativen Erneuerung der Strukturen in den alten Industrieländern in Gang, mit dem es gelingt, die aufgestauten sozioökonomischen Probleme einer Lösung zuzuführen. Der anschließende Entwicklungspfad entspricht dabei den theoretischen Vorstellungen eines harmonischen Wirtschaftswachstums, welches – von breiten Gesellschaftskreisen getragen – es den Regierungen erlaubt, im Rahmen klar gesetzter Zielsysteme eine längerfristig konsistente Politik zu verwirklichen.

## 5. Alternativszenario 2: Zerfall Westeuropas

Im Gegensatz zu Alternativszenario 1 wird in diesem Szenario davon ausgegangen, daß die westlichen Demokratien die Kraft *nicht* aufbringen, sich zu regenerieren, die pendenten und sich laufend vergrößernden Probleme zu lösen. Engstirniger Nationalismus kommt auf. Die Regierungen werden praktisch *funktionsunfähig*. Unter politischem Druck werden kurzfristig wirkende Maßnahmen getroffen, ohne Rücksicht auf damit verbundene langfristig schädliche Auswirkungen. So wird z. B. zur Bekämpfung der Arbeitslosigkeit eine allgemeine Arbeitszeitverkürzung durchgesetzt, wodurch die kompetitive Position der Länder im weltwirtschaftlichen Rahmen noch stärkere Einbußen erleidet. Umweltschutz- und Friedensbewegung versuchen ihre Forderungen kompromißlos durchzusetzen, was zur Folge haben kann, daß der politische und ökonomische Prozeß blockiert wird. Allerdings wird angenommen, daß der Ostblock wegen eigener interner Schwierigkeiten und anderer Prioritätensetzung die Kraft nicht findet, die Zerstrittenheit und Schwäche der westeuropäischen Volkswirtschaften zur Erweiterung seines Einflußbereiches auszunutzen. Die Folge wird dennoch ein allgemeiner Verarmungsprozeß mit allen damit verbundenen wirtschaftlichen und sozialen Spannungen sein.

## 6. Alternativszenario 3: Balkanisierung Westeuropas

Der Begriff Balkanisierung ist zunächst zu konkretisieren. Er umschreibt eine Entwicklung, welche *zum Verlust der (außen-)politischen Mündigkeit einer Volkswirtschaft* oder eines mehrere Volkswirtschaften umfassenden Gebiets führt. Wir verwenden hier den Begriff »Balkanisierung«, da dieser die Abhängigkeit von der UdSSR genauer wiedergibt als der oft synonym benutzte Begriff »Finnlandisierung«. Es wird heute vielfach betont, daß in Europa Ansätze zu einer derartigen Entwicklung deutlich erkennbar sind. Der *Wille zur Verteidigung überkommener Werte*, zur Einhaltung eingegangener Verpflichtungen und Allianzen, zur politischen Mitwirkung und zur Leistung für das Gemeinwesen zerfällt; an deren Stelle tritt der »naive« Glaube an die kollektive Vernunft der Menschen, an die Friedensbereitschaft totalitärer Nationen oder an die Verwirklichung eines »Wohlfahrtsstaates«. Mit diesen Anmerkungen soll nicht die Wahrscheinlichkeit einer solchen Entwicklung, sondern nur die Auswahl dieses Alternativszenarios begründet werden.

Ausgangspunkt und anfängliche Entwicklung sind in diesem Szenario sehr ähnlich wie in Szenario 2. Jedoch werden hier die zunehmende Schwächung der westeuropäischen Widerstandskraft, die innere und äußere Zerstrittenheit und der Trend zu Bilateralismus vom Ostblock – unter Führung der Sowjetunion – konsequent zur Durchsetzung eigener Vorteile und schließlich auch zur räumlichen Erweiterung seiner Machtsphäre in dem Sinn genutzt, daß – ähnlich wie die osteuropäischen Staaten – das Wirtschaftspotential des Westens – über bilaterale Abkommen – rücksichtslos durch den Ostblock zu seinen Gunsten ausgeschöpft wird.

## 7. Alternativszenario 4: Qualitatives Wachstum

Wie bereits erwähnt, wird in diesem Szenario von einer grundlegenden *Änderung der Einstellungen und Werthaltungen im gesellschaftlichen Bereich ausgegangen.* Kann in den Alternativszenarien 2 und 3 von einer eher (kurzfristigen und kurzsichtigen) »egozentrischen« Grundhaltung gesprochen werden, steht in diesem Szenario eher die Gemeinschaft im Vordergrund. Im Bewußtsein, daß eine Gestaltung der Zukunft möglich ist, dies allerdings den Einsatz aller erfordert, werden die politischen Entscheidungsträger veranlaßt, ein koordiniertes Vorgehen zur Bekämpfung der hängigen sozioökonomischen Probleme zu entwickeln – und auch zu verwirklichen! Dies setzt voraus, daß trotz Interessenpluralismus wieder eine konsensfähige Meinungsbildung möglich wird und daß extreme Standpunkte nicht unabänderlich verfochten werden. Ebenso wird akzeptiert, daß es nicht um ein »Zurück«, sondern um eine *bewußte Vorwärtsstrategie* gehen muß. Im Vergleich zu Alternativszenario 1 setzt der Prozeß der qualitativen Erneuerung der Strukturen in diesem Szenario also früher und intensiver ein, die Betonung bei diesem Entwicklungsprozeß liegt außerdem stärker im Bereich systemischer Ansätze.

Die Alternativszenario 4 zugrundeliegenden Voraussetzungen und Annahmen – vorab im gesellschaftlichen Bereich – können aus heutiger Sicht nicht ohne weiteres als selbstverständliche Entwicklung angesehen werden. Sie spiegeln aber nicht nur eine wünschbare, sondern aus gesamthafter Betrachtung des Ökosystems Erde eine unumgänglich notwendige Entwicklung wider. Ob aber Einsicht in diese Zusammenhänge und Vernunft zur Verwirklichung eines solchen Konzeptes schon ausreichend vorhanden sind – zumal ein solches Verhalten mit beträchtlichen Übergangsschwierigkeiten verbunden wäre – kann bezweifelt werden; möglicherweise müßten sie erst durch eine krisenhafte Zuspitzung, welche die Gefahr eines Zusammenbruchs der bisherigen Strukturen offenkundig macht, in das Verhalten der Menschen eingeimpft werden. Denn die westlichen Industriegesellschaften sind der Empfindung einer drohenden Krise trotz äußerlicher Krisensymptome (Arbeitslosigkeit) wegen des sozialen Netzes noch nicht voll bewußt geworden. Wenn wir in diesem Rahmen einen Kollaps nicht vorgesehen haben, ist dies weniger ein Ausdruck von Optimismus, sondern der Überlegung entspringend, daß die Geschichte unserer Gesellschaften immer wieder zeigt, daß Völker in echt empfundenen Krisensituationen Energien entwickeln, die man im voraus nicht erwartet hatte.

## 8. Vergleiche der Szenarien

Die mit Hilfe des Weltmodells des SGZZ konkretisierten Auswirkungen der vier unterschiedlichen Annahmensätze in

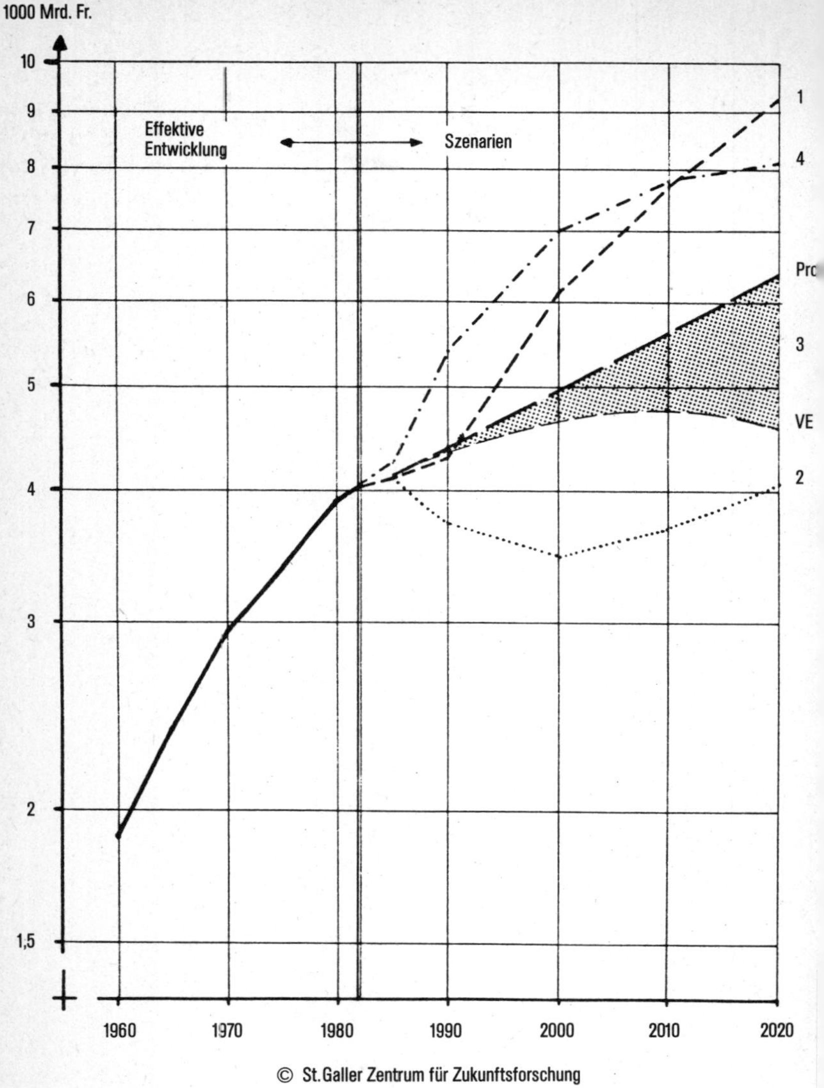


Abb. 33 Die Entwicklung des BIP (Bruttoinlandproduktes) in 4 Alternativszenarien (Mrd. Fr. zu Preisen von 1970)

den vier Szenarien auf das wirtschaftliche Entwicklungstempo werden in der nachfolgenden Graphik verdeutlicht. Die kontinuierlichen Verläufe der Entwicklungslinien dürfen jedoch nicht zur Schlußfolgerung verleiten, daß weitgehend störungsfreie Tendenzen vorliegen. Vielmehr ist mit umso heftigeren konjunkturellen Ausschlägen zu rechnen, je niedriger die – hier dargestellte – längerfristige Wachstumsrate ausfällt. Auch *täuscht der* – wegen der starken Aggregation notwendige – *grobe Maßstab über die absoluten Unterschiede der Szenarien 1, 3 und 4 hinweg.* Besonders beachtenswert scheint uns die Entwicklung in Alternativszenario 4: der Übergang zu einem umweltgerechteren Wirtschaften erfordert nicht nur recht große Zeiträume, er fördert zugleich – allerdings nur vorübergehend – das Wachstum. Aufgrund unserer Berechnungen würde eine Stagnation und schließlich ein Absinken des »konventionell« gemessenen Produktionsvolumens erst nach 2025 Platz greifen. Damit wird allerdings die Wohlfahrt der Menschen nicht korrekt wiedergegeben: andere Indikatoren, die über das materielle hinausgehen, müßten zur Messung herangezogen werden. Insoweit ist das Szenario 4 nicht direkt mit den anderen drei Szenarien vergleichbar. Der Verlauf der Produktion in Szenario 2 kann nicht derart interpretiert werden, daß damit das vielfach gewünschte »Null-Wachstum« erreicht würde. Vielmehr muß von einer permanenten Krise mit hoher Arbeitslosigkeit, ungerechter Einkommensverteilung, heftigen Schwankungen der Wirtschaftstätigkeit, sozialen Zerreißproben usw. gesprochen werden. So würde in diesem Szenario, vor allem aber in Szenario 3 – wegen der massiven Abschöpfung durch den Ostblock –, das für den einzelnen verfügbare freie Einkommen (VE) noch deutlich niedriger ausfallen, als das hier dargestellte Produktionsvolumen (Prod.). Zwar entwickelt sich die Produktion in gewohnten Bahnen, da diese aber nicht mit kostendeckenden Erlösen entschädigt wird, verschlechtert sich die Einkommenslage unserer Volkswirtschaften entsprechend. Die schraffierte Fläche in Abb. 33 deutet diesen »Aussaugungseffekt« an.

## 9. Gibt es überhaupt keine positiven Szenarien?

All die aufgezeigten Entwicklungstendenzen sind eher als grau, wenn nicht geradezu als schwarz zu bezeichnen und zeigen praktisch ausschließlich eine negative Beurteilung der zukünftigen Rahmenbedinungen. Gibt es denn überhaupt keine positiven Szenarien?

Doch! Als grundlegende Voraussetzung hat jedoch, wie dies gerade Szenario 4 deutlich gemacht hat, zu gelten, daß im Rahmen der Verschlechterung der Rahmenbedingungen – sei es im Grundszenario, sei es in einem der Alternativszenarien – sukzessive auch die Einsicht vorab auf gesellschaftlicher und schließlich auch auf politischer Ebene wächst, daß etwas gegen diese Tendenzen unternommen werden sollte. Bis zur wirtschaftspolitischen Verwirklichung solcher Maßnahmen bedarf es – wie bereits gesagt – eines *Lernprozesses*. Grundvoraussetzung für eine positivere Entwicklung ist also, daß die maßgeblichen Entscheidungsträger in Wirtschaft und Politik die Gefahren sehen und ernst nehmen, die durch die skizzierten Szenarien aufgezeigt werden und darauf mit Taten und nicht nur mit bloßen Worten reagieren. Dazu ist ein *Umdenken* auf allen Entscheidungsebenen notwendig:

### 9.1 **Auf der Ebene der internationalen Organisationen und der durch gemeinsame Interessen verbundenen Ländergemeinschaften:**

Die Lösung der anstehenden Grundprobleme bedarf aus der Sicht des Westens eines weitaus größeren Maßes an internationaler Solidarität und Kooperationswillens, und dieses wiederum einer vermehrten Einsicht in die weltumspannenden Dimensionen der Probleme und der schicksalhaften Notwendigkeit globaler gemeinschaftlicher Lösungen: eine Einsicht, die inskünftig über den Bedacht auf die nationalen Interessen und Egoismen gestellt werden müßte. Es ist bemühend festzustellen, daß die westlichen Regierungschefs in ihren Gipfeltreffen noch nie über das Stadium nichtssagender Lippenbekenntnisse hinausgekommen sind.

### 9.2 **Auf der Ebene der Einzelnen Staaten:**

Die Wirtschaftspolitik der westlichen Industrieländer muß weg von ihrer bisherigen Ausrichtung, der die nötige Stetigkeit, die Überblickbarkeit und die Konsistenz fehlte, um im wahrsten Sinn des Wortes stabilisierend zu wirken. Eine Politik der Inflationsbekämpfung genügt nicht, wenn sie nicht gepaart wird mit einer auf ein Gleichgewicht der öffentlichen Haushalte ausgerichteten Finanzpolitik.

9.3 **Auf der Ebene der Erwerbstätigen.**

Der Erhöhung ihrer Mobilität kommt schicksalhafte Bedeutung zu. Maßgeblich hierbei wird ihre Bereitschaft sein, die eigenen schulischen und beruflichen Qualifikationen auf dem Weg einer permanenten Weiterbildung »aufzustocken« und sie dadurch den geänderten und sich weiter ändernden beruflichen Anforderungsprofilen anzupassen!

9.4 **Auf der Ebene der wirtschaftlichen und politischen Interessengruppen.**

Sie müssen sich vermehrt von der Einsicht leiten lassen, daß von einer Volkswirtschaft nicht mehr verlangt werden kann, als sie leistungsmäßig herzugeben imstande ist. Die dringlich notwendige Belebung der Investitionstätigkeit – eine wesentliche Vorbedingung für eine reibungslose strukturelle Anpassung – ist nur denkbar, wenn das verlorengegangene Gleichgewicht zwischen Anspruchsniveau und volkswirtschaftlichem Leistungsvermögen wiederhergestellt ist.

9.5 **Auf der Ebene der Unternehmer.**

Die Unternehmungspolitik der siebziger Jahre war weitgehend geprägt vom Versuch, die errungenen und zunehmend gefährdeten Positionen zu *verteidigen*, das Bestehende zu *erhalten* und die sich häufenden negativen Außeneinflüsse *abzuwehren*. Die besten Kräfte und das meiste Kapital wurden in der Verteidigung der schwachen und besonders exponierten Positionen eingesetzt (und sind größtenteils darin verpufft). Vitale Bedürfnisse der Unternehmungen im Bereiche der Forschung und Entwicklung, der Innovation und der Weiterbildung usw. kamen zu kurz. Die Folge war eine improvisierende Von-Tag-zu-Tag-Politik, die einen Stau unbewältigter und immer schwieriger zu bewältigender Anpassungs- und Umstellungsprobleme zur Folge hatte. Dieses bisher weitverbreitete Verhalten müßte einer *Angriffsstrategie* weichen, bei der die besten Kräfte und der Großteil des verfügbaren Kapitals zum Ausbau der noch entwicklungsfähigen sowie zum Aufbau neuer entwicklungsträchtiger Positionen eingesetzt werden. Der Hauptakzent der Unternehmungspolitik muß weniger auf eine Reduktion der auf die Unternehmung einwirkenden Störungseinflüsse, als auf deren aktiven Überwindung durch Ausschöpfung des sich bei wachsenden Schwierigkeiten stets auch bildenden *Chancenpotentials* gelegt werden.

## 10. Langfristige Optik tut not

Wir müssen endlich damit aufhören, die Probleme aus einer allzu kurzfristigen Optik zu beurteilen. Das hilft uns nicht weiter, sondern lenkt uns vielmehr von den grundlegenden Entwicklungs- und Strukturproblemen unserer Volkswirtschaft ab. Diese wurden in den letzten Jahren immer wieder vor sich hergeschoben, in der Meinung, es gelte zunächst, die Tagesprobleme zu lösen; die langfristigen würden einem schon nicht davonlaufen. Das stimmt zwar: *Grundprobleme laufen einem nie davon, aber sie stauen sich,* wenn man sich ihrer nicht annimmt, bis sie so groß sind, daß sie sich in den immer unflexibler und weniger anpassungsfähig werdenden Strukturen und Institutionen gar nicht mehr sinnvoll lösen lassen.

Es ist gerade dieser Stau hinausgeschobener Strukturanpassungsprobleme, welcher – wie ein riesiges, von allen Seiten her einwirkendes Tief – die konjunkturelle Landschaft im weltweiten Rahmen zur Zeit so verdüstert und den Weg zu einer dauerhaften Verbesserung verbaut. Die gegenwärtigen Bestrebungen, die Konjunkturanalyse und -prognose *noch* kurzfristiger zu fassen (auf Quartals-, ja auf Monatsbasis) gehen denn auch in *völlig falscher Richtung.* Solche Informationen überzeichnen nur noch mehr das Kurzfristige, Vergängliche, Zufällige und Einmalige in ihrer außergewöhnlichen, letztlich aber nicht entwicklungsrelevanten Hektik. Wir sollten uns vermehrt von der Alltagsperspektive lösen und intensiver mit den viel entscheidenderen längerfristigen Entwicklungs- und Strukturproblemen unserer Wirtschaft und Gesellschaft auseinandersetzen.

Spätestens an diesem Punkt fällt oft der berühmte Spruch von *J. M. Keynes:* »Auf lange Sicht sind wir alle tot«. Ich finde diesen Spruch gar nicht gut, denn er läuft auf eine Philosophie des »Nach uns die Sintflut« hinaus. Auch läßt er sich allerhöchstens auf den Einzelmenschen – in seiner tatsächlichen Kurzlebigkeit und Vergänglichkeit – übertragen, nicht aber auf das Schicksal von Unternehmungen und noch weniger auf das ganzer Volkswirtschaften. Im Rahmen derlei komplexer Gebilde gilt es vor allem zu beachten, daß die dort getroffenen Entscheidungen den zukünftigen Entwicklungsweg und somit das Schicksal künftiger Generationen von Bürgern, Mitarbeitern und Erwerbstätigen in positivem oder negativem Sinn maßgeblich mitbestimmen. Es geht also weniger um die unbestreitbare Tatsache, daß die heute Entscheidenden – einzeln betrachtet – irgendwann einmal sterben werden, als daß sie heute *Entscheidungen treffen, die sich langfristig auswirken* und für die sie letztlich die Verantwortung zu tragen haben.

# Notwendige Entwicklung unserer technischen Zivilisation

Dr. Bruno Stanek

## Unser Verhältnis zu persönlichem Einsatz und Leistung

Ich sehe die Zielsetzung dieses Vortragszyklus im Einklang mit meinen nunmehr 15jährigen Bemühungen, die langfristig positiven Zukunftsaussichten unserer technischen Zivilisation in Referaten über Raumforschung deutlich zu machen. An dieser Stelle stütze ich meine Aussagen darüber hinaus in Abweichung von meinen Gewohnheiten mehrfach ab auf Aussagen großer Denker aus Wissenschaft und Philosophie, die sich im Laufe der letzten paar hundert Jahre immer wieder über zeitlose Begriffe wie Wissenschaftspublizistik, Desinformation, Aberglauben oder auch Neid geäußert haben – lauter menschliche Probleme, die auch heute noch von gleichbleibender Aktualität sind und den Gang der Geschichte beeinflussen. Die Aussage Leonardo da Vincis »Wer zur Quelle gehen kann, gehe nicht zum Wassertopf!« gilt für den heutigen Medienkonsumenten mehr denn je, ist er doch auf Aussagen angewiesen, die ihm wegen der Arbeitsteilung in Forschende und Schreibende oft in mangelhafter Qualität oder entstellt angeboten werden. Diese Problematik wurde schon von Albert Einstein erkannt, der geraten hat, einen möglichst großen Teil des Volkes an den Erkenntnissen von Wissenschaft und Technik aus erster Hand teilhaben zu lassen.

Eine Folge von Fehlentwicklungen auf diesem Gebiet ist der grassierende Pessimismus bezüglich unserer Zukunft. Ihn hat es zwar zu allen Zeiten gegeben – denken wir nur etwa an die psychologischen Folgen der Pestepidemien des Mittelalters oder der stürmischen ersten technischen Revolution –, doch ist der Pessimismus angesichts der heutigen Möglichkeiten auf fast allen Gebieten menschlichen Tuns weniger denn je gerechtfertigt. Seine Entstehung wird zwar verständlich, denn die modernen beruflichen Anforderungen haben allerorts zu einer Erschöpfung des Bildungspotentials geführt, wie sie die Menschheit trotz aller Anstrengungen im Lehrbereich noch nie gekannt hat. Die resultierende Überforderung erzeugt viele Symptome.

Die Tatsache, daß heute, mehr als je zuvor in der Geschichte, jemand die Ursache für allfälligen Mißerfolg fast nur noch bei sich selber suchen kann, erzeugt eine Frustration, welcher der Neid auf den Fersen folgt. Letzterer ist aber auf der Welt erstaunlich ungleich verteilt. Während er unter dem Kommunismus de facto in den Statuten legalisiert worden ist und unsägliches Leid über die Völker gebracht hat, leiden wir Europäer immer noch relativ stärker darunter als zum Beispiel die Nordamerikaner, die dem persönlichen Einsatz, der beruflichen oder künstlerischen Leistung und auch dem materiellen Erfolg gegenüber ein viel natürlicheres Verhältnis bewahrt haben. In den USA erfreut sich ein Unternehmer, von denen es unzählige kleine und kleinste gibt, auf allen Stufen eines hohen Ansehens, denn seine Innovation schafft Arbeitsplätze und Wohlstand. Wo dagegen der Neid regiert, ist das Verständnis dieses trivialen Sachverhaltes gestört: der freiwillige 12- oder 16-Stundentag wird ignoriert, der hart erkämpfte Erfolg schließlich mißgönnt oder gar verhöhnt.

## Der Starke ist am stärksten allein

Diesen Trend fand ich einmal als so ungerecht, daß ich unter dem Titel »Freude an der Leistung« als Gastkolumnist einer technischen Fachzeitschrift schrieb:

»Es ist Ihnen sicher schon aufgefallen, daß die paar hartgekochten Revoluzzer unter der Jugend in soziologischen Studien genüßlich den Abkömmlingen der Oberschicht zugeordnet werden. Erlauben Sie mir bitte, an diesem Punkt weiterzudenken.

Wenn der Sohn von der Natur und einigen anderen Umständen mehr begünstigt worden ist als sein Vater (seine Mutter mag ihm zusätzliche Talente vererbt haben), so ist der Nachkomme zu beneiden. Ihm ist es gegeben, mit etwa der gleichen Anstrengung, die sein Vater zur Meisterung des Lebens aufgewendet hat, mit großer Wahrscheinlichkeit weiter zu kommen. Dies wird sowohl ihn als auch seine Eltern mit Stolz und Freude an der erbrachten Leistung erfüllen.

Schwieriger wird es, wenn der Sohn oder die Tochter während der Schulzeit spürt, daß kein auch noch so großer Effort genügen wird, die Meisterschaft des Alten zu erreichen. Zwei Möglichkeiten: Entweder verstehen es die Eltern, die Freude der Kinder an anderen Talenten zu wecken, wobei die innere Zufriedenheit eventuell mit einer gewissen Einbuße an beruflichem Ansehen bezahlt werden muß. Häufiger und fataler ist die Alternative. Die junge Generation muß dann eine andere Rechtfertigung für den ausgebliebenen Erfolg finden. Die Versuchung ist groß, sich aus den Schwierigkeiten dadurch herauszudefinieren, daß man den Alten als Ausbeuter deklariert und seinen immensen persönlichen Einsatz gleichzeitig als falsch verstandenen Lebenssinn diffamiert.

Die hier mehr oder weniger karikierte Grundsituation spielt nun aber nicht nur zwischen den Generationen. Mit wechselnden Besetzungen wird auch anderswo das gleiche Stück gespielt. Dem Besten der Schulklasse wird die Freude an der Leistung genommen, indem man ihm blinden Fleiß unterschiebt, statt seine Begabung anzuerkennen. Dem Unternehmer, der seine Jugend dafür hergibt, um ab Dreißig Arbeitsplätze für andere zu schaffen, wird Diebstahl an den Arbeitnehmern vorgeworfen, statt seine Bereitschaft zur Verantwortung zu würdigen. Dem Polizisten wird die Freude an der Leistung genommen, indem man für Rechtsbrecher mehr Verständnis aufbringt als für seine Aufgabe. Dem Selbständigen muß die ständig wachsende Besteuerung immer mehr als Bestrafung für besondere Leistungen vorkommen. Dem Werktätigen wird schließlich die Freude an der Leistung genommen, indem sich die faulsten, aber am besten organisierten Vertreter seines Standes dafür einsetzen, daß die Gehälter nivelliert, die Produktivität festgefahren und damit die Konkurrenzfähigkeit seiner Produkte im Ausland verringert werden. Der gemeinsame Nenner? Die Legalisierung des Neides, die aber meist unter vornehmeren Namen läuft. Lassen Sie sich das nächste Mal dennoch nicht die Freude an Ihrer Leistung nehmen. Die Selbstachtung, die Sie aus ihr schöpfen, brauchen Sie noch nicht zu versteuern.«

Wie sagte doch Robert Lemke? Mitleid bekommt man geschenkt; Neid muß man sich verdienen! Schon die alten Eidgenossen wußten dies und benannten den Neid im Spaß nach sich selbst, wohl um seine Allgegenwart auszudrücken, und formulierten: »Der Starke ist am stärksten allein.«

Der englische Zellbiologe C. D. Darlington schreibt über Gleichmacherei, die mit dem persönlichen Neid Hand in

Hand geht: »Weil das Naturgesetz von der Ungleichheit der Menschen ständig verletzt wird, steuert die Menschheit in eine schon fast nicht mehr abwendbare Katastrophe.«

Er meinte damit die Negativselektion, die, als sozialer Ausgleich kaschiert, zunächst scheinbar hohe Ziele verfolgt, aber biologisch gesehen den jahrmillionenalten Prinzipien spottet, die uns zu dem hinaufselektiert haben, was wir geworden sind: lebenstüchtige Menschen, die auf diesem Planeten unter den widrigsten Bedingungen überleben können! Schlechte Zeiten für Tüchtige! Kein Wunder auch, daß Gleichschaltung unglücklich macht. Wenn die Menschen wirklich alle gleich wären, dann müßte man dies nicht immer so sehr betonen, dann wäre es einfach klar! Übrigens: Oft wird vergessen, daß zum Recht, schwach zu sein, eigentlich auch das Recht gehört, stark zu sein.

## Das genetische Programm

Wie wichtig das genetische Programm in jedem von uns wirkt, sehr individuell wirkt, und uns viel weitgehend unabhängiger von der Umwelt antreibt, als wir es manchmal wahrhaben wollen, zeigte die Zwillingsforschung sehr deutlich. Wenn es keine eineiigen Zwillinge gäbe, dann hätte die Soziologie völlige Narrenfreiheit bei der Leugnung von Vererbungseinflüssen und der Interpretation von Umwelteinflüssen! Dem Leser seien in diesem Zusammenhang zwei Bücher empfohlen, die hier noch wesentlich deutlicher werden: Richard Dawkins: »Das egoistische Gen« (Verlag Springer); Carsten Bresch: »Zwischenstufe Leben« (Piper Verlag).

## Gleichgewicht der Abwehr

Im weiteren möchte ich auf eine ganze Reihe von falschen Auffassungen hinweisen, die in unserer aufgeklärten Zeit nach wie vor mit besseren Einsichten koexistieren und von denen hier zwei genannt seien: Amerika sei eine Quelle von allem Bösen und Schlechten (warum kopieren wir jene weiterentwickelte Zivilisation denn trotzdem mit notorisch 10 oder 20 Jahren Verspätung, wenn auch selten stilrein?), oder alles Heil liege im »Zurück zur Natur«. Dazu Prof. Dr. U. Hochstrasser, Direktor des Bundesamtes für Bildung und

Wissenschaft in Bern: »Die gegenwärtig in manchen Kreisen erhobene Forderung nach Rückkehr zu den Verhältnissen früherer Zeiten beruht auf einer Unkenntnis nicht nur der damaligen Zustände, sondern auch der heutigen Gegebenheiten.«

Die Inkonsequenz vieler unechter Ökologen oder Pazifisten geht so weit, daß gewissen Leute nicht müde werden, uns immer wieder die drastischen Auswirkungen gestörter ökologischer Gleichgewichte vor Augen zu führen, während die gleichen Mahner nicht willens oder nicht fähig sind, die noch viel rascher umkippenden militärischen Gleichgewichte zu sehen. Schon frühere Generationen mußten schmerzlich erleben, daß jene, die ihre Schwerter in Pflugscharen verwandelt haben, bald danach die Pflüge jener ziehen, die ihre Schwerter behalten haben...

Der Gipfel der Dekadenz besteht aber wohl darin, daß wir Europäer, oder wenigstens eine lautstark organisierte Minderheit an exponierter Stelle, unsere Beschützer mit jenen verwechseln läßt, die uns bedrohen. Seit 70 Jahren müßten wir wissen: Wenn die Russen von Abrüstung sprechen, dann meinen sie die moralische! Oder: Wie gut man unter dem Kommunismus leben kann, haben uns bereits etwa 100 Millionen Menschen vorgestorben.

Zu solchen klaren Stellungnahmen wird man allein dadurch geführt, daß man seine Sympathie nicht den Ländern schenkt, aus denen Menschen flüchten, sondern jenen, in die sie flüchten...

Eine ganze Reihe von konkreten Gegenüberstellungen friedlicher und militärischer Technologien zeigt übrigens deutlich, daß einerseits jede Entdeckung in irgendeiner Weise militärisch mißbraucht werden kann, andererseits aber auch oft der Krieg (heute zum Glück immer häufiger die Raumforschung) Vater einer guten Neuerung war. Ich weise darauf hin, daß nicht einmal die Natur auf Gleichgewichte der Abwehr verzichten konnte – unser Blutkreislauf ist ein leuchtendes Beispiel dafür. Seit es Organismen gibt, herrscht dort ein ständig wechselnder Kampf mit wechselndem Ausgang. *N. B.* Auch in der lokalen Miniaturwelt des Blutes (vom angeblich perversen Gehirn des Menschen also sicher unbeeinflußt) gibt es die einseitige Abrüstung. Sie ist eine Krankheit und heißt AIDS...

## Ursache und Wirkung der Technikfeindlichkeit

Nach diesen Ausführungen müssen wir den Ursachen und Auswirkungen der Technikfeindlichkeit weiter auf den Grund gehen. Es ist heute z. B. ohne weiteres akzeptierbar, daß man technisch-wissenschaftliche Unkenntnis, ja, sogar Ignoranz, offen bekennt und schon Minuten später vehement ein Stimm- und Mitspracherecht in oft denselben Belangen fordert... Als Trost sei festgehalten, daß dank Wissenschaft und Technik sogar jene überleben, die ihr feindlich gesinnt sind!

Im übrigen möchte ich Sie darauf aufmerksam machen, daß die so sehr verketzerten Großtechnologien wegen ihrer verbesserten Wirkungsgraden zur Erhaltung der Zivilisation bedeutender sind als die kollektiv verschwenderischen, als »sanft« bezeichneten Technologien. Dies gilt für Motoren (Kontroverse Auto/Eisenbahn) und Kraftwerke so sehr wie für die Sonnenenergienutzung, die wegen ihres geringen Wirkungsgrades die Erde thermisch ohne weiteres stärker belasten kann wie ein modernes Kernkraftwerk, wenn auch beide bezüglich der übrigen Immissionen etwa gleich gut abschneiden. Paradox ist nun allerdings, daß ausgerechnet diese z. Z. sauberste Energieform verteufelt wird. Es wurde zur leider weitherum tolerierten Inkonsequenz, daß sich Kernkraftwerkgegner oft ähnlich Rauchern benehmen, die am liebsten im Nichtraucherabteil rauchen. Wenn einige Fachleute die blinde bis fanatische Ablehnung dieser so aussichtsreichen Energie-Option schon mit mittelalterlichem Hexenwahn verglichen haben, dann ist dieser Argumentation mindestens von den nüchternen Fakten her wenig entgegenzusetzen. Der Mensch hat sich offenbar seit Jahrhunderten nur wenig verändert. Seinen natürlichen Bedarf an Wahnvorstellungen paßt er geschickt dem Angebot der jeweiligen Zeit an.

Ein anderes Reizwort im Zusammenhang mit Computern ist der »Datenschutz«, mit dem der panische Bremser eine weitere Entwicklung aufzuhalten versucht, die etwas Ordnung in die Informationsflut der Gegenwart bringen könnte. Dabei handelt es sich zweifellos um eine von wahrlich sehr wenigen unerfreulichen Präzedenzfällen gestützte und entsprechend schwach definierte Angstvorstellung. Ausgerechnet Journalisten, die den Begriff am häufigsten zitieren, verletzten die Persönlichkeitsrechte von Bürgern viel eher, indem sie schon so manchen Unbescholtenen in der Presse mehr oder weniger gerechtfertigt durch den Kakao gezogen haben.

Hier ein Beispiel, das zeigt, daß auch im Zeitalter der »totalen Information« einem Datenmißbrauch noch manche Grenze gesetzt ist. Jede Information muß schließlich erst einmal erfaßt sein! Folgendes ist eigentlich ein Gegenbeispiel zur Orwell-Prognose für 1984: Im Januar 1984 machte ein Glücklicher im kanadischen Lotto einen Rekordgewinn von 14 Mio. Dollar. Der Computer der Lottogesellschaft kann zunächst aber nicht feststellen, wer der Gewinner ist! Der Grund: Nur die Punktezahl und die Nummer des Scheins sind registriert, aber nicht die Verbindung zur handgeschriebenen Adresse des Wettbewerbsteilnehmers! Er bleibt so lange inkognito, bis er sich aus freien Stücken meldet...

## Große Denker über unsere Zeit

Abschließend einige Zitate aus längst vergangenen Zeiten. Sie zeigen, daß schon früher jeweils einige Denker lebten, die sich des Kommenden bewußt waren:

*John Quincy Adams* (6. US-Präsident) über die Königin der Wissenschaften: »Die Kultur eines Volkes läßt sich an seinen Observatorien erkennen.«

Heute könnte man sagen: an den Investitionen für das Überleben künftiger Generationen sollt Ihr sie erkennen...

Sogar der *Volksmund* zeigte gelegentlich Weitblick: »Wer gerade Furchen ziehen will, binde seinen Pflug an einen Stern.« »Die größten Fortschritte machte die Menschheit immer dann, wenn sich die Macher über die Propheten hinwegsetzten.«

*Theodore Roosevelt* über Fatalismus: »Es ist hart zu fallen, aber noch härter, gar nicht versucht zu haben aufzusteigen.«

Wie sagte doch US-Verteidigungsminister *Schlesinger* über die Zukunft: »Ein Volk, das keine kreative Vorstellung von seiner Zukunft mehr hat, stirbt aus.«

*Carl Sandburg* über den Sinn aktiver Zukunftsforschung: »Kein Fortschritt tut sich, bevor jemand davon geträumt hat.«

*Robert Goddard,* amerikanischer Raketenpionier (1882–1945): »Die Träume von gestern sind die Hoffnung von heute und die Wirklichkeit von morgen.«

*Benjamin Franklin*, Augenzeuge eines Ballonaufstieges im Jahre 1783 in Paris, mit einer ironischen Gegenfrage an einen Skeptiker: »Wozu kann ein neugeborenes Kind dienen?«

*Martin Luther:* »Und wenn ich wüßte, daß die Welt morgen unterginge, ich pflanzte noch heute einen Baum.«

Russischer Raumfahrtpionier *Ziolkowski:* »Die Erde ist die Wiege der Menschheit, aber jeder muß die Wiege einmal verlassen!«

*Krafft A. Ehricke*, deutsch-amerikanischer Raumfahrtpionier: »Die Erde ist so wenig abgeschlossen, wie sie flach ist.«

Prof. Dr. *Werner Arber,* Schweizer Molekularbiologe und Nobelpreisträger: »Die Schöpfung war nicht ein einmaliger Akt, sondern ist ein permanenter Prozeß.«

Ich sehe die technische Evolution als Fortsetzung der biologischen, denn sie ist eine Frucht des menschlichen Verstandes, der auf diesem Planeten auf eine natürliche Weise entstanden ist, was wir in anderem Zusammenhang doch jeweils auch respektiert haben!

# Ökologie

oder

# Auch unsere Kinder möchten Blumen pflücken

Hans-Ulrich Fischer

## 1. Einleitung

Lieben Sie Blumen? Ist Ihnen schon aufgefallen, daß Sie auf den allermeisten landwirtschaflich genutzten Wiesen, Weiden und Äckern außer Löwenzahn und Butterblumen kaum noch andere Blumen finden, geschweige denn pflücken können? In großer Vielfalt findet man heute bunt blühende Kräuter und Unkräuter nur noch in Naturschutzgebieten, auf abgelegenen, schwer zugänglichen Bergwiesen, dazu möglicherweise in einigen Gärten. Und da heißt es in der Regel: *Blumenpflücken verboten!*

Doch unsere Kinder möchten auch noch Blumen pflücken! Nicht nur das, sie möchten auch noch in sauberen Gewässern baden, sich gesund entwickeln, spielen, essen, arbeiten, glücklich sein und selber wieder Kinder zeugen...

Aber, wie stehen ihre Chancen im Zeitalter der Luft-, Wasser- und Bodenverschmutzung, der Umweltzerstörung, des Waldsterbens, der Atombomben und Weltraumraketen, im Zeitalter der vermeintlichen Emanzipation des Menschen von der Natur? Diese Chancen stehen schlecht, wenn nicht ein wesentlicher Teil der Menschen innerhalb sehr kurzer Zeit in ihrem Handeln eine radikale Kehrtwende vornimmt.

*Wir können und müssen* mit entsprechendem Verhalten die heute klar zutage tretenden Fehlentwicklungen stoppen. Dazu gibt es zwei Voraussetzungen:

1. Wir, d. h. nicht nur einige alternative Grüne, sondern eine tragende Mehrheit, müssen bereit sein; wir müssen *wollen*!
2. Damit dieses Wollen aber auch Wirkungen zeigen kann, müssen wir die grundlegenden Spielregeln des Naturgeschehens, die umfassenden Gesetze der Ökologie kennenlernen und danach handeln!

Beide Voraussetzungen sind grundsätzlich erfüllbar!

## 2. »Grundregeln« der Ökologie

2.1 *Nichts ist statisch*, immer gleichbleibend. Alles ist in ständiger Bewegung. *Alles ist dynamisch,* ist Schwingung, ist Entwicklung. Nur die von Gott geschaffenen geistig und materiell wirksamen Gesetze bleiben sich immer gleich.

2.2 Unsere heutige Welt mit all ihren Mineralien, Pflanzen, Tieren und Menschen *ist das Produkt einer langen Entwicklung.*

2.3 *Unsere Welt ist begrenzt* und damit auch das Wachstum einzelner Lebewesen, ganzer Völker und Volkswirtschaften.

2.4 *Alles ist voneinander abhängig:* Kräfte, Stoffe, Lebewesen. Alles ist miteinander verkoppelt, wie in einem Netz. Unsere Welt ihrerseits ist Teil des gesamten Kosmos. Nichts kann für sich und aus sich allein bestehen. Auch der Mensch nicht! Somit ist der Mensch *ein Teil der Natur.* Er ist von ihr nicht zu trennen und steht deshalb nicht außerhalb von ihr.

2.5 *Leben erschöpft sich nicht nur in Chemie und Physik.* Leben ist immer auch an geistige Prinzipien gebunden. Dies gilt für Pflanzen und Mikroorganismen genauso wie für Tiere und Menschen.

2.6 *Leben ist immer an Stoffwechsel gebunden,* an Assimilation (Stoffaufbau) und Dissimilation (Stoffabbau, Atmung). Alle Organismen besitzen besondere Vorrichtungen für diesen Stoffwechsel, doch *kein* Organismus verfügt über Einrichtungen, die ihm gestatten würden, alle Stoffwechselvorgänge restlos selbst durchzuführen. Letzten Endes sind darum alle Lebewesen auf einander angewiesen (Menschen – Tiere – Pflanzen – Mikroorganismen).

2.7 *Dauerndes Leben gibt es nur im geschlossenen Kreislauf.* Würde die Natur nach den heute üblichen Regeln unserer Industrie arbeiten und *lineares* Vorgehen pflegen: gute Rohstoffe nehmen, verarbeiten, verbrauchen und Abfälle produzieren, so wäre Leben auf dieser Welt längst nicht mehr möglich. Einerseits wären die vorhandenen Rohstoffe sehr rasch aufgebraucht und andererseits würde das Leben noch schneller in den eigenen Abfällen ersticken. Die lebendige Natur als Ganzes beherrscht das Prinzip des *RECYCLINGS,* also der Wiederverwertung der Stoffe im Kreislaufprozeß, perfekt.

2.8 *Die Natur strebt immer nach Gleichgewichten.*

a. Es existieren Gleichgewichte zwischen Stoffen, z. B. zwischen Sauerstoff ($O_2$) und Kohlendioxyd ($CO_2$) in der Atemluft, als Folge des irdischen Lebensprozesses. Es ist ein *biologisch-dynamisches Gleichgewicht,* entstanden durch ständiges *Nehmen und Geben* der einzelnen Lebewesen.

Durch den zunehmenden Einsatz fossiler Brennstoffe (Öl, Kohle) einerseits und durch maßlose Reduktion der Pflanzenmasse (z. B. durch Urwaldrodung, Überbauung, Ausdehnung von Wüsten und neuerdings durch Waldsterben) andererseits, steigt der Kohlendioxyd-Gehalt der Luft an, seit Beginn der Industrialisierung im letzten Jahrhundert um *mehr als 14 %!!* Die Folgen für Klima und Umwelt sind heute völlig unabsehbar!

b. Es existieren Gleichgewichte zwischen lebenden Organismen, z. B. zwischen Blattläusen und Marienkäfern.

c. *Diese biologisch-dynamischen Gleichgewichte werden umso stabiler, je vielfältiger die beteiligten Elemente sind,* d. h. je mehr und je verschiedenartigere Lebewesen sich in einen Lebensraum teilen. Die Natur kennt keine Reinstofflichkeit und keine Monokultur.

2.9 *Der Mensch ist Teil dieses Kreislauf- und Gleichgewichtsmechanismus.* Er hat als einziges Lebewesen dieser Erde den *»Verstand«*, diese Zusammenhänge zu erfassen und sein Verhalten danach auszurichten. Der Mensch *kann* also in diese komplexen Mechanismen in positivem wie in negativem Sinn eingreifen, muß aber zerstörte Glieder *ersetzen*, will er auf die Dauer weiterleben. Je mehr Zerstörung wir betreiben, umso komplexer wird der Ersatz, umso mehr wird unsere Freiheit eingeschränkt, umso größer wird unsere Verantwortung und umso teurer kommen Pflanzenschutz, Tierschutz, Waldschutz, Umweltschutz!

## 3. Zuversicht statt Pessimismus

Bei der gegenwärtig feststellbaren Entwicklung ist es sehr verständlich, daß viele Menschen pessimistisch in die Zukunft blicken.

Trotz allem: Es gibt drei wesentliche Gründe zur *Zuversicht:*

1. *Der Mensch ist nicht Herr der Schöpfung.* Über ihm steht der wirkliche Schöpfer. *Von seiner Hilfe bin ich fest überzeugt!*
2. Das Interesse der Menschen an ökologischem Denken und Handeln steigt!
3. Mit Hilfe richtig eingesetzter Technik können wesentli-

che Umweltprobleme, mindestens vorübergehend od. überbrückend gelöst werden.

## 4. Was ist zu tun?

Wagen wir also den Versuch, Wege aufzuzeigen, die uns und die Natur wieder ins Gleichgewicht bringen. Halten wir uns aber immer vor Augen:

- Die Natur ist unser bester Lehrmeister;
- Alles hat sein Maß. Klein ist fein;
- Lernen wir ganzheitlich denken, forschen und handeln;
- Hören wir auf, *Leben zu töten! Beginnen wir, immer und überall, in jeder Form, vielfältiges Leben zu fördern und »liebend« zu pflegen;*
- Trachten wir danach, aufgebrochene Kreisläufe wieder zu schließen und der Natur das Wiedererreichen der Gleichgewichte zu ermöglichen.

Diese Grundgebote haben universellen Charakter und Gültigkeit in allen Belangen in *Wirtschaft und Politik, im Kleinen wie im Großen!*

*Ökologie ist nicht nur ein technisches, sondern ebenso ein ethisches und soziales Problem!* Kirche und Staat, Wissenschaft, Schule, Wirtschaft und jeder einzelne, *alle* sind verpflichtet, sich damit auseinanderzusetzen und entsprechend zu handeln.

*Gelebte Ökologie beginnt immer bei sich selbst, nie beim andern!*

## 5. Von der Theorie zur Praxis

Die folgenden Ausführungen erheben keinen Anspruch auf Vollständigkeit und sofortige Realisierbarkeit. Sie sind als Denkanstöße gedacht, als Wegweiser hin zu einem Ziel, das es zu erreichen gilt, wollen wir nicht Gefahr laufen, tun zu müssen, was wir sonst mit Rücksicht auf unseren Egoismus und die Konkurrenzangst unter keinen Umständen tun würden.

5.1 *Liebe Deinen Nächsten!* Zu diesem Nächsten gehören aber alle Lebewesen, auch die sogenannten Schädlinge. Achte ihn, hilf ihm, pflege ihn!

a. *Arbeit an Lebewesen,* an Menschen, Tieren und Pflanzen

darf nicht automatisiert, gefühllos mechanisiert und computergesteuert werden! *Sie ist immer mit persönlichem Einsatz, mit Liebe und Gefühl, in kleinem Rahmen, durch moderne Technik sinnvoll unterstützt, durchzuführen!*

Pflanzen und Tiere dürfen nicht großtechnisch, durchrationalisiert gehalten, gezogen, getötet und verarbeitet werden! Die landwirtschaftlichen Industriebetriebe müssen wieder verschwinden und biologisch geführten Klein- und Mittelbetrieben Platz machen!

Menschen dürfen nicht in anonymen Großverbänden wohnen und nicht durch eine auf Massenabfertigung und Rentabilität ausgerichtete Medizin versorgt werden.

*Alles Groß...*, Großstadt, Großspital, Großindustrie muß aufgeteilt werden in kleine, überschaubare Familien, Dorfeinheiten, Gemeinden, Klein- und Mittelbetriebe.

b. *Arbeit am toten Material,* Stahlproduktion, chemische Produktion, Fabrikation von Geräten und Maschinen z. B. sind weiter zu automatisieren. Möglichst viele, menschenunwürdige Arbeitsplätze am Fließband müssen verschwinden, damit die notwendigen *Arbeitskräfte frei werden für die »liebende« Pflege des kranken Ökosystems Erde!*

5.2 *Das offizielle Lehrgebäude der Naturwissenschaften, das auf reinsten Materialismus eingeengt ist, muß erweitert werden auf die ganzheitliche, biologische und geistige Ebene.*

*5.3 Kirche und Staat müssen dafür sorgen, daß ökologisches Wissen und die Liebe zur Natur Allgemeingut werden.*

5.4 Ganzheitliches Denken ist zu fördern. Der Berufsdünkel einzelner Wissenschaftsgattungen ist abzubauen.

5.5 Technische Einrichtungen sind grundsätzlich nach ökologischen Gesichtspunkten zu gestalten und zu beurteilen! Technische Wunderwerke, wie z. B. Weltraumraketen, Kern- und Kohlekraftwerke, inkl. alltägliche Gebrauchsgegenstände wie Autos sind konsequent zu eliminieren od. durch alternative Neuentwicklungen *sanfter Technologie* zu ersetzen.

5.6 Die gesamte Industrie muß sich auf die Verarbeitung *regenerierbarer Rohstoffe beschränken. Sie darf nur Massenprodukte od. -abfälle produzieren, die problemlos wieder in den Biokreislauf zurückgeführt, hier verbraucht oder zur erneuten Verarbeitung wieder aufbereitet werden können.* Chemische, giftige Pflanzenschutzmittel, cadmiumhaltige Farbstoffe, Batterien, viele Kunststoffe, Plutonium und vieles mehr entsprechen dieser Forderung in keiner Weise.

5.7 Auf *»entbehrliche Industrien«,* die nur sich selbst nützen und überdies große Energiemengen verschlingen, ist zu verzichten oder sie sind auf ein gesundes, notwendiges Maß zu reduzieren. Z. B. Kunstdüngerproduktion, großtechnische Milch- und Getränkeverarbeitung, Bauindustrie...

5.8 *Transportprobleme* sind durch entsprechende Handelspolitik, Dezentralisierung, Einsatz neuer Technologien usw. primär zu *vermeiden,* statt unbesehen zu lösen.

5.9 *Die »Schulmedizin« ist zu erweitern um die vielfältigen Möglichkeiten der Naturheilmethoden, wirksame Prophylaxe,* entsprechende Lebenshaltung und Ernährung. Sie muß weg von den reinstofflichen Pharmazeutika und den vielfach unnötigen, überaus teuren Apparaturen. Sie muß den Weg wieder finden von den kranken Organen zu den kranken Menschen, zum Heilen mit Liebe und Hingabe. Eine solche Schulmedizin, ein solches Gesundheitswesen wären sehr effizient und würden keine untragbare Kostenexplosion verursachen!

5.10 Schließlich noch ein Wort zum *Waldsterben.* Dieses Phänomen der großflächigen Erkrankung und des Absterbens von Waldbäumen muß als *grelles Warnsignal* an unsere Gesellschaft aufgefaßt werden. Es ist eine direkte Reaktion auf unser sinnwidriges Konsumverhalten und Verschwenden. Die eigentlichen biologischen Ursachen hingegen sind überaus komplex. Als wichtigster Auslöser müssen sicher die sauren Niederschläge gelten. Dazu kommen aber mit großer Wahrscheinlichkeit weitere negative Einflüsse wie veränderte Strahlungsverhältnisse infolge Schädigung der Ozonschicht durch Flugzeuge, Raketen und Spraydosen, Durchstrahlung unseres gesamten Lebensraumes mit Radio- und Radarwellen, kosmische Einflüsse, falsche Waldpflege und nicht standortgerechte Bestockung, Monokultur.

Zur Rettung des Waldes sind *jetzt* dringend zwei Dinge zu tun:

*1. Effiziente Reduktion der Luftverschmutzung mit Säurebildnern, was spürbare Reduktion des Energieverbrauches in allen Bereichen voraussetzt!*

*2. Pflege des Patienten Wald mit einem od. mehreren wirksamen Medikamenten, mit Kalk zur Anhebung des pH-Wertes im Oberboden und Reaktivierung des Bodenlebens und mit einem baumgerechten Stärkungsmittel zur Reaktivierung des Stoffwechsels und zur Steigerung der Widerstandskraft.*

## 6. Schluß

Anhand der aufgezeigten Grundregeln in Kapitel 2 und der genannten Beispiele, kann jedermann selbst weitere Anwendungsfälle überlegen.

*Überlegen ist unerläßlich, aber*
*es gibt nichts Gutes, außer man tut es!*

# Elemente der Friedenssicherung

Unter diesem Titel fand im Rahmen der Aktion »Angst abbauen – Hoffnung säen« ein Podiumsgespräch statt. Es hatte zum Anliegen, den Problemkreis »Friedenssicherung« aus verschiedenen Blickwinkeln zu betrachten. Zu diesem Zweck haben Vertreter der Fakultäten Geschichte, Politik, Militär und Friedensbewegung mit einem kurzen Eingangsreferat begonnen, dann folgte die Diskussion. Wir halten im folgenden die wesentlichsten Aussagen nach Fakultäten geordnet fest, ungeachtet, ob sie zum Eingangsreferat gehören oder aus der Diskussion hervorgegangen sind. Wenn auch manche Aussage eine schweizerische Sicht wiedergibt, und in Details sich einzelne Aspekte in anderen Ländern unterschiedlich präsentieren mögen, so bleiben doch die Grundgedanken allgemein gültig und können genauso auch in Deutschland, Österreich oder anderswo gefunden werden.

## Die Friedensproblematik aus historischer Sicht

PD Dr. Georg Kreis

Ein bekanntes Wort sagt, wer aus der Geschichte nichts lerne, sei gezwungen, sie zu wiederholen. Wie ist dies zu verstehen? Als Historiker gehe ich davon aus, daß jede Situation eine historisch einmalige ist, daß sich Geschichte in diesem Sinne nicht wiederholt. Trotzdem gibt es Erfahrungen, die ins Allgemeine gewendet und als Einsichten zur Gestaltung von Gegenwart und Zukunft eingebracht werden können. Neun Punkte seien in diesem Sinne genannt:

1. Der Umgang mit Geschichte garantiert nicht, daß wir daraus auch die richtigen Schlüsse ziehen. Denkbar sind z. B. Überreaktionen aus der Absicht, die Fehler des letzten Mals zu vermeiden. So erklärt sich das energische Vorgehen Englands und Frankreichs in der Suezkrise von 1956 unter anderem aus dem Bestreben, die Appeasementpolitik der Zwischenkriegszeit nicht zu wiederholen.

2. Die Appeasementpolitik der Zwischenkriegszeit war keine idealistische und grundsätzliche Friedenspolitik, sondern eine Politik des Arrangements unter Großmächten auf Kosten kleinerer und schwächerer Staaten (Mandschurei, Abessinien, Spanien, Tschechoslowakei, Polen, baltische Staaten).

England, das die Hauptverantwortung für diese Politik trägt, hat diesen Kurs verfolgt, weil 1. die Versailler Friedensordnung von 1919 eine schlechte Ordnung und deshalb nicht wert war, mit entschiedenerem Einsatz verteidigt zu werden; 2. die traditionelle Seemacht glaubte, von den kontinentaleuropäischen Problemen nicht direkt betroffen zu sein und 3. ihr wegen der Opposition der konservativen Rechten und der pazifistischen Linken die Mittel für eine andere Politik fehlten.

3. Friedensbewegungen hat es bereits vor dem Ersten und Zweiten Weltkrieg gegeben. Die Friedensbewegung der Zwischenkriegszeit war weit größer als die unserer Tage. Sie war nicht weniger engagiert und nicht weniger einfallsreich. Sie war entweder wirkungslos oder wirkte negativ, indem sie 1. auf Regierungsebene Scheinhaltungen förderte (um dem Erwartungsdruck der Öffentlichkeit zu genügen, war das ganze Verhalten darauf angelegt, den Verhandlungspartner als Friedensstörer erscheinen zu lassen); 2. indem sie nicht ohne die Pflege von Feindbildern auskam (z. B. die Waffenhändler, den Kapitalismus oder den Imperialismus für alles Üble und die eigene Ohnmacht verantwortlich machte) und 3., indem sie Illusionen über das Machbare aufkommen ließ und entsprechende Enttäuschungen verursachte (und die solchermaßen emotionalisierten Massen für andere Propheten zugänglich machte).

4. Während die Kriegstechnik fortschreitet, befindet sich die Friedenstechnik noch immer auf dem Stand der Jahrhundertwende. Die Ideen der Schiedsgerichtsbarkeit, der rechtlichen Ächtung des Krieges, der grenzüberschreitenden Parlamentariertreffen, der Wählerboykotte, der privaten Volksabstimmungen und der Steuerstreiks sind alte Ideen. Wahrscheinlich hängt das Gelingen weniger vom Einfallsreichtum als vom schlichten Wollen ab.

5. Das wachsende Zerstörungspotential hat bisher nicht so abschreckend gewirkt, daß weitere Kriege unterblieben wären. Wie Ende des 19. Jahrhunderts das Repetiergewehr entwickelt wurde, war schon davon die Rede, daß wegen dieser

furchtbaren Steigerung der Zerstörungskraft ein Krieg künftig unmöglich sei. Die gleichen Schlußfolgerungen wurden geäußert, nachdem das Flugzeug und das Gas kriegswichtige Bedeutung erlangt hatten. 1919 herrschte die Meinung vor, daß die Rüstung eine Hauptkriegsursache sei. Man glaubte, daß mit einer allgemeinen Abrüstung Sicherheit geschaffen werden könne. Es gab aber auch die entgegengesetzte Auffassung (und ihr wurde in der Praxis Rechnung getragen): Zuerst müsse Sicherheit geschaffen werden, und dann könne abgerüstet werden.

6. Bekanntlich will keine Macht der Welt nur Frieden. Jeder will den Frieden unter bestimmten Bedingungen, und diese Bedingungen orientieren sich an den eigenen nationalen Interessen. Der Motor der internationalen Politik ist die Interessenpolitik. Kurzfristige Interessenpolitik kann aber längerfristigen Interessen abträglich sein. Interessenpolitik muß nicht (wie Stresemann und Briand bewiesen haben) nur gegen Gegenspieler, sie kann auch mit Mitspielern betrieben werden. Der Ökonom Keynes hatte schon 1919 im Zusammenhang mit der Reparationsfrage darauf hingewiesen, daß speziell in wirtschaftlichen Belangen das Wohlergehen des einen nicht in dem Maße gesichert sei, als es dem anderen schlecht gehe, und daß es dem einen letztlich nur dann gut gehen könne, wenn es auch dem anderen gut gehe.
(Aus der Diskussion: Vgl. aus dieser Sicht den Nord-Süd-Konflikt, die Spannungen in Mittel- und Südamerika)

7. Die Schweiz ist bei Ausbruch des Zweiten Weltkrieges ungenügend gerüstet gewesen, obwohl 1938 mit der Wehranleihe schließlich doch, aber eben spät, die finanziellen Voraussetzungen für die militärische Landesverteidigung geschaffen worden waren. Das Rüstungsdefizit, insbesondere im Bereich der schweren Waffen (schwere Artillerie, Panzer, Flugzeuge) führte zu einer neutralitätspolitisch problematischen Kooperation mit Frankreich, weil dieser Partner über die fehlenden Mittel verfügte und diese zur Verfügung stellen konnte.

8. Die militärische Landesverteidigung ist für die Schweiz von Vorteil gewesen. Der Kleinstaat war während der Bewährungsphase in geringerem Maße erpreßbar. Das heißt nicht, daß die Schweiz jedem Angreifer auf die Dauer hätte widerstehen können. So stellt sich aber die Frage in der Realität nicht. Zudem verfügte die Schweiz über verschiedene Trümpfe: den Alpentransit, die wirtschaftliche Produktivität,

die internationalen Bankverbindungen. Diese Elemente wurden aber nur zu Trümpfen in Kombination eben mit der militärischen Landesverteidigung.

9. Die Geschichte gibt keine sicheren Rezepte, sie gibt aber zur Gegenwart, in der wir stehen, eine zusätzliche Dimension und damit eine Chance, daß man sich mit den gerade vorherrschenden Auffassungen kritisch auseinandersetzt. Geschichte bewahrt vor der Entdeckerüberheblichkeit; Geschichte kann aber auch Mut machen, denn sie zeigt, daß Dinge, die von der Mehrheit der Zeitgenossen als utopisch abgetan werden, später unter Umständen verwirklicht und als Selbstverständlichkeit aufgenommen werden.

## Friedenssicherung aus der Sicht einer Politikerin

Josi J. Meier

*Frieden hat sehr viel zu tun mit Recht und Gerechtigkeit.*

Wo Menschen zusammenleben, gibt es Konflikte. Im Alten Testament versuchte Kain seinen Konflikt mit Abel dadurch zu lösen, daß er Gewalt anwandte und ihn erschlug.

Wollen wir bei der Konfliktlösung Gewalt vermeiden, dann setzt dies entsprechende Verhaltensregeln unter uns voraus. In Familie und Gesellschaft sorgen Sitte, Moral und Brauchtum für solche Regeln. Im Rahmen des organisierten Staates fassen wir die Regeln in Gesetzen zusammen. Die Regeln sollten gerecht sein. Die Staatsgewalt kann den Verstoß gegen die Regeln sanktionieren. Immer mehr wird versucht, zum *freiwilligen Einhalten der Regeln zu erziehen.*

Gesetze wurden früher durch Anführer, Herrscher gemacht und erlassen. Im demokratischen Staat soll keiner des andern Untertan sein. Eine *demokratische Ordnung* verlangt darum das Mitwirkungsrecht des ganzen Volkes. Sie verspricht sich von dieser Mitwirkung eine Ordnung, die möglichst vielen Bedürfnissen gerecht wird und damit *friedensfördernd* wirkt.

Eine demokratische Ordnung orientiert sich an den Grundfreiheiten des Menschen. Jeder Mensch braucht seinen *Freiraum.* Dieser ist notwendigerweise durch den Freiraum des Nächsten eingeschränkt. Heute müssen wir unter dem

»Nächsten« auch den verstehen, der nach uns kommt. Auch er ist auf unsere *Rücksicht* angewiesen, sonst hat er keinen Freiraum mehr.

Die klassischen Freiheitsrechte des Einzelnen, Glaubensfreiheit, Gewissensfreiheit usw. genügen allein noch nicht, denn wer nichts zu essen hat, dem sagen die klassischen Freiheitsrechte nichts. Ergänzung besteht in Form einer minimal notwendigen sozialen Sicherheit. Sie fördert die Solidarität zwischen den Menschen, führt neben der Freiheit zu vermehrter Gerechtigkeit und Brüderlichkeit. Dem *sozialen Element kommt im Rechtsstaat enorme friedensfördernde Bedeutung* zu. Es geht darum, im Staat eine gewisse Verteilgerechtigkeit zu schaffen, die auch den Schwächeren in eine zufriedenstellende Lage bringt.

Alle Macht, auch die Staatsmacht, trägt die Gefahr in sich, mißbraucht zu werden, was Konflikte schafft. Um den *Spannungen vorzubeugen,* lohnt es sich, die Macht aufzuteilen und zu kontrollieren, was in unserem Land vielfach geschieht. Neben der klassischen Gewaltenteilung (gesetzgebende, vollziehende und richterliche) kennen wir die Kontrolle durch die Volksrechte, aber auch die gebietsweise *Machtaufteilung* zwischen Bund und Kantonen. Im föderalistischen Staat soll der Bund nicht regeln, was nicht gemeinsam geregelt werden muß. Die Eigenbestimmung der Teilstaaten bringt jenen *Minderheitenschutz, der ein relativ friedliches Zusammenleben* zwischen Kantonen mit unterschiedlichen Kulturen, Sprachen und Religionen *ermöglicht.* Gesichert wird erst, wenn zwischen den Teilstaaten auch Solidarität herrscht.

In unserem Land spielen aber auch nichtstaatliche Kräfte bei der Friedensförderung eine sehr große Rolle. Im Bereich der Wirtschaft arbeiten die sogenannten *Sozialpartner* zusammen, statt sich im bloßen Klassenkampf zu erschöpfen. Beispiel ist das wiederholt verlängerte Friedensabkommen von 1937. Es will den sozialen Frieden sichern. Arbeitnehmer und Arbeitgeber schufen ein *Verfahren* für Fälle, in denen sie nicht einig wurden über die gegenseitigen Leistungen. Sie suchten also eine *friedliche Streitregelung.* Streikrecht wird nicht so groß geschrieben, man verspricht sich mehr von einer rechtzeitigen Regelung der Konflikte, die notfalls zu Streik führen können.

Noch wichtiger als geschriebene Gesetze sind im staatlichen Zusammenleben alle Elemente des freiwilligen Minderheitenschutzes, aber auch eine gewisse Rechts- und politische

Kultur. Das Einverständnis dazu hat in den letzten Jahren ziemlich gelitten und führt zu einer *Friedensgefährdung* in unserem Staat.

Dies zeigte sich etwa bei den Jugendunruhen, wo auch Gewalt (nur gegen Sachen) angewandt wurde mit der Begründung, vorausgegangene Einengungen durch Gesellschaft und Staat hätten diese Gewalt provoziert. Eine Veränderung durch demokratische Mittel wurde gar nicht erst versucht. Eine zweite Gefahr taucht in der *Nichtbeteiligung an den demokratischen Prozessen* auf. Die Beteiligung geht zurück und immer mehr Leute erklären, sich mit den demokratischen Entscheiden nicht abzufinden. Sie drohen im voraus mit Gewaltanwendung für den Fall, daß sie mit ihren Standpunkten in einer Abstimmung unterliegen sollten.

Trotzdem dürfen wir feststellen, daß innerstaatlich durch ein Zusammenspiel demokratischer Freiheiten, die auf die Menschenrechte abstellen und durch ein solidarisches Handeln eine Ordnung angestrebt wird, die friedliches Zusammenleben sichert und fördert. Der politische Alltag zeigt, daß dieser Friedenswille *dauernd mit neuen Anstrengungen* angestrebt werden muß.

Innerstaatlich erreichten wir das friedliche Zusammenleben der Kantone; international gibt es das friedliche Zusammenleben der Staaten noch nicht. Weil uns der *weltweite Friede* und die Gerechtigkeit ein Anliegen sein müssen, trete ich dafür ein, daß sich unser Land vermehrt auch international engagiert. Die Schweiz sollte dabei eine aktive Neutralitätspolitik betreiben und dazu beitragen, daß Ungerechtigkeiten verschwinden. Das könnte sie z. B. auch als Mitglied der UNO tun, in der ebenfalls versucht wird, *»das Recht der Stärkeren zu ersetzen durch die Stärke des Rechts«*. Spannungen können abgebaut werden durch eine gerechtere Güterverteilung auf der Welt, wie sie auch auf UNCTAD-Konferenzen angestrebt wird, an denen wir teilnehmen. Vielfältige *friedensfördernde Einsätze der Schweiz* sind denkbar. Beispiele sind die Selbstbeschränkung in der Kriegsmaterialausfuhr, unser Einsatz für die friedliche Streitregelung, diplomatische Dienstleistungen, Entwicklungshilfen aller Art aber auch private wirtschaftliche und kulturelle Beziehungen.

*Frieden ist in meinen Augen nicht nur die Abwesenheit von Krieg, sondern die Ausgestaltung und Förderung einer gerechten Ordnung* zwischen den Menschen, sei es nun beim Einzelnen, in der Familie, in der Gruppe, national oder international. Das heißt für uns, aktive Friedenspolitik auf allen Stufen zu wollen und zu betreiben. Wir sollten unseren Beitrag bewußt zur Entspannung leisten, wo immer wir können und uns nicht aufs Einigeln beschränken. Denn das positivste Erlebnis meiner eigenen Tätigkeit ist, zu sehen, wie mit kleinen Schritten viel mehr erreicht wird, als mit vielen Streitgesprächen über den Frieden.

## Friedenssicherung aus militärischer Sicht

Divisionär Edmund Müller

### Sind wir bedroht?

Der Frieden gehört zweifellos zu den höchsten Gütern. Er kann aber nur dann ein oberstes Gut sein, wenn er im Verbund mit andern höchsten Gütern vorhanden ist: Unabhängigkeit, Freiheit, Selbstbestimmung und Gerechtigkeit sind dem Frieden gleichzustellen und geben ihm in diesem Sinne erst seine Qualität. Unser Gewissen erfordert deshalb nicht nur den Einsatz für den Frieden, sondern ebensosehr für die Grundrechte. Das ist der ethische Maßstab, an dem unsere Sicherheitspolitik gemessen werden muß. Unsere Sicherheitspolitik gründet auf einer sorgfältigen, realistischen Beurteilung der Welt, in der wir leben. Darin ist leider kein Platz, weder für Utopien noch für Schlagworte. Sie will den vielfältigen Bedrohungen, denen wir alle ausgesetzt sind, begegnen. Es wurde kaum zu einer anderen Zeit so häufig über Frieden gesprochen und soviel gegen den Frieden gehandelt. Allen Friedensbeschwörungen zum Trotz sind seit 1944 rund 120 neue Kriege und gewaltsame Konflikte ausgebrochen. Auch unser als traditionell friedensliebend bekanntes Land lebt nur in einem Frieden, der als relativ zu bezeichnen ist.

Der Frieden wird ja nicht nur durch militärische Aggressionen zerstört, er wird ebensosehr durch Akte der indirekten Kriegführung bedroht. Terroristen haben unser Land als Basis für ihre Anschläge benutzt. Sie haben schweizerische Flugzeuge entführt, zum Absturz gebracht oder zerstört. Spionage und Sabotage in militärischen und wirtschaftlichen Bereichen treten häufig auf. Politische Hitzköpfe schreckten auch bei uns nicht vor Gewalt zurück. Viele unserer Institutionen werden unterwandert und Aktivisten sorgen für Verbreitung von Gewalt und Radikalisierung. Man muß auch darauf Rücksicht nehmen, daß es zur Strategie der Sowjetunion gehört, daß sie seit Jahrzehnten große Anstrengungen betreibt, um die innere Widerstandskraft der westlichen Länder zu untergraben, Angst zu verbreiten, die Öffentlichkeit zu täuschen und ebenfalls dem Marsch durch die Institutionen zum Erfolg zu verhelfen. Das hat auch bei uns in einigen Bereichen zu beunruhigenden Zuständen geführt. Dazu kommt die Bedrohung von außen. Riesige Massenvernichtungspotentiale sind weltweit zum Einsatz bereit. In Europa stehen sich zwei mächtige, jederzeit einsatzbereite Militärblöcke, Dutzende von Divisionen und Tausende von Kampfpanzern und Kampfflugzeugen einander gegenüber.

Dieses Machtverhältnis ist Ende der 70er Jahre eindeutig zugunsten der Sowjetunion verschoben worden. Unter dem Deckmantel der Entspannung und einem mißbrauchten Geist von Helsinki hat man eine gigantische Aufrüstung betrieben, die, ohne Rücksicht auf Entbehrungen des russischen Volkes, eine überlegene Militärmaschinerie zum Ziel hatte. Es ist auch seltsam, daß die Friedensbewegung in Europa, in Amerika und nicht zuletzt auch in der Schweiz, erst richtig aktiv geworden ist, als die NATO mit Nachrüsten anfing. Man hörte von den Friedensbewegungen leider nichts zum Zeitpunkt, als man bereits wußte, wie die Russen im Warschaupakt aufrüsteten. Frieden und Grundrechte sind durch all diese Umstände auch bei uns auf vielfältige Weise bedroht.

Obwohl ich die Meinung teile, daß für die Schweiz gegenwärtig keine unmittelbare, militärische Bedrohung besteht, kann ich sie keinesfalls ausschließen. Es muß uns zu denken geben, wenn z. B. der russische Dogmatiker Manuilskji in seinem Werk über die langfristige russische Strategie schreibt: »Um zu siegen bedürfen wir des Elementes der Überraschung. Das Bürgertum muß eingeschläfert werden. Wir werden die theatralischste Friedensbewegung in Szene setzen, die jemals existiert hat. Die kapitalistischen Länder, einfältig und dekadent wie sie sind, werden mit Vergnügen an ihrer eigenen Zerstörung mitwirken. Sie werden auf den Leim netter Freundschaft kriechen, und sobald ihre Wachsamkeit nachläßt und sie sich ihres Schutzgürtels entblößen, werden wir sie mit geballter Faust zerschmettern.«

Solche Hinweise, aber auch das aufmerksame Verfolgen der politischen Geschehnisse weltweit und in einzelnen Kriegsgebieten, die bereits erwähnten Terroranschläge, die alle keineswegs einseitig dem russischen Einfluß zugeschrieben werden dürfen, deuten doch an, daß auch die Schweiz auf vielfältige Weise bedroht ist.

## Die Sicherheitspolitik der Schweiz

Dieser Bedrohung begegnen wir hier in der Schweiz durch unsere Sicherheitspolitik. Seit jeher gehört das Verlangen nach Sicherheit zu den natürlichen Bedürfnissen des Menschen. Dieses Bedürfnis empfinden wir, jeder Einzelne von uns, im individuellen Bereich und wir müssen da selbst für unsere Sicherheit sorgen. Im Bereich des Staates ist es notwendig, daß der Staat bestimmte Schutzfunktionen für diese Sicherheit übernimmt. Es ist gut, wenn man sich hin und wieder auf Artikel 2 unserer Bundesverfassung besinnt. Es heißt da: »Der Bund hat zum Zweck, die Behauptung der Unabhängigkeit des Vaterlandes gegen außen, Handhabung von Ruhe und Ordnung im Innern, Schutz der Freiheit und der Rechte der Eidgenossen und Förderung ihrer gemeinsamen Wohlfahrt.« Alle diese Aufgaben können zweifelsohne im Klima eines allgemeinen Friedens am besten wahrgenommen werden. Und für den allgemeinen Frieden können wir Schweizer am besten wirken, wenn wir selber für die Sicherheit unseres Landes glaubwürdig sorgen. Dementsprechend wurde 1973, also vor mehr als 10 Jahren, unsere Sicherheitspolitik formuliert. Sie richtet sich ausschließlich gegen Gewaltdrohung oder Gewaltanwendung gegen unseren Staat, unser Volk oder seine Existenzgrundlage.

Eine erfolgreiche Sicherheitspolitik soll die freie Entfaltung unserer Gesellschaft und des einzelnen Bürgers innerhalb eines schützenden Staates überhaupt möglich machen. Zur Selbstbehauptung stehen unserem Land außer der Armee, der Zivilschutz, die wirtschaftliche Landesversorgung, aber auch die Mittel der Außenpolitik, der Information, der psychologischen Abwehr und des Staatsschutzes zur Verfügung. Die Armee ist das Machtmittel zur Gewährleistung unserer Selbstbehauptung und unserer Neutralität. Sie leistet ihren Beitrag zur Kriegsverhinderung primär, indem sie jedem Gegner zu jeder Zeit glaubwürdig zeigt, daß er bei einem militärischen Angriff der Schweiz mit bösen Verlusten in jeder Beziehung rechnen muß und daß er in der Schweiz nicht das vorfinden würde, was er haben möchte, daß er, im Gegenteil, mit einer unbrauchbaren Infrastruktur, einer zerstörten Wirtschaft und einem großen Zeitaufwand rechnen müßte.

Im Fall eines Krieges gegen unser Land hat die Armee den Auftrag, unser Staatsgebiet von der Grenze weg gegen jeden Angreifer zu verteidigen und einen möglichst großen Teil unseres Landes in Besitz zu behalten. Soweit es die Erfüllung dieser Hauptaufgabe zuläßt, hat die Armee aber auch die Aufgabe, der Zivilbevölkerung zu helfen, sei es im Frieden bei Katastrophenfällen oder im Krieg bei größeren feindlichen Zerstörungen und Angriffen. Im Rahmen der Sicherheitspolitik hat die Armee zweifellos die wichtige Aufgabe zur Verhinderung und Bekämpfung von gewaltsamen Übergriffen gegen unser Land. Sie trägt mit dem Vorhandensein und dem Zeigen, daß sich ein Angriff gegen unser Land nicht lohnt, wesentlich zur Erhaltung des Friedens in Freiheit bei. Je besser die Armee in der Lage ist, zu kämpfen, umso größer ist die Chance, daß sie nie kämpfen muß. Das setzt voraus, daß die Armee auch entsprechend ausgerüstet und ausgebildet wird. In diesem Zusammenhang ist es auch wichtig, daß man sich vor Augen hält, daß der finanzielle Aufwand für unsere Armee von rund 2 % des Bruttosozialprodukts nicht nur tragbar ist, er führt auch zu keiner Beeinträchtigung unserer anderen Staatsaufgaben, sei es im Rahmen der Förderung der allgemeinen Wohlfahrt, oder der internationalen Solidarität, beispielsweise der Entwicklungshilfe. Unser Milizsystem bietet auch Gewähr dafür, daß sich in unserem Land kein Militarismus entwickeln kann und daß das Machtmittel Armee nur dann mobilisiert wird, wenn der Frieden bedroht ist. Dank dem defensiven Grundauftrag der Armee stellt sie keine Gefährdung des Friedens eines anderen Landes dar. Unsere Armee hat schließlich die völkerrechtliche Verpflichtung, die bewaffnete Neutralität zu gewährleisten. Diese Unterschiede, in Organisation, Aufwand und Zweckbestimmung unserer Armee einerseits und der Armeen der Machtblöcke andererseits, sollte man erkennen und man sollte sie besser auseinanderhalten. Es ginge vor allem darum, dies auch den Pazifisten vermehrt zu sagen, die meinen, die Schweiz, dieser Kleinstaat, sollte mit der Abrüstung ein Zeichen setzen. Das wäre nicht nur eine Utopie, das wäre gleichzeitig eine verantwortungslose Gefährdung des Friedens in unserem Land. Es wäre eine Verletzung des Staatszweckes und eine schwerwiegende Mißachtung internationaler Verpflichtungen im Rahmen der Neutralitätspolitik.

Auch die weiteren Teile unserer Sicherheitspolitik dienen der Sicherung des Friedens in Freiheit, unter Wahrung der Menschenrechte, und sie erlauben uns, unseren Verpflichtungen in der Völkergemeinschaft nachzukommen.

Zusammenfassend betrachtet darf festgestellt werden, daß unsere Sicherheitspolitik ein ausgewogenes System zur nationalen Selbstbehauptung darstellt. Es setzt sich letztlich aus zwei grundsätzlichen Elementen zusammen: aus der allgemeinen Friedenssicherung und Krisenbeherrschung auf der einen Seite und auf der anderen Seite Kriegsverhinderung durch Verteidigungsbereitschaft und Befähigung zur Kriegsführung, zum Überleben und zum Widerstand.

## Im Dienste von Friede, Freiheit, Gerechtigkeit

Verschiedene Friedensbewegungen in unserem Land wären gut beraten, wenn sie im Sinn unserer Sicherheitspolitik tätig wären, wie dies bedeutende Persönlichkeiten tun oder getan haben. Ich darf in diesem Zusammenhang einen reformierten Theologen, Karl Barth, zitieren, wie er sich zur Sicherheit des Staates gestellt hat. Er schrieb folgendes: »Die Kirche muß dafür sorgen, daß der Staat ein rechter Staat sei. Dazu gehört, daß er den Frieden schützt und zwar den Frieden, der der Freiheit dient und in Gerechtigkeit und Freiheit zustande kommt.« Er schreibt weiter: »Im Zeitalter der Diktaturen muß die Kirche mit dem Willen zum gerechten Frieden auch die Bereitschaft zu dessen Verteidigung gutheißen.«

Zu diesem Zweck hat die Schweiz eine Milizarmee, in der alle männlichen, diensttauglichen Bürger Militärdienst leisten. Dieser Dienst wird im 5. Kapitel der Pastoralkonstitution vom Vatikanum II ausdrücklich gerechtfertigt: »Es ist etwas anderes, militärische Macht einzusetzen, um ein Volk rechtmäßig zu verteidigen, etwas anderes, andere Nationen zu unterjochen. Wer als Soldat im Dienst des Vaterlandes steht, soll sich als Diener der Sicherheit und Freiheit der Völker betrachten. Er trägt durch die rechte Ausübung seines Dienstes wahrhaft zur Festigung des Friedens bei.«

# Friedenssicherung aus der Sicht der Friedensbewegung

Ursula Brunner

## Frieden kann man nicht sichern, nur erschaffen

Frieden kann man eigentlich nicht sichern. Sichern kann man nur einen *Status quo*. Und darauf kommt es hinaus, wenn Menschen sagen, Rüstungsgleichgewicht erhalte den Frieden. Frieden hieße dann, die Zustände, wie sie jetzt *für uns* sind, zu belassen.

Und dies heißt weiter, daß Zustände, die in sich unendlich viele Ursachen von Aggressionen enthalten, da sie aufgebaut sind auf einem totalen, weltweiten Ungleichgewicht, bezogen auf die wirtschaftlichen, sozialen und politischen Situationen, weiterhin so bleiben sollen, weil sie denen, die bis zum Zerstörungswahnsinn bewaffnet sind in Ost und West, ihre Vorteile, auf die sie meinen, ein Recht zu haben, belassen.

Darum ist Frieden sichern mit dem Gleichgewicht der Waffen ein Betrug an der Menschheit. Denn auf einer Welt, auf der ein Viertel der Menschheit drei Viertel der Rohstoffressourcen und Rohstoffproduktion für sich verbrauchen, kann in sich nicht von einer Friedenssituation gesprochen werden. Solchen Frieden kann man nicht sichern; sichern kann man nur den Status quo.

Zum Frieden müßten die Menschen von *innen her bereit* sein. Frieden muß erschaffen werden. Dazu gehören Überdenken der Wertvorstellungen, Umdenken, Verzichten. Frieden so zu schaffen ist ein langer Prozeß innerer Reife, sowohl des Einzelnen, wie auch der menschlichen Gesellschaft.

Dieses Bewußtsein hat zu einer Bewegung geführt, die aufbricht an vielen Orten und auf allen Kontinenten. Diese Bewegung kann nicht mehr unterdrückt werden, auch wenn mancherorts, subtil oder handfest, versucht wird, sie in das Schema »von Moskau gesteuert« zu drücken.

Frieden schaffen muß ein konstruktiver Weg sein, gekennzeichnet durch drei Schwerpunkte: Betroffen-sein, Erkennen, Handeln.

## Betroffen-sein

Betroffen-sein ist die Voraussetzung dafür, daß wir fähig werden, gewisse Geschehnisse von außen mit einer inneren Bereitschaft aufzunehmen und uns davon *berühren* zu lassen. Und nur weil wir so oft diese Betroffenheit von uns fernhalten, können wir von Frieden reden und damit die Aufrüstung meinen.

Betroffene Menschen gehen nicht nur auf die Straße und rufen: »Nein, so nicht mehr...«. Betroffene Menschen entwickeln auch Visionen von einem neuen Leben, überdenken ihren persönlichen Lebensstil, sind solidarisch mit Menschen in der Dritten Welt, versuchen politisch zu wirken.

## Erkennen

Wir erkennen:

daß wir am Ende von Lebensformen und Denkschemata angelangt sind, die über Jahrhunderte hinweg Gültigkeit hatten.

Wir erkennen:

daß durch die Eigendynamik einer wissenschaftlichen und technologischen Entwicklung, die laufend zerstört, was sie erhalten will, diese Gültigkeit heute keinen Stellenwert mehr hat.

Wir erkennen:

daß wir durch eine technologisch forcierte Landwirtschaft eine Überproduktion schaffen, der wir nicht Herr werden, ohne daß wir fähig wären, unsere Strukturen so zu verändern, daß Hunderte von Millionen von Menschen nicht mehr an Hunger sterben müssen.

Wir erkennen:

daß wir durch den Kreislauf Produktion – Konsumation – mehr Produktion – mehr Konsumation = Wachstum und Arbeitsplätze nicht nur unsere Lebensräume aushöhlen, sondern unser ganzes Leben des Sinns entleert haben, und daß wir mit diesem Kreislauf weder die Wirtschafts- noch die Lebenskrisen bewältigen können.

Wir erkennen:

daß derselbe Kreislauf nicht nur die Länder der Dritten Welt in eine nicht mehr zu bewältigende Verschuldung gebracht hat, sondern auch die Kluft zwischen armen und reichen Völkern in einem bedrohlichen Maße vergrößert.

Wir erkennen:

daß die Rüstungstechnologie mit ihren Milliarden-Dollar-Ausgaben die ganze Menschheit jener Ressourcen beraubt, die sie zur Bewältigung ihrer Armut- und Hungerprobleme dringend brauchen würde, und wir erkennen:

daß die ganze Aufrüstung mit ihren zerstörerischen Waffensystemen keine Sicherheit gewährleisten kann, da sie das zerstört, was erhalten zu wollen sie vorgibt.

**Handeln**

Betroffenheit und Erkennen-können sind unabdingbare Voraussetzungen für das Handeln. Zum Frieden schaffen müssen wir realpolitische Handlungsweisen entwickeln.

Wenn bis heute »Realpolitik« bedeutet:

Menschen auszubeuten, Reichtum anzuhäufen für eine kleine Schicht von Menschen in der Welt, Rassen zu diskriminieren, eigenständige Wege von Völkern und Staaten zu unterdrücken, Konflikte mit Haß, Gewalt und Waffen zu bewältigen, Boden, Luft und Wasser auszubeuten, sich zu weigern, auf politische Vorteile, auf die Beherrschung durch Macht und Geld zu verzichten.

Und wir erkennen, daß wir mit dieser »Realpolitik« am Ende unserer Überlebensmöglichkeiten angekommen sind, warum sollte dann die »neue Realpolitik« nicht heißen können: für Konfliktbewältigung im Großen und im Kleinen neue Wege zu suchen, Vertrauen zu schaffen, aufeinander zuzugehen, hinzuhören, bereit zu sein, den anderen gelten zu lassen, Vorurteile abzubauen, Sicherheit zu suchen auch für den anderen, Eigenständigkeit anzuerkennen, Machträume abzubauen, nicht mit Stärke zu triumphieren, die Angst macht, sondern den anderen suchen und verstehen zu lernen, auf technologische Fortschritte zu verzichten, deren Folgen wir nicht mehr bewältigen können (Genforschung, Lasertechnologie im Weltraum usw.) usw.

Damit würden wir konstruktiv Frieden schaffen, den Weg von der Sicherheitspolitik, die einschnürt und schließlich Leben unterdrückt und zerstört, zur Friedenspolitik als reale Möglichkeit finden.

Frieden sichern, indem wir bestehende Strukturen zu erhalten versuchen, ist ein Element des Todes.

Frieden er-schaffen, indem wir umdenken und umkehren (Wendezeit), ist ein Element zum Leben. Das ist der Grund meines Engagements hier.

# »New Age« oder Franziskus im Atomzeitalter
## Visionen zu den Grundlagen eines neuen Zeitalters

Prof. Dr. Max Thürkauf

### Unsere Welt ist Abbild unseres Geistes

Alles was der Mensch bewußt tut, muß er zuerst denken. Die vom Menschen gestaltete Welt ist ein Bild seines Geistes; seine Umwelt entspricht seiner Innenwelt. Die Umweltprobleme sind Innenweltprobleme. Wenn der Mensch sein Herz versteinern läßt, so versteinert er mit seinen geistgelenkten Händen die Umwelt. In der heutigen Sprache heißt das Verbetonierung. Beton ist Brei; seine Gestaltlosigkeit dringt durch das erstarrte Grau. Die Gestaltlosigkeit ist das Antlitz des Materialismus, die Häßlichkeit, die die sogenannte moderne Kunst zum Ausdruck bringt: das Grau des Grauens.

Die verbetonierte Welt ist eine Welt des Habens statt des Seins. Der heilige Franziskus lebte mit einem kleinen Haben ein großes Sein. Er hat die Wissenschaft nicht abgelehnt, aber er hat vor einer Wissenschaft gewarnt, die das Sein zum Haben verführen könnte. Die Hand, die gibt, ist ein Organ des Seins; die Hand, die nimmt, ist ein Instrument des Habens. In das Leben nach dem Tod können wir nur das Sein mitnehmen. Sein ist immer auch schenken; mitnehmen können wir nur, was wir verschenkt haben. Die moderne Naturwissenschaft ist eine Tätigkeit von nehmenden Händen, sie ist die Wissenschaft des Experiments. Mit seinen geistgelenkten Händen greift der Mensch in die Materie, um sie durch Messung zu be-greifen. Jede Messung ist eine Hand-lung. Mit dem Experiment hat der Mensch die Kraft des Armes, die Macht seiner Hand-lungen, die materielle Macht, bis zu den äußersten Grenzen seines Seins ausgedehnt. Das Schwert ist so lang geworden, daß es mit einem Streich alles Leben auf der Erde töten kann: die Atombomben der Großmächte.

Vor einer Wissenschaft, welche die Güter der Welt anstrebt und dabei Schaden an der Seele nimmt, hat der heilige Franz gewarnt. Er hat seinen Brüdern die Bücher nicht verboten, aber er hat die Gefahr gesehen, die dort wohnt, wo mehr an die Wissenschaft als an Gott geglaubt wird. Mit seinem verklärten Herzen konnte er bis in unsere Tage sehen, die er jetzt von dort her sieht, wo er vor mehr als siebenhundert Jahren hingegangen ist. Er sieht unsere Not und kann – unter der Voraussetzung, daß wir Gott um Hilfe bitten – für uns beim Vater Fürsprache einlegen. Die tödliche Bedrohung des Atomzeitalters ist eine Folge des Hochmuts, an die Geschöpfe, statt an den Schöpfer zu glauben, an die Materie und an ein Geschöpf des Menschen – an die Wissenschaft.

## Die Versuchung des Versuchs

Die Ahnung des Franziskus läßt an den geheimnisvollen Zusammenhang denken, der zwischen den Wörtern Experiment und Pirat besteht. Die Sprache ist so tief wie der Mensch, weil in der Sprache der Ursprung des Menschen wurzelt: im Wort Gottes. Wilhelm von Humboldt sagt: Die Sprache hat keinen Ursprung, die Sprache ist Ursprung; der Mensch ist nur durch die Sprache Mensch, aber um die Sprache zu erfinden, müßte er schon Mensch sein. – Das Wort Pirat hängt mit dem griechischen *peira* zusammen, was soviel wie Versuch oder Probe heißt; das Tätigkeitswort *peiraein* bedeutet auf die Probe stellen, es kann aber auch in Versuchung führen heißen. Die Spartaner haben zu den Seeräubern *peirates* gesagt, weil es Kerle sind, die es eben einmal versuchen. Und weil aus der Versuchung, einen Versuch zu machen, Gefahr entstehen kann, hängt das lateinische Wort für Gefahr, *periculum*, mit dem griechischen *peira* zusammen. Übrigens kann *periculum* beides bedeuten, Gefahr und Versuch. Das Wort Experiment ist also direkt verwandt mit dem griechischen *ex peira*, aus der Probe oder aus dem Versuch. Man spricht ja beim Experimentieren auch von Proben oder Versuchen. Die Naturwissenschaftler beziehen ihr Wissen aus Versuchen, die sie mit der Natur anstellen. Francis Bacon, der englische Zeitgenosse Galileis, sagte, man müsse die Natur auf die Probe stellen und wenn nötig auf die Folter des Experiments spannen, um ein Wissen zu erwerben, das – wie er forderte – Macht ist. Und tatsächlich, das Wissen der modernen Naturwissenschaft bringt Macht statt Weisheit. Im Gegensatz zur Weisheit kann die Macht mißbraucht werden; mißbrauchte Weisheit wäre ein Widerspruch in sich. Vor einer Wissenschaft der Macht hat in seiner Weisheit der heilige Franz gewarnt.

Manche Experimente, die die Wissenschaftler machen, gleichen – was die Unverfrorenheit anbelangt – in der Tat Piratenstücken. Gibt es doch heute Wissenschaftler, die meinen, unter der Flagge der Wissenschaft sei alles erlaubt, was laboratoriumstechnisch möglich ist. Sie nennen das wertfreie Wissenschaft, die nur einen Wert anerkennt: den alle Werte entwertenden Wert der Wertfreiheit. Unter der Totenkopfflagge taten die Piraten alles, was im Bereich ihrer Möglichkeiten lag. Wenn wir uns im Atomzeitalter umschauen, gibt es weite Bereiche in der Wissenschaft, auf deren Flagge ebenfalls der Totenkopf grinst: Nach Berichten der UNO arbeiten nahezu eine halbe Million Wissenschaftler an der Entwicklung neuer Waffen. Mit dem Experiment als Versuchung des Versuchs haben die Menschen etwas Neues unter der Sonne hervorgebracht, das tausendmal heller ist als die Sonne. So hat der »Vater der Atombombe«, Julius Robert Oppenheimer, sein »Kind« genannt. Nach der Probe-Explosion (*peira*-Explosion) der ersten Atombombe in der Wüste von New Mexico hat Oppenheimer gesagt: Jetzt wissen wir, was Sünde ist. Leider wissen trotz der Atombombe noch viele Wissenschaftler nicht, daß Hochmut Sünde ist. Manche bestreiten sogar die Existenz der Sünde und verwandeln – im Einverständnis mit manchen Theologen – mit Hilfe des Darwinismus das Böse in ein »sogenanntes Böses«.

Die Relativierung der Wahrheit zu einer Vielfalt von wissenschaftlichen Richtigkeiten macht auch vor der Verharmlosung der Atombombe nicht halt. So gibt es gescheite Leute, welche die Atombombe mit einem Messer vergleichen, indem sie sagen, es hänge eben davon ab, was man mit der (wertfreien) Technik tue. Mit einem Messer könne man sowohl Brot schneiden als auch töten. Und so sei es auch mit der Atomenergie, mit welcher man zum Beispiel Elektrizität zum Antreiben eines elektrischen Brotmessers herstellen könne. Im Atomzeitalter werden die Philosophen durch eine entphilosophierte Naturwissenschaft gezwungen, das zu tun, wovor Blaise Pascal gewarnt hat: Versuche nicht zu beweisen, wenn das zu Beweisende offensichtlicher ist als der Beweis. Mit dem Messer und allen sogenannten klassischen Waffen konnten die Menschen bloß die Leben, das heißt die einzelnen Lebewesen, töten. Mit den heute gelagerten Atombomben haben es die Menschen in der Hand, *das* Leben – die ganze Schöpfung – zu töten. Das Töten der Schöpfung wäre eine mit allen bis jetzt verübten Verbrechen unvergleichbare Sünde.

## Liebe als Grundkraft für ein »New Age«

Die Geschichte lehrt uns, daß die Menschen nie aus der Geschichte gelernt haben, daß sie immer alles getan haben, was sie tun können. So wie es in der Wissenschaft des Atomzeitalters getan wird. Jedermann kann sehen, daß zwischen dem Messer – ja, sogar dem Dynamit – und der Atombombe ein Unterschied besteht, der dem Unterschied zwischen Sein und Nichtsein entspricht. Das Haben ist so groß geworden, daß es das Sein vernichten kann. Das Nichtsein der Schöpfung ist durch das Experiment des Tuns von allem, was getan werden kann, durch das Wissen aus dem Versuch der Versuchung, in die Hände der Menschen gelegt worden. Da, wie die Geschichte zeigt, aus Mangel an Liebe die Vernunft nicht ausreicht, um das nicht zu tun, was nicht getan werden darf, kann nur die Barmherzigkeit Gottes die Menschen daran hindern, zu tun, was sie tun können. Die Rettung vor der letzten Tat der Wissenschaft wird nicht aus der Wissenschaft kommen, sondern aus dem Gebet von Buße und Umkehr, durch welches allein diese große Gnade zu erhoffen ist.

Es gibt keine Zufälle, aber es kann einem etwas zufallen. Anatole France sagt, der Zufall sei ein Pseudonym Gottes, und der amerikanische Chemiker Erwin Chargaff meint, der Zufall sei der Gott der Gottlosen. So ist es kein Zufall, daß im Gebet, das uns der Herr gelehrt hat, ein Wort enthalten ist, das mit dem Experiment in einer schicksalsschweren Beziehung steht: Und führe uns nicht in Versuchung, sondern erlöse uns von dem Bösen. Im griechischen Urtext steht für Versuchung das Wort *peirasmos.* Ohne den Glauben an das Leben nach dem Tod stirbt das Leben vor dem Tod. Die Dichterin Ruth Schaumann bittet den heiligen Franz, uns glauben zu helfen:

Eine Geige war die Stunde
Und dein Tod ein leiser Bogenstrich,
Brauner Mönch, des Heilands Seitenwunde
Senkt sich brennend über dich

Und umschließt dein Sterben ohne Ende
Wie der Himmel alles Abendrot –
Bruder Franz, zu meinem Sterben sende
Mir den Duft von deinem Tod.

# ANHANG

# »Angst abbauen – Hoffnung säen«

## Erfahrungen aus einer Pfarreiaktion

*Helmut Agustoni*

### 1. Sta. Maria, Ebikon

Ebikon ist eine Vorortsgemeinde von Luzern. Der größte Teil der Einwohner ist katholisch. Zur Pfarrei Sta. Maria, Ebikon gehören gegen 7000 Seelen.
Auch in Ebikon hat die Anzahl der Gottesdienstbesucher in den letzten Jahren und Jahrzehnten deutlich abgenommen. Zwischen 20 und 25 % der Katholiken nehmen noch regelmäßig am Sonntagsgottesdienst teil. Gemessen an Erfahrungen, die andernorts gemacht werden, liegt damit die Besucherrate jedoch überdurchschnittlich hoch. Die Kirche erreicht mit ihren Predigten und den anderen Angeboten also beachtliche Teile der Bevölkerung.

### 2. Pfarreiorganisationen

Die kirchlichen Vereine und Organisationen sind in Ebikon sehr aktiv. Sie tragen wesentlich zum Gemeindeleben bei, sei dies nun kulturell, karitativ oder gesellschaftlich.
Einen festen Platz in diesen Aktivitäten hat die Erwachsenenbildung. Ihre Angebote werden, je nach Thematik, auch von Nichtkirchgängern benutzt.

### 3. Der Pfarreirat

Die Größe der Pfarrei bringt es mit sich, daß sehr viele Mitarbeiter engagiert sind. Um diesen ein Forum zur Meinungsbildung, zur Koordination, zur Zusammenarbeit mit den hauptamtlichen Seelsorgern usw. zu bieten, gibt es den Pfarreirat. Er hat rund dreißig Mitglieder, davon je ein Drittel von Amtes wegen, bzw. von den Pfarreiorganisationen delegiert, bzw. auf dem Berufungswege vom Rat selbst gewählt.
Grundsätzlich dient er der Seelsorge, im umfassenden Sinne verstanden. Es gilt das Prinzip der Subsidiarität: Wird etwas für die Seelsorge als wichtig erkannt, übernimmt der Rat das Anliegen nur dann zur eigenen Behandlung, wenn nicht eine andere Pfarreiorganisation daran interessiert ist oder sich schon damit befaßt.

### 4. Die Idee der Jahresthematik

Den Impuls zur Jahresthematik gab der Pfarrer. Er äußerte bereits vor mehreren Jahren den Wunsch, zu versuchen, die Pfarreiarbeit eines ganzen Jahres einem bestimmten, aktuellen Thema zu widmen. Es schwebte ihm eine breite Beteiligung aller Pfarreiorganisationen vor. Thematik und weitere Einzelheiten waren noch völlig offen.

## 5. Von der Idee zur Realisierung

Der Pfarrer setzte sich mit seinen hauptamtlichen Mitarbeitern zusammen und suchte nach einer sinnvollen Thematik. Er fand sie unter dem Titel

*»Unsere Pfarrei setzt Lebenszeichen«*

Gemeinsam mit einem theologischen Inspirator in der Person des Kapuzinerpaters Dietrich Wiederkehr, Luzern, zog sich der Rat mit diesem Thema zu einem Weekend in ein Bildungshaus zurück.
Das Arbeitswochenende begann mit einem einstimmenden Film (»Terracotta«). Er handelt von Schöpfung, Sündenfall, Erlösung, Glück, Nächstenliebe und regte zum Nachdenken an.
Die spontan auftauchenden Gedanken wurden auf großen Papierbogen für alle sichtbar festgehalten. Man spürte das Spannungsfeld zwischen Schöpfung/Zerstörung (Angst) – Hoffnung/Resignation – Glaubenstiefe/Unsicherheit – Pragmatismus/Traum usw.
P. Dietrich Wiederkehr veranschaulichte daraufhin modellhaft die Aufgaben der »Glaubensgemeinschaft Kirche« und zeigte ihre Wechselwirkungen zur Umwelt auf. Es wurde klar, daß in unserer Gesellschaft viel geistiges, aus dem Glauben lebendes Leben erstorben ist. Gleichzeitig regte das Modell dazu an, aus der christlichen Frohbotschaft Hoffnungsvolles dagegen zu tun.
In Gruppenarbeit wurde das Modell ausdiskutiert und vertieft. Es kristallisierten sich einige Themenkreise heraus, die von Interesse waren. Bald verdichtete sich die allgemeine Meinung, daß »Angst heute weit verbreitet ist. Es wäre echte Hilfe, wenn es gelänge, diese Angst abzubauen«.
Konkretere Ergebnisse lieferte das Weekend noch nicht.
Mit der eben zitierten Schlußfolgerung wurde wenige Wochen später nochmals ein Abend Arbeit investiert. Dort konzentrierte man sich dann ganz auf das Thema »Angst«. Es entstand der gesuchte Titel für die Jahresthematik

*»Angst abbauen – Hoffnung säen!«*

Ferner wurden die Grundideen zur Strukturierung der Thematik gefunden (vgl. Einleitung zu diesem Buch), womit der eigentliche Durchbruch für die Jahresthematik gelungen war.
Eine eigens dafür eingesetzte Arbeitsgruppe übernahm in der Folge die Detailausarbeitung. Sie orientierte regelmäßig an den Plenarsitzungen des Pfarreirates, erwirkte die nötigen Entscheide über das Vorgehen und arbeitete die Folgepläne aus.
Aus diesem Prozeß heraus entstand das endgültige Konzept. Es beruhte auf folgenden Prinzipien:

- Allen Interessierten werden Bildungsveranstaltungen in Form von Vorträgen mit Diskussionsmöglichkeit angeboten.

– Die Themen sind durch die in der Einleitung beschriebenen Themenkreise gegeben.
– Als Referenten suchen wir möglichst erste Fachleute, die auch im breiten Publikum bekannt sind und darum Besucher anziehen.
– Die Themen werden an den Wochenenden durch Predigtreihen begleitet.
– Parallel zu den großen Bildungsveranstaltungen soll das Anliegen in Kleingruppen, im Religionsunterricht, in der Jugendarbeit usw. weiter vertieft werden.
– Information und Werbung haben besonderes Gewicht.
– Der Pfarreirat will alle interessierten Vereine und Organisationen zum Zuge kommen lassen.

## 6. Organisation

Für die Dauer der Jahresthematik wurden fast alle bisherigen Arbeiten des Rates eingestellt und die Kräfte ganz auf die Realisierung von »Angst abbauen – Hoffnung säen« konzentriert.
Der Rat teilte sich in folgende Zweckgruppen auf:
Referentensuche und Startanlaß:
Verpflichtete die Referenten und bereitete den weiter unten beschriebenen Startanlaß vor.
Rahmenorganisation:
Zeichnete verantwortlich für die gesamte übrige Organisation einer Veranstaltung, vom Billetverkauf über die Bestuhlung, das Sicherstellen der Tonbandaufnahmen der Referate, bis hin zum Aufräumen nach dem Anlaß.
Werbung:
Übernahm alle Werbemaßnahmen vom Flugblatt über Pfarrblatt-Beilagen, Plakate, Pressebedienung bis hin zur Radiomitteilung.
Animation:
Machte es sich zur Aufgabe, die Pfarreiorganisationen, Religionslehrer usw. zur Beteiligung an der ganzen Aktion zu animieren. Vor allem sollten daraus Folgeveranstaltungen, vereinsinterne Anlässe zur Thematik usw. entstehen.
Die Ratsvollversammlung diente als Koordinationsorgan.

## 7. Start in 2 Phasen

*Engagiertentreffen*
Entsprechend unserem Konzept galt es zunächst, möglichst viele Mitglieder und Kader der Pfarreiorganisationen für das Anliegen zu begeistern. Dazu benutzten wir das Engagiertentreffen.
Zu ihm werden alle zwei Jahre die in Vereinsvorständen oder auch als Einzelpersonen für die Pfarrei Aktiven (= Engagierte) eingeladen. Das Treffen beginnt in der Regel mit einem Samstagsabendgottesdienst, findet seine Fortsetzung mit einem Nachtessen, zu dem alle einen Beitrag leisten und schließt mit einem fröhlichen bunten Abend.
Eingeladen werden zwischen 200 und 250 Personen. Etwa 90 % nehmen in der Regel teil. Der Anlaß ist seit Bestehen jedesmal ein »aufgestelltes Fest«.

| Themenkreis | Nr. | Datum | Referent und Kurztitel |
|---|---|---|---|
| Start | 1 | Sa 17. 9.83 | Startanlaß |
| Menschen-kenntnis | 2 | Fr 23. 9.83 | Aerni, Menschen sehen – Menschen verstehen |
| | 3 | Fr 30. 9.83 | dito |
| | 4 | Fr 21.10.83 | dito |
| | 5 | Fr 28.10.83 | dito |
| | 6 | Fr 4.11.83 | dito |
| | 7 | Fr 11.11.83 | dito |
| Sterben | 8 | So 11.12.83 | Kübler-Ross, Erfahrungen mit Sterbenden |
| | 9 | Do 15.12.83 | Koch, Vertiefungs-Seminar zu 8 |
| Positive Lebens-gestaltung | 10 | Fr 13. 1.84 | Furger, Positive Lebensgestaltung |
| | 11 | Do 19. 1.84 | Erni, Eltern Angstmacher? |
| | 12 | Di 31. 1.84 | Biener, Mit 80 noch lachen |
| | 13 | Di 7. 2.84 | Schär, Gesünder essen |
| | 14 | Di 14. 2.84 | Eck, Strukturwandel, arbeitslos |
| | 15 | Di 21. 2.84 | Eck, In Freude älter werden |
| Leiden Verlust, Erlösung | 16 | Sa 10. 3.84 | Brantschen, Einführung in die Meditation |
| | 17 | Di 20. 3.84 | Bühlmann, Bibelabend: Frohbotschaft |
| | 18 | Di 27. 3.84 | Bühlmann, Bibelabend: Sinn des Lebens |
| | 19 | Di 3. 4.84 | Kirchschläger, Bibelabend: Erlösung |
| Zukunft – nicht nur negativ | 20 | Fr 13. 4.84 | Graf, Wirtschaftsentwicklungen |
| | 21 | Di 8. 5.84 | Stanek, Technische Zivilisation |
| | 22 | Di 15. 5.84 | Fischer, Ökologie |
| | 23 | Di 22. 5.84 | Brunner/Kreis/Meier/Müller, Friedenssicherung |
| | 24 | Di 5. 6.84 | Thürkauf, »New Age« |

Abb. A-1 Programm der Aktion »Angst abbauen – Hoffnung säen«

Dieses Treffen der Engagierten, zudem wir auch die evangelischen Mitchristen in einer Delegation einluden, gab die Gelegenheit, vom Anliegen Jahresthematik erstmals offiziell zu sprechen. Dies geschah durch Gottesdienstgestaltung und Predigt. Das eigentliche Fest wurde nicht tangiert. Lediglich am Schluß der Veranstaltung erhielt jeder

Teilnehmer eine kleine Broschüre, mit ausführlicher Beschreibung des Anliegens und der Pläne. Mittels beigelegter Karte konnte sich jedermann, entweder persönlich oder namens der Organisation, zum Mitmachen melden.

*Der Startanlaß*
Die ganze Aktion sollte mit einem besonderen Akzent beginnen. Es ging ja nicht darum, einfach unzusammenhängende Einzelthemen anzubieten, sondern eine Gesamtaktion bei möglichst vielen Leuten beliebt zu machen.
Der Startanlaß wurde kurz zuvor in einer Sonntagspredigt, in der Presse und am Radio auf den Vorabend des Eidgenössischen Dank-, Buß- und Bettages (Mitte September) angekündigt.
Der Anlaß wurde als Einführung in die Thematik gestaltet und entsprach im Prinzip der Einleitung zu dieser Schrift. Die Information wurde von Ratsmitgliedern mündlich vorgetragen, mit Hilfe großformatig projizierter Lichtbilder eindrücklich illustriert und musikalisch umrahmt.
Der Abend schloß mit einem Bettagsgottesdienst.

## 8. Die Besucher der Jahresthematik

Der Zyklus begann, wie erwähnt, im September 1983 und dauerte bis Juni 1984. Er schloß die Hauptveranstaltungen gemäß vorliegender Publikation ein. Vgl. dazu das angebotene Programm in *Abb. A-1*. Es wurde ergänzt um Kursangebote zu den Themen »Autogenes Training« und »Meditationspraxis«.
Im voraus, vor allem am Startanlaß, wurden rund 150 Abonnements verkauft. Dazu kamen etwa 30 der Ratsmitglieder. Total hatten wir also rund 180 Abonnenten.
Registriert wurden die Teilnehmerzahlen gemäß *Abb. A-2*.
Die Teilnehmer waren zum größten Teil Ortsansässige. Die Gruppe der auswärtigen Besucher war jedoch sehr bedeutend. Sie kam in erster Linie aus Nachbargemeinden, aber auch aus Distanzen von 20 bis 50 km, je nach Veranstaltung.
Teilgenommen haben vor allem erwachsene Personen, Damen, Herren, ältere, jüngere bunt gemischt.

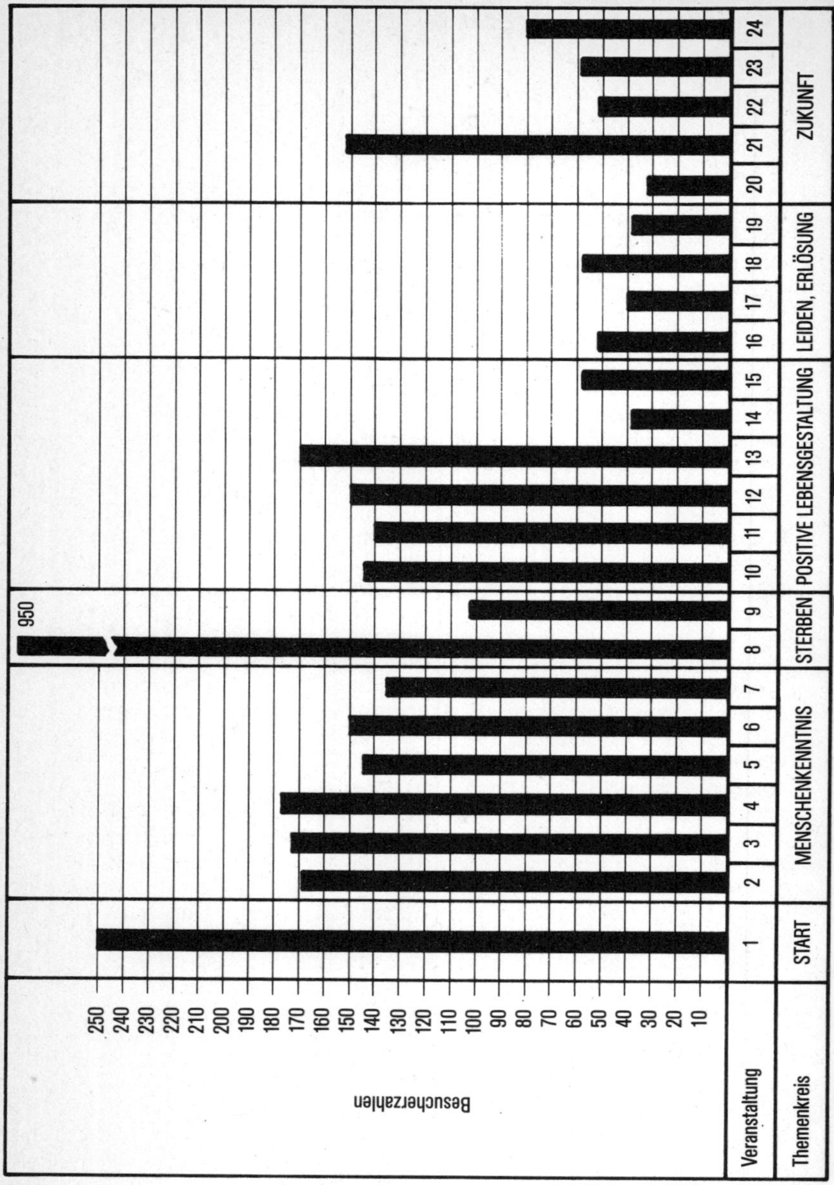


Abb. A-2 Besucherfrequenzen in Anzahl Personen pro Veranstaltung (Bedeutung der Veranstaltungsnummer vgl. Abb. A-1)

## 9. Reaktionen

*Gesamteindruck*

Gemessen an den mündlichen und schriftlichen Äußerungen der Veranstaltungsteilnehmer war die Aktion ein großer Erfolg. Wir durften von vielen Besuchern direkt erfahren, daß sie unmittelbaren Nutzen gezogen haben. Beispiele: Berufswahl, Neuorientierung im Beruf, Erziehung, Mitarbeiterauswahl, Selbstfindung, Bewältigung von Problemen beim Tod eines lieben Mitmenschen, Begleitung eines Krebskranken bis zum Tod, Hilfe für eine positivere Lebensgestaltung usw.

*Besucher*

Trotz der überwiegend positiven und sehr erfreulichen Reaktion gab es Besucher, die über einzelne Veranstaltungen nicht glücklich waren. Es gab sogar Stimmen, wonach bestimmte Aussagen Angst gemacht hätten, statt sie abzubauen. Andere Besucher äußerten sich zum gleichen Anlaß gegenteilig.
Geht man im Gespräch den Gründen nach, stößt man sehr oft auf Weltanschauungsfragen, die letztlich entscheidend sind. Ein brillant vorgetragenes und mit eindrücklichen Bildern illustriertes Referat über technische Möglichkeiten der Zukunft läßt den Technik-Freundlichen Hoffnung schöpfen, einen anderen in Abwehrhaltung gehen. Ähnliches geschah – wie dort schon erwähnt – auch beim Thema Sterben.
Wieder andere bringen eine feste Meinung mit, z. B. über Ernährung. Wird sie durch den Referenten bestätigt, ist man erfreut, wenn nicht...
Feste Meinungen sind sehr oft mit Vorurteilen verbunden. Dies war in erster Linie bei Leuten zu spüren, die an den Vorträgen *nicht* teilgenommen haben! Besonders sichtbar wurde dies bei der Serie »Menschen sehen – Menschen verstehen«. Es gab nicht wenige Stimmen, die vehement gegen diese Serie wetterten. Von Besucherseite war man hingegen – soweit uns bekannt geworden ist – ausnahmslos des Lobes voll!
Wichtig ist in diesem Zusammenhang die Feststellung, daß es den Veranstaltern um eine Auseinandersetzung mit der Thematik ging. Dazu waren verschiedene Optiken unerläßlich.
Hätten sie das Ziel gehabt, eine einheitliche Lehre zu vertreten, wäre es wohl unmöglich gewesen, diese Vielzahl von doch sehr unterschiedlich denkenden Referenten in *einem* Programm, und damit auch in diesem Buch, zu vereinigen!
Die Besucher haben dies auch vorbehaltlos anerkannt.
Aus den Besucherzahlen ist folgendes ersichtlich:
Die Teilnehmerzahl war im Durchschnitt etwa doppelt so hoch, wie wir sie sonst für ähnliche Veranstaltungen erwarten können. Der besondere Aufwand hat sich also aus dieser Sicht gelohnt.
Trotzdem bleibt der prozentuelle Anteil der Bevölkerung, der sich mit Weiterbildungsveranstaltungen ansprechen läßt, auch bei erstklassigen Referenten relativ bescheiden. Wir wissen aus anderen Er-

fahrungen, daß auch der Einsatz einer anderen Methodik (vermehrte Gruppenarbeit, Kreativitätsmethoden usw.) daran nichts geändert hätte, im Gegenteil.
Die Abonnenten haben nur in Ausnahmefällen alle Veranstaltungen besucht, sondern mehr für sich eine passende Auswahl getroffen.
Bei einer so lange dauernden Aktion sind bei den Besucherzahlen deutliche Ermüdungserscheinungen festzustellen. Sie werden durch saisonale Einflüsse (Fasnachtszeit, Frühling usw.) noch verstärkt. Die beste Zeit für Bildungsveranstaltungen ist der Herbst.
Zu einzelnen Themen haben wir ein gestörtes Verhältnis. Obwohl die damit verbundenen Probleme für uns alle höchst aktuell sind, finden Veranstaltungen unter dem Titel »Wirtschaft« den geringsten Widerhall. Schade, daß die hervorragenden Referenten hier nicht mehr Leute erreichen können.
Besonders interessant war in diesem Zusammenhang eine kleine Episode im Rahmen der Diskussion um wirtschaftliche Zukunftsaussichten. Ein Besucher begann damit, dem Referenten »grüne« Fragen zu stellen. Er war sichtlich erstaunt darüber, feststellen zu müssen, daß sich daraus keine hitzige Diskussion ergab. Im Gegenteil, der Fragesteller mußte erkennen, daß das bevorzugte Szenarium des Wirtschaftswissenschaftlers »grünen Anliegen« in den Kernpunkten völlig gerecht wird. Ob wir nicht vielleicht doch zu sehr in Vorurteilen verhaftet sind?
Eher gewohnt sind wir heute, daß das Angebot rein religiöser Veranstaltungen die Leute nicht in Scharen anzieht. In dieser zurückhaltenden Erwartung wurden wir von den Teilnehmerzahlen bei den Bibelabenden und zur Meditation doch eher positiv überrascht.
Auffallend gering war die Beteiligung der Jugendlichen. Dank vergünstigter Billette bestanden kaum finanzielle Hindernisse zur Teilnahme. Die Meinung, wonach es an der Methodik der Veranstaltungen liegen müsse (»Vorträge sind nicht mehr zeitgemäß!«) fanden wir nicht bestätigt. Als nämlich jugendgerechtere Methoden eingesetzt wurden, war das Echo auch nicht beeindruckender.

### *Vereine und Organisationen der Gemeinde*

Die Aktion fand über den kirchlichen Bereich hinaus Interesse. So hat sich die örtliche Kulturgesellschaft spontan bereit erklärt, eine Veranstaltung mitzutragen und in ihr Programm aufzunehmen.
Großes Entgegenkommen im nicht kirchlichen Bereich zeigte auch der Gemeinderat, der für die größte Veranstaltung die Dreifachturnhalle unentgeltlich zur Verfügung stellte.
Bei den kirchlichen Organisationen fanden wir größere Zurückhaltung vor, als ursprünglich erwartet. Die Frauen- und Müttergemeinschaft zeigte sich als einzige interessiert, einige Angebote für die Öffentlichkeit zu übernehmen. Da sie regelmäßig Bildungsveranstaltungen im Programm hat, war sie dazu auch eingerichtet. Die übrigen Vereine verzichteten mit dem Hinweis darauf, daß für sie das Organisieren größerer Veranstaltungen ungewohnt sei.
Welche tieferen Hintergründe diese Haltung bestimmten, läßt sich nicht mit Gewißheit sagen. Ohne Zweifel haben verschiedene Aspekte eine Rolle gespielt, auch allzu menschliche. Offenbar haben

wir individualistisch eingestellten Mitteleuropäer eher Mühe mit größeren gemeinsamen Aktionen.
Vielleicht ist diese Zurückhaltung aber ein positives Zeichen! Verfügt eine Gemeinschaft nämlich über viele von Leben sprudelnde Gruppierungen (Vereine und Organisationen), so brauchen sie keine »von oben angeregte« Gesamtaktionen, die ja im Grunde nur von den eigenen Anliegen ablenken.
Aus dem Aspekt »Reaktion der Pfarreiorganisationen« müssen wir das Vorhaben Jahresthematik als Mißerfolg werten! Dabei trennen wir streng den Versuch »Jahresthematik« von der über dieses Medium behandelten Thematik »Angst abbauen«. Die Thematik kam ohne Zweifel einem großen Bedürfnis entgegen und fand darum in der Bevölkerung Anklang.

*Pfarreiratsmitglieder*

Für den Rat selbst bewegte sich die Aufgabe Jahresthematik im dargestellten Umfang an der obersten Grenze des Verkraftbaren, doch hat sich die Gruppe der Realisierenden mit Begeisterung und großem persönlichem Engagement beteiligt. Für sie alle war die Aktion ein Erlebnis und eine ideelle Bereicherung.

*Umliegende Gemeinden*

Im Bewußtsein, daß manche Veranstaltungen auch das Interesse der Bewohner umliegender Gemeinden finden würde, haben wir die verschiedenen Pfarrämter bei Aktionsbeginn schriftlich über das Anliegen orientiert und uns für eine Zusammenarbeit gesprächsbereit gezeigt.
Die Reaktion war gering. Wie kaum anders zu erwarten war, besteht ein sehr kleines Bedürfnis für regionale Zusammenarbeit in solchen Belangen. Wir gestehen unumwunden zu, daß wir in einer analogen Situation kaum anders gedacht hätten!

## 10. Finanzen

Die Referenten wurden angemessen finanziell entschädigt. Zu bezahlen waren darüber hinaus Werbung, Miete technischer Einrichtungen, Ordnungspersonal bei Großanlässen, diverses Material für den Startanlaß, kleine Geschenke usw. Die Lokalitäten hingegen standen gratis zur Verfügung.
Wir setzten uns zum Ziel, die ganze Aktion selbsttragend zu machen. Aus diesem Grund wurden Eintrittsgelder verlangt. Eine Ausnahme machten lediglich die rein religiösen Veranstaltungen. Sie waren gratis und wurden aus Beiträgen der Kirchgemeinde finanziert. Diese Zuschüsse machten rund 7 % des gesamten Aufwandes der Aktion Jahresthematik aus. Der Rest konnte aus dem Billettverkauf gedeckt werden. Der Abonnementsverkauf lieferte dabei das dringend benötigte Vorfinanzierungskapital. Er erwies sich als in jeder Hinsicht vorteilhaft.
Einen Reingewinn warf die Aktion allerdings nicht ab.

## 11. Schlußfolgerungen

Wir trennen beim Ziehen der Schlußfolgerungen wiederum den Kommentar zur Thematik (also dem, was den Inhalt dieses Buches ergab) von der Beurteilung des Versuchs, in der Pfarrei auf breiter Basis mit einer Jahresthematik zu arbeiten:

- Die Aktion »Angst abbauen – Hoffnung säen« darf insgesamt als gelungen bezeichnet werden. Sie hatte nach Ortsmaßstäben gemessen große Besucherzahlen, überdurchschnittliche Breitenwirkung und brachte für viele Teilnehmer unmittelbar verwertbare Denkanstöße.

  Mit der Aktion wurden viele Leute erreicht, die sich sonst für Pfarreiangebote weniger interessieren. Dazu gehören insbesondere auch »Nichtkirchgänger«.
- Beim Versuch »Jahresthematik« überwiegen die negativen Erfahrungen die positiven. Der ganze Prozeß hat für die Gemeinschaftsbildung in der Pfarrei zu wenig gebracht. Die Aktion »Angst abbauen – Hoffnung säen« wäre auch ohne die äußere Form einer Jahresthematik erfolgreich gewesen.

Und zum Schluß:

Angst muß nicht sein. Sie ist zu bewältigen. Die christlichen Kirchen behalten mit ihrer Frohbotschaft die besondere Mission, ihren Mitmenschen dabei zu helfen!

## Die Referenten

**Fritz Aerni**
Dipl. Psychologe. Leiter der Schule für Menschenkenntnis in Zürich. Persönlichkeitsanalysen und Beratung auf der Grundlage von Psycho-Physiognomik. Herausgeber der Zeitschrift »Physiognomie und Charakter«. Verfasser mehrerer Schriften.

**Prof. Dr. med. Kurt Biener**
Facharzt am Institut für Sozial- und Präventivmedizin an der Universität Zürich und Dozent an der Universität Bern. Forschungsgebiete: Probleme der Krankheitsverhütung und präventive Sportmedizin. Besondere Anliegen: Gesundheitserziehung der Bevölkerung.

**P. Niklaus Brantschen, SJ**
Mitglied der Leitung des Bildungshauses Bad Schönbrunn, leitet dort u. a. Meditationskurse. Sein besonderes Interesse gilt der Frage, wie östliche Meditation, speziell die Zen-Meditation, für Menschen im Westen eine Hilfe auf dem spirituellen Weg sein kann.

**Ursula Brunner**
Pfarrfrau aus Frauenfeld. Engagiert in Fragen der Dritten Welt, eine der Initiantinnen der Aktion »Zum Beispiel Bananen...«, setzt sich für Anliegen der Friedensbewegung ein.

**Dr. Walter Bühlmann**
Röm. kath. Priester der Diözese Basel. Er wirkte fünf Jahre als Vikar in Willisau (Schweiz). Seit 1974 ist er Dozent für alttestamentliche Wissenschaften an den Theologischen Hochschulen von Luzern und Chur. Mitglied des Erziehungsrates des Kantons Luzern.

**Claus D. Eck**
Nach kaufmännischer Ausbildung und Praxis Studium der Theologie und Psychologie. Direktor des Instituts für Angewandte Psychologie Zürich. Lehrbeauftragter der Universität Zürich, Dozent an verschiedenen Fachhochschulen Europas. Ausbildungs- und Beratungstätigkeit.

**Prof. Dr. Margrit Erni**
Nach Ausbildung und Tätigkeit als Sekundarlehrerin Studium der Psychologie. Emeritierte Professorin für Psychologie an der Theologischen Fakultät in Chur. Psychotherapeutische Praxis in Luzern.

**Hans-Ulrich Fischer**
Dipl.-Ingenieur Agronom ETH. Ökologie. Produzent zahlreicher Bio-Gartenbauprodukte. Vortragstätigkeit über Bio-Gartenbau und Ökologie.

**Paul Furger**
Lehre und Tätigkeit bei den PTT-Betrieben. Über sechzehnjährige Praxis im Personalwesen. Nach dem Besuch der Akademie für Erwachsenenbildung in Luzern Aufbau eines eigenen Management-Trainings-Instituts. Tätigkeitsbereiche: Managementberatung, Seminare für Persönlichkeitsentfaltung und positive Lebensgestaltung.

**Prof. Dr. Hans G. Graf**
Direktor des Galler Zentrums für Zukunftsforschung. Professor an der Hochschule St. Gallen für Wirtschafts- und Sozialwissenschaften.

**Prof. Dr. Walter Kirchschläger**
Studien der Theologie in Wien und Rom. Promotion zum Dr. theol., Habilitation 1981 in Wien. Seit 1982 Ordentlicher Professor für Exegese des Neuen Testaments an der Theologischen Fakultät Luzern.

**Kurt Koch**
Dipl. Theologe. Vikar der röm. kath. Pfarrei St. Marien in Bern. Dozent für Dogmatik am Katechetischen Institut Luzern.

**Dr. Georg Kreis**
Privatdozent für Neuere Allgemeine Geschichte und Schweizergeschichte an der Universität Basel.

**Dr. med. Elisabeth Kübler-Ross**
Sterbeforscherin. Schweizer Ärztin aus Zürich/Meilen. Flüchtlingsbetreuung im Zweiten Weltkrieg. Emigration nach den USA, dort tätig in Psychiatrie in Spitälern, Kliniken. Lehrtätigkeit an Hochschulen über den Umgang mit Sterbenden. Workshops, Publikationen, Vorträge.

**Josi J. Meier**
Rechtsanwältin und Notarin aus Luzern. Nach Studium in Genf seit 1952 Anwaltspatent und eigene Praxis. 1971 in den Großen Rat des Kantons Luzern und in den Nationalrat gewählt. Seit 1983 Ständerätin. Schwerpunkte in Sozial- und Außenpolitik.

**Edmund Müller**
Divisionär. Unterstabschef Logistik der Armee und Mitglied des Stabes für Gesamtverteidigung; seit 1. 1. 84 Kommandant der Felddivision 8 der Schweizer Armee.

**Prof. Dr. med. Meinrad Schär**
Direktor des Institutes für Sozial- und Präventivmedizin der Universität Zürich.

**Dr. Bruno Stanek**
Mathematiker. Wissenschaftlicher Schriftsteller in den Bereichen Weltraumforschung und Astronomie. Fernsehkommentator anläßlich USA-Mondlandungen und bei weiteren Weltraumfahrtereignissen. In jüngster Zeit Schwergewicht der Betätigung im Bereich EDV-Programmierung für kommerzielle Anwendungen.

**Prof. Dr. Max Thürkauf**
Professor für physikalische Chemie an der Universität Basel. Träger des Ruzicka-Preises. Heutiges Tätigkeitsschwergewicht: Akademische Forschungs- und Lehrtätigkeit einschließlich erkenntnistheoretischer, philosophischer und religiöser Fragen der modernen Naturwissenschaft.

**P. Dr. Albert Ziegler, SJ**
Nach Studien der Philosophie, Geschichte, Ethnologie und Theologie Doktorat in Sozialethik. Seit 1961 Hochschulseelsorger in Zürich. Rektor der Theologiekurse für Laien, Lehrauftrag am Katechetischen Institut in Luzern. Mitarbeit in Tageszeitungen.

# Literaturhinweise


## Unsere Grundlagen zum Handeln

Bibel: Altes und Neues Testament
Brantschen, Niklaus: Was ist wichtig? Zürich, Köln: Benziger Verlag 1980
Carrington, Patricia: Das große Buch der Meditation. 1. Auflage, Bern, München: Scherz Verlag 1980
Fromm, Erich: Die Kunst des Lebens. Ullstein Verlag Buchnummer 35258
Jung, Carl Gustav: Erinnerungen – Träume – Gedanken. Zürich: Rascher Verlag/Buchclub Ex Libris 1962

Vgl. auch Bücher von Max Thürkauf unter Themenkreis »Zukunft nicht nur negativ«

## Der Tod ist nicht das Ende

Gill, Derek: Elisabeth Kübler-Ross. Stuttgart: Kreuz Verlag 1981
Kübler-Ross, Elisabeth: Was können wir noch tun? Gütersloher Taschenbuch (GTB 369)
Kübler-Ross, Elisabeth: Reif werden zum Tode. Gütersloher Taschenbuch (GTB 1023)
Kübler-Ross, Elisabeth: Leben bis wir Abschied nehmen. Stuttgart: Kreuz Verlag
Kübler-Ross, Elisabeth: Interview mit Sterbenden. Gütersloher Taschenbuch (GTB 71)
Kübler-Ross, Elisabeth: Verstehen, was Sterbende sagen wollen. Stuttgart: Kreuz Verlag 1982
Moody, Raymond: Leben nach dem Tod. Hamburg: Rowohlt Verlag 1977
Osis, Karlis/Haraldsson, Erlendur: Der Tod – ein neuer Anfang. Freiburg i.B.: Hermann Bauer Verlag 1978
Passian, Rudolf: Abschied ohne Wiederkehr. Kleinjörl bei Flensburg: Schröder Verlag 1979

## Menschenkenntnis

Aerni, Fritz: Huter und Lavater – von der Gefühlsphysiognomik zur Psychologie und Psycho-Physiognomik. Zürich 1984
Aerni, Fritz: Introversion und Extraversion – eine neurologische Typologie. Zürich 1983
Aerni, Fritz: Die schöpferischen Kräfte im Menschen. Zürich: Kalos Verlag 1984
Huter, Carl: Menschenkenntnis durch Körper-, Lebens-, Seelen- und Gesichtsausdruckskunde. 5 Bände 1904–1906
Huter, Carl: Illustriertes Handbuch der Menschenkenntnis. Schwaig bei Nürnberg 1970

Kupfer, Amandus: Grundlagen der Menschenkenntnis. 24. Aufl. Schwaig bei Nürnberg: Carl-Huter-Verlag 1973
Lorenz, Konrad: Vergleichende Verhaltensforschung. Wien, New York 1978

## Positive Lebengestaltung

Bircher-Benner: Frischsäfte, Rohkost und Früchtespeisen. 9. Aufl. Bad Homburg: Bircher-Benner-Verlag 1982
Günter, Ernst: Lebendige Nahrung. 15. Aufl. Thörishaus (Schweiz): Ernst-Günter-Verlag 1984
Lindlahr, Victor H.: Iß und nimm ab. 5. Aufl. Zürich: Artemis Verlag 1977
Mc Mitten, S. J.: Vermeidbare Krankheiten. Wuppertal: Aussaat-Verlag 1967
Taylor, Rene: Die Gesundheits-Geheimnisse der Hunza. Freiburg i.B.: Hermann Bauer Verlag 1980

Cheavens, Frank: Schach der Depression. 3. Aufl., Rüschlikon-Zürich: Albert Müller Verlag 1974
Cooper, Kenneth: Bewegungstraining. Frankfurt a.M.: Fischer Bücherei 1970
Cooper, Kenneth/Cooper, Mildred: Bewegungstraining für die Frau. Fankfurt a.M.: Fischer Bücherei 1981
Friebe, G. und M.: Das Alpha-Training. 1. Aufl. München, Engelberg: Drei-Eichen-Verlag 1981
Lucci, G.: Die Praxis der bewußten Autosuggestion. 5. Aufl. Zürich: Verlag Coue-Vereinigung 1981
Meves, Christa: Erziehen lernen. München: Bayerischer Schulbuchverlag 1979
Meves, Christa: Der Weg zum sinnerfüllten Leben. Freiburg, Basel: Herder Verlag 1982
Murphy, Joseph: Die Gesetze des Denkens und Glaubens. 2. Aufl. Genf: Ariston Verlag 1983
Murphy, Joseph: Ihre außersinnliche Kraft. Der Schlüssel zu Gesundheit und Reichtum. München: Verlag DAS BESONDERE 1978
Schultz, I. H.: Das autogene Training. 14. Aufl. Stuttgart: Georg Thieme Verlag 1973
Tulku, Tarthang: Selbstheilung durch Entspannung. 5. Aufl. Bern: Scherz Verlag 1983

## Zukunft nicht nur negativ

Bergier, Jean-François/Höpli, Gottlieb: Technik woher? Technik wohin? Zürich: Verlag NZZ 1981
Bresch, Carsten: Zwischenstufe Leben. München: Piper Verlag
Capra, Fritjof: Wendezeit. 3. Aufl. Bern, München: Scherz Verlag 1983
Dawkins, Richard: Das egoistische Gen. Berlin, Heidelberg: Springer Verlag

Friedrichs, Günter/Schaff, Adam: Auf Gedeih und Verderb. Mikroelektronik und Gesellschaft. Bericht an den Club of Rome. Wien: Europaverlag 1982
Graf, Hans G.: Gesamtwirtschaftliche Entwicklungsszenarien für Europa bis zum Jahr 2000. St. Gallen Mai 1983
Kahn, Hermann: Der kommende Boom. Bern, München: Scherz Verlag 1983
Löw, Reinhard/Koslowski, Peter/Kreuzer, Philipp: Fortschritt durch Chaos. München: Piper Verlag 1981
Rifkin, Jeremy: Entropie. Ein neues Weltbild. Hamburg: Hoffmann und Campe 1982
Stanek, Bruno: Raumfahrtlexikon. Bern: Hallwag Verlag 1983
Thürkauf, Max: Christuswärts – Glaubenshilfe gegen den naturwissenschaftlichen Atheismus. Stein a. Rhein: Christiana-Verlag 1983
Thürkauf, Max: Die Tränen des Herrn Galilei. Zürich, Stuttgart: Werner Classen Verlag 1978
Thürkauf, Max: Wissenschaft und moralische Verantwortung. Schaffhausen: Novalis Verlag 1978
Vester, Frederic: Neuland des Denkens. München: Deutscher Taschenbuchverlag 1984

# Dank

Zum Schluß ein Wort des Dankes, zunächst an Pfarrer Guido Bürli, der die Arbeit mit einer Jahresthematik versuchen wollte. Ohne ihn wäre es nicht zur Aktion »Angst abbauen – Hoffnung säen« gekommen.
Einen herzlichen Dank gebührt aber auch all jenen, die diese Aktion durch ihre Mitarbeit überhaupt möglich gemacht haben:
Pater Dietrich Wiederkehr für seine Denkanstöße und dem gesamten Pfarreirat für die geleistete große Arbeit.
Hervorheben darf ich in diesem Zusammenhang die überaus initiative Gruppe der Organisatoren bestehend aus Felicitas Agustoni-Hasler, Margrit Blender, Gertrud Hugener-Sansonnens, Marianne Schnyder-Erne, Anton Gwerder-Dahinden, Rolf Steiger-Caduff, Niklaus Späni-Holenweger.
Besonderen Dank verdienen all jene, die außerhalb des Pfarreirates die ganze Aktion mitgetragen haben, vorab die in Bildungsveranstaltungen sehr aktive Frauen- und Müttergemeinschaft, die Kulturgemeinschaft, nicht zu vergessen all jene, die uns im stillen unterstützt haben. Zwei Namen seien stellvertretend für viele genannt: Pia Gwerder-Dahinden, die immer da war, wenn es irgendeine Lücke zu stopfen galt und Pius Busslinger, der in seiner Eigenschaft als »Tonjäger-Amateur« selbstlos die Bandaufnahmen übernahm.
Mit großem persönlichem Engagement hat sich Gemeindeammann Felix Hardegger-Riniker dafür eingesetzt, daß die Dreifach-Turnhalle rechtzeitig als Veranstaltungslokal für den größten Anlaß zur Verfügung stand. Ernst Frosio-Jenny, der Abwart, hat dafür gesorgt, daß sie sich in mustergültigem Zustand präsentieren konnte. Sehr viel dazu beigetragen hat Berta Bryner-Habegger, mit ihrer fachlich perfekten Dekoration. Sie alle sind in den Dank eingeschlossen.
Das gleiche gilt für den Kirchenrat bezüglich der zur Verfügung gestellten Pfarreilokalitäten sowie den Abwartsfamilien Josef Barmet-Melchior und Heinz Merz-Kurmann für die große Arbeit, die sie an vielen Abenden für die ganze Aktion geleistet haben.
Last but not least, herzlichen Dank an unsere Referenten für die ausgezeichneten Beiträge. Wie verdient er ist, zeigen die zahlreichen Äußerungen der Hörer über unmittelbaren Nutzen, den sie aus vielen Veranstaltungen gezogen haben.
Riesig gefreut hat uns die Feststellung, daß sich alle Referenten spontan und engagiert in den Dienst der Aktion »Angst abbauen« gestellt haben. Sie wußten von Anfang an, daß im ganzen Zyklus Referenten unterschiedlichster Denkrichtung und Herkunft zu Worte kommen werden. Sie haben trotzdem und ohne »wenn« und »aber« mitgemacht! Wir halten diese sehr tolerante Haltung für bemerkenswert und danken dafür.
Verbindlichen Dank sagen wir auch dem Meyster-Verlag, der das gesammelte Material engagiert entgegennahm und mit diesem Buch einem größeren Publikum zugänglich macht.

Helmut Agustoni-Hasler

## Quellennachweis

Holzschnitte von Robert Wyss:
mit freundlicher Genehmigung des Rex-Verlages Luzern/Stuttgart. Sie sind entnommen dem Buch »Hoffnung« von Fritz Schmid/Robert Wyss, © Rex-Verlag Luzern/Stuttgart.

Tabelle Kaufkraft:
(vgl. Kapitel Einleitung) mit freundlicher Genehmigung des Verlags DAS BESTE aus Reader's Digest, Zürich.

Abbildungen:
4 bis 27: mit freundlicher Genehmigung des Kalos-Verlags Zürich (Verlag für Carl Huters Psycho-Physiognomik und Kallisophie)
33: mit freundlicher Genehmigung des Autors. © St. Galler Zentrum für Zukunftsforschung.
2, 3, 28, 29, 30, 31, 32 von den Herausgebern Darstellungen nachgezeichnet, die die Referenten bei ihren Vorträgen verwendet haben. Mit freundlicher Genehmigung der Referenten.
übrige: Herausgeber.